# Kenntnisse

# Kenntnisse

## An Advanced German Course

**Claire Burke, Edmund Burke
and Susanne Parker**

Consultant editor: Sarah Butler

London and New York

First published 1999
by Routledge
11 New Fetter Lane, London EC4P 4EE

Simultaneously published in the USA and Canada
by Routledge
29 West 35th Street, New York, NY 10001

*Routledge is an imprint of the Taylor & Francis Group*

© 1999 Claire Burke, Edmund Burke and Susanne Parker

Typeset in Goudy by Keystroke, Jacaranda Lodge, Wolverhampton
Printed and bound in Great Britain by TJ International Ltd, Padstow, Cornwall

*British Library Cataloguing in Publication Data*
A catalogue record for this book is available from the British Library

*Library of Congress Cataloging in Publication Data*
Burke, Claire
Kenntnisse: an advanced German course / Claire Burke, Edmund Burke and Susanne Parker.
1. German language—Grammar. 2. German language—Textbooks for
foreign speakers—English. I. Burke, Edmund.
II. Parker, Susanne III. Title.
PF3112.B77 1999
438.2'421—dc21 98–48145

ISBN 0–415–16394–3
0–415–16395–1 (teacher's book)
0–415–16396–X (cassettes)

# Contents / Inhalt

# Introduction

## What is the aim of this book?

This book is intended to help you build up your confidence in handling the German language. In each chapter you are introduced to a range of German material and are guided through practice of **receptive** (reading, listening) and **productive** (speaking, writing) skills.

## What is the level of the book?

The book provides material suitable for a **wide range of learners** from those with a minimum of two years' prior learning through to final year language-degree students, candidates for the Diploma of the Institute of Linguists and professional users of German. The language activities practised are useful both for **academic study** (e.g. essay-writing, studying in Germany) and for **professional purposes** (e.g. applying for a job, writing an e-mail or a business report, giving an oral presentation).

## How is it divided into chapters?

The chapters are divided according to **areas of language skill or activity** rather than according to theme. These are: job applications and career; story and radio play; summary-writing; studying in Germany; report-writing; statistics and surveys; press and news; electronic communication; translation; debate and essay.

## What about listening to spoken German?

There is a section on listening to spoken German and hints on **how to improve reception** of German radio programmes. A pack of **two audio cassettes** accompanies the main book. This contains audio clips which are integrated into the language activities.

## Which language is used for instructions and explanations?

In order to give you as much practice as possible, the main book uses **German as the teaching medium**. However, the **grammar and vocabulary notes** and Chapter 9 (which deals with translation into English) are written **in English**.

## How do I use the book?

You or your teacher can choose **whichever chapters you like in any order you wish**, because almost all the chapters are self-contained.

Even within a chapter, **you can choose whichever texts** and tasks (*Aufgaben*) you prefer and leave out others. However, there are some tasks which refer to a cluster of texts.

The only exception is Chapter 10, on debate and essay, and this should normally only be tackled after working through most of the other chapters. However, even here you can select some of the themes given in Chapter 10 to practise writing short or mini-essays.

## What about the Teacher's Book?

This contains answers to the tasks and further suggestions for teaching and learning. It is of particular importance for teachers and for those working through the course on a self-study basis.

# Acknowledgements

The authors would like to express their grateful thanks to the following individuals and organizations for kind permission to use audio and written material:

To *Deutsche Welle* radio and, in particular, to Herr Waldemar Krämer, Dr Alexander Kudascheff, Herr Wolfgang Pleines, Dr Irene Quaile-Kersken and Dr Hildegard Stausberg, for their generous co-operation; to the *Hörerbetreuung* of *Radio Österreich International*; to Herr Andrea Lüthi of *Schweizer Radio International*.

To German and Austrian state and university bodies: to the *Bundesministerium des Innern* (especially Herr Pracht); to the *Bundeskanzleramt der Republik Österreich* (especially Herr Follner); to the *Presse- und Informationsamt der Bundesregierung*; to Dr Andreas Weihe of the *Akademisches Auslandsamt* and Frau Ulrike Bleyer of the *Referat Presse- und Öffentlichkeitsarbeit* of the *Otto-Friedrich Universität Bamberg*; to Frau Schnell of the *Kanzlei* and Herr Pahle of the *Studentenwerk* of *Universität Mannheim*. To Herr Erwin Ferch of the *Bamberg Tourismus & Kongreß Service*.

To the editors of and individual contributors to the following German and Swiss newspapers and journals: to *Auto-Bild*; to *B.Z.*; to *Frankfurter Allgemeine Zeitung*; to Herr Christian Schöne, Chef vom Dienst of *Frankfurter Rundschau* and to Prof. Dr Klaus Haefner, Herr Dirk Altbürger and Herr Richard Meng; to *Journal für Deutschland*; to Herr Hartwig Hochstein, Chefredakteur of *Leipziger Volkszeitung* and to Frau Martina Liedtke; to *Mannheimer Morgen*; to *Der Monat* and to Herr Carl Hoburg and Dr Klaus Scharpe; to *Natur* and to Frau Barbara Kiesewetter; to *Schweizerischer Bankverein* and to Frau Kathrin Cuomo and Herr Bruno Frey; to Herr Peter Zobel of *Der Spiegel* and to Herr Michael Schmidt-Klingenberg; to *Stern*; to Frau Ruth Viebrock of *Die Zeit* and to Herr Hans Arnold and Herr Wolfgang Hoffmann. To Frau Marina Schnurre for permission to reprint extracts from Wolfdietrich Schnurre's *Im Trocadero*.

To the following publishers for permission to reprint extracts: to *Diogenes Verlag* for Friedrich Dürrenmatt's *Der Richter und sein Henker*; to *Kiepenheuer & Witsch Verlag* for E.M. Remarque's *Im Westen nichts Neues*; to *Rowohlt Verlag* for Kurt Tucholsky's *Der General im Salon*; to *Suhrkamp Verlag* for Max Frisch's *Der andorranische Jude*; to Frau Claudia Jürgens of *Arche Verlag* for her kind assistance.

To colleagues past and present of Kingston University: Andrea Rinke, Martin Löschmann, Susanne Mühlhaus, Viola Eidenbenz and Michael Düring for generously lending their voices for some of the recordings.

To Watts Radio, Kingston, for technical asistance. To Timothy Burke for computer graphics and incidental music arrangement. Lastly, to our editors at Routledge – Sarah Butler, Sophie Oliver and James Folan – for their advice and support.

# 1

# Stellensuche und Beruf

## Was sind Ihre Berufsziele?

Fast jeder will einen interessanten Beruf haben und womöglich auch Karriere machen. In diesem ersten Kapitel werden Sie in die Welt der Stellen und der Arbeitssuche eingeführt. Sie werden lernen, wie man einen Bewerbungsbrief bzw. einen Lebenslauf schreibt und wie man sich am besten auf ein Interview vorbereitet. Sie werden die Körpersprache beim Interview analysieren und auch beurteilen, welcher Kandidat sich am besten für eine bestimmte Stelle eignet. Kurz gesagt, Sie finden in diesem Kapitel das Theoretische mit dem Nützlichen verbunden.

## AUFGABE 1    *Eine Selbstanalyse machen*

| | IHRE ANTWORTEN |
|---|---|
| **Wie wichtig ist für mich mein Beruf?** (wichtiger als alles andere in meinem Leben? nicht sehr wichtig?) *how important* | *Es ist sehr wichtig aber meine familie ist mehr wichtig.* |
| **Wo stehe ich zur Zeit in meiner Berufsentwicklung?** *professionfise* (am Anfang, in der Aufstiegsphase, am Wendepunkt?) *turningpoint* *start* | *universität* |
| **Worin liegen meine Stärken?** *strong* | *Pünclichceit, Verantwortlich* |
| **Worin liegen meine Schwächen?** *weak* | *langweile* |
| **Bin ich eher Spezialist/Spezialistin oder Genaralist/Generalistin?** | *Generalistin* |
| **Inwiefern bin ich bereit, in meiner beruflichen Tätigkeit flexibel zu sein?** *professional* | *ich will arbeite Mo - Fre So ich cann besuche mit meine famili* |
| **Arbeite ich lieber selbständig oder in einem Team? Oder beides?** | *selbständig* |
| **Könnte ich überall arbeiten? Wäre ich bereit, im Ausland eine Stelle anzunehmen?** | *hofflich, Viellicht in Amerika und Europa* |
| **Was steht für mich an erster Stelle und warum?** a **Aufstiegsmöglichkeiten** *possibilitus for advancement* b **Gehalt** *content* c **Stellung in der Hierarchie der Firma** | *eine Arbeit, die mir spaß macht und stellung* |

| | |
|---|---|
| **d** eine Arbeit, die befriedigend und etwas wert ist<br>**e** eine Arbeit, die mir Spaß macht | *Satisfy*<br>In *d* *e* |
| **Und an zweiter und dritter Stelle?** | *nic C dann b* |
| **An letzter Stelle? Warum?** | *Spaß macht für mich ist mehr wichtig als Gehalt* |
| **Wie sehe ich meine künftige berufliche Entwicklung?** *development* | *höfflich in einen großen firma* |

## Stellenangebote

| **AUFGABE 2a** | *Ein Inserat lesen* |
|---|---|

Lesen Sie die folgenden Inserate. Wählen Sie zwei Stellenangebote aus, wofür Sie sich besonders interessieren, *auch wenn Sie noch nicht über alle erforderlichen Qualifikationen verfügen!*

### SCI ZÜRICH

Das Institut für Chemie sucht auf 1. Januar 2001 eine verantwortungsvolle, selbständige, belastbare

**SEKRETÄRIN**

(Beschäftigungsgrad 100%) für folgenden Aufgabenbereich:

▷ selbständige Leitung des Sekretariats
▷ Erledigung der Korrespondenz Deutsch und Englisch
▷ Schreiben von wissenschaftlichen Manuskripten
▷ Verwalten von Krediten
▷ Bearbeitung personeller Angelegenheiten
▷ allg. Büroarbeiten und Organisation von Auslandreisen,

Einladungen zu Seminaren

Vorausgesetzt werden sehr gute Deutsch- und Englischkenntnisse. Von Vorteil ist Französisch, Erfahrung mit Textsystemen (Macintosch Word) und Praxis mit Formel-Editor und Filemaker.

Bewerbungen sind bis 23. August 2000 an folgende Adresse zu richten:

Frau R. Schwarz, Personalbereich 2, SCI-Zentrum, 8092 Zürich.

### ARZTHELFERINNEN GESUCHT!

für meine chirurgische Praxis in Bubenreuth suche ich Ganztags/ Halbtagskräfte, die am Aufbau einer Praxis mit ambulantem Operieren und Tagesklinik mitwirken wollen. Wenn Sie sich mit Eigeninitiative und Sachkenntnis für diese Aufgabe einsetzen und chirurgische Erfahrung mitbringen (PC-MediStar) sollten Sie sich bis Ende August d. J. bei uns melden!

DR HANS ENGELBERG FACHARZT FÜR CHIRURGIE
88172 Bubenreuth
Hauptstraße 8
Tel: 0 71 87/90 12-0

Wir sind das deutsche Tochterunternehmen der amerikanischen AKTIS Corporation, die mit 1200 Niederlassungen und einem Jahresumsatz von rund 3,6 Mrd. US-Dollar zu den weltweit führenden Personaldienstleistern gehört. In Deutschland zählen wir in den Bereichen Zeitarbeit, Personalvermittlung und Projektmanagement seit vielen Jahren zu den Branchenführern und beschäftigen in über 50 Geschäftsstellen mehr als 4000 Mitarbeiter. Um unseren Erfolg weiter dynamisch auszubauen, suchen wir an verschiedenen Standorten:

## PERSONAL- UND KUNDENBETREUER / INNEN

Sie betreuen unsere Zeitarbeitnehmer und Kunden und koordinieren die fachgerechte Besetzung von Aufträgen im Rahmen einer zielgerichteten Personaleinsatzplanung. Auch als Einsteiger mit einer qualifizierten kaufmännischen oder technischen Ausbildung erhalten Sie bei uns eine Chance.

### Kundenberater / innen

Sie sind stark in Beratung und Verkauf und suchen eine neue Herausforderung. Die Position erfordert engagierte und erfolgsorientierte Verkaufspersönlichkeiten, die mit Überzeugungskraft und Verhandlungssicherheit unsere Personaldienstleistungen für kaufmännische und technische Mitarbeiter bei Kunden und Interessenten plazieren.

### Leiter / innen operatives Marketing

Sie sind für die Umsetzung der Marketing- und Vertriebsstrategie einer Region zuständig und tragen dort die Gesamtverantwortung für den Personal- und Vertriebsbereich. Sie betreuen einen Regionalverbund bestehend aus mehreren Niederlassungen und stellen die Erreichung der Budgetziele sicher. Diese Managementsaufgabe erfordert unternehmerisch denkende Persönlichkeiten, die über Durchsetzungsvermögen, Organisationsgeschick und die Fähigkeit verfügen, Teams zu führen und zu fördern.

Engagement und Qualitätsbewußtsein werden bei uns mit Verantwortung und attraktiver Vergütung honoriert. Wir fördern Ihre Potentiale durch eine gezielte Einarbeitung und unser Personalentwicklungsprogramm.

Weitere Informationen gibt Ihnen gerne vorab Frau Herzog unter Tel. 0431/969 281.

Ihre komplette Bewerbung mit Gehaltsangabe richten Sie an:

*Magna Personal Dienstleistungen*
*Wienersee Str. 22*
*36787 Neubrunn.*

**Juli 2000**

---

Mit dieser Anzeige wenden wir uns an Interessenten von persönlichem Format, die in einer finanziell gesicherten, aber nicht beengten

## AUßENDIENST-POSITION

Freude an der Arbeit und Erfolg von Dauer finden wollen. Entscheidend sind für Ihre Tätigkeit:

**ein einwandfreier Charakter, gewinnendes Auftreten, die Entschlossenheit, energisch, sauber und planmäßig zu arbeiten und die Befähigung, überzeugend zu verhandeln.**

Im übrigen schaffen wir durch sorgfältige theoretische und praktische Schulung beste Voraussetzungen für Ihren Erfolg. Sie erhalten einen Angestelltenvertrag, oder auch intensive Unterstützung auf dem Weg zu Ihrer beruflichen Selbständigkeit. In Betracht kommen nur Interessenten zwischen etwa 24 und 50 Jahren.

Schicken Sie Ihre Bewerbungsunterlagen an Außendienst-Service Schikanederplatz 4 36037 Fulda.

**4**

Wir sind in Deutschland die führende unabhängige Privatbank speziell für das PKW-Kredit- und Leasinggeschäft. Bei einer Bilanzsumme von über DM 5 Mrd. bedienen wir mit über 700 Mitarbeitern in 18 Filialen bundesweit über 600 000 Kredit-, Leasing- und Einlagenkunden. Zur Verstärkung unserer Filiale in Fulda suchen wir per sofort den/die engagierte(n)

**SACHBEARBEITER(IN) FÜR DAS EINLAGENGE- SCHÄFT UND DIE KUNDENBERATUNG**

**Wir erwarten:**

▷ eine Ausbildung als Bankkauffrau/mann und Berufserfahrung im Einlagengeschäft

▷ Kontaktfreudigkeit, Verhandlungsgeschick und Argumentationssicherheit

▷ Zuverlässigkeit, Belastbarkeit und Initiative zur selbständigen Lösung der Arbeiten

**Wir bieten:**

▷ gründliche Einarbeitung

▷ abwechslungsreiche, interessante Aufgabengebiete

▷ Mitarbeit in einem aufgeschlossenen Team

▷ leistungsgerechte, der Position entsprechende Vergütung

Wenn Sie an dieser Position interessiert sind, senden Sie bitte Ihre aussagefähigen Bewerbungsunterlagen mit Gehaltsvorstellung und frühestem Eintrittstermin an die

BIERMANN PRIVAT- UND HANDELSBANK Aktiengesellschaft Personalabteilung, Brunnenplatz 12, 36037 Fulda.

---

**Die Stadt Königsberg**
sucht zum nächstmöglichen Zeitpunkt eine/n

# Leiter/in des Stadtarchivs

## und der ehemals Reichsstädtischen Bibliothek

Das selbständig zu verwaltende Aufgabengebiet umfaßt im wesentlichen die Sicherung, Bewertung und Bearbeitung des Archivgutes und der Bibliothek (Handschriften usw.), die Sammlung und laufende Erweiterung der Dokumentation zur Geschichte der Reichsstadt und zur neueren Stadtgeschichte Königsbergs in Schrift, Bild und Ton.
Erwartet wird vom Bewerber/in ein abgeschlossenes Fachhochschulstudium zur Befähigung für den gehobenen Archivdienst. Interesse an alter und neuer Geschichte sowie profunde Kenntnisse in Latein werden vorausgesetzt. Erfahrungen im Bibliothekswesen sowie Kenntnisse in Paläographie und in der EDV sind wünschenswert.
Wir bitten Sie, Ihre Bewerbung mit aussagefähigen Unterlagen innerhalb von 3 Wochen nach Erscheinen der Anzeige an das Personalamt der Stadt Königsberg, Postfach 1430, 60236 Königsberg (Telefon 0 76 82/98 41 33) zu schicken.

---

**Vokabelnhilfe**

*Stellenangebote* = job advertisements
*selbständig* = independent, self-reliant
*belastbar* = able to work under pressure
*der Aufgabenbereich* = area of responsibility
*erledigen* = to deal with
*bearbeiten* = to process
*allg.* = allgemein
*(etwas) wird vorausgesetzt* = is required, is a pre-requisite
*die Bewerbung* = application
*das Tochterunternehmen* = subsidiary company
*der Jahresumsatz* = annual turnover
*die Branchenführer* = leading companies (in a particular sector of industry)
*die Kundenbetreuung* = customer service
*der Einsteiger* = new entrant (to a career/profession)
*engagiert* = committed
*zuständig für* = responsible for
*das Durchsetzungsvermögen* = ability to assert oneself
*die Vergütung* = remuneration (here: salary)
*die Gehaltsangabe* = salary proposal (made by the job applicant)
*die Filiale* = branch
*die Einlagen* = deposits
*der Sachbearbeiter* = specialist, person skilled in . . .
*die Ausbildung* = training
*das Verhandlungsgeschick* = skill in negotiation
*die Einarbeitung* = induction, preliminary training
*der Eintrittstermin* = date of taking up the new post
*die Halbtagskraft* = half-day employee
*gewinnendes Auftreten* = charm of manner
*die Interessenten* = those interested (e.g. in a job)
*das Aufgabengebiet umfaßt . . .* = the area of responsibility covers . . .

## AUFGABE 2b | *Ein Inserat lesen (Fortsetzung)*

Lesen Sie die beiden von Ihnen ausgewählten Stellenangebote noch einmal und füllen Sie dann die Tabellen aus.

Was für eine Stellung wird angeboten? Welche Fähigkeiten werden gefragt? Wie groß ist die Firma bzw. Organisation?

> bzw.: abbreviation of 'beziehungsweise'. Can usually be translated as 'or'.

### Stellenangebot 1

*[handwritten note at top: sachbearbeiter ...schaft und]*

*[handwritten margin note: area of spec.]*

| | |
|---|---|
| **Beruf** | *privatbank* |
| **Aufgabenbereiche** | *leasing und Kredit einlagengeschäft und Kundenberatung* |
| **Selbständig oder in einem Team?** | *Selbständig oder in einem Team* |
| **Voraussetzungen (z.B. gute Englischkenntnisse)** | *nein, aber ausbildung im einlagengeschäft* |
| **Zusätzliche Fähigkeiten erwünscht?** *[desired]* *[extra talent]* | *ja Bankaufman / frau, belastbar* |
| **Informationen über die Firma bzw. Organisation (z.B. Name, Größe, Produkte oder Dienstleistungen)** *[service]* | *Biermann Privat und handlesbank Aktiengggesellschaft Personalabteilung* |
| **Aufstiegsmöglichkeiten erwähnt?** | *nein* |
| **Anstellungstermin und -dauer (z.B. zum nächstmöglichen Zeitpunkt)** *[start date]* | *sofort bis ?? wenn sie innteressiert* |

### Stellenangebot 2

| | |
|---|---|
| **Beruf** | *leiter/in das Stadtarchivs* |
| **Aufgabenbereiche** | *sicherung, Bewertung* |

| | |
|---|---|
| **Selbständig oder in einem Team?** | *selbständig* |
| **Voraussetzungen (z.B. gute Englischkenntnisse)** | *Latein* |
| **Zusätzliche Fähigkeiten erwünscht?** | *EDV und Paläographie* |
| **Informationen über die Firma bzw. Organisation (z.B. Name, Größe, Produkte oder Dienstleistungen)** | *Die Stadt Königsberg Postfach Bibliothek* |
| **Aufstiegsmöglichkeiten erwähnt?** | |
| **Anstellungstermin und -dauer (z.B. zum nächstmöglichen Zeitpunkt)** | *drei Wochen nach erscheinen* |

## Der Bewerbungsbrief

Der wichtigste erste Eindruck, den Sie auf Ihren zukünftigen Arbeitgeber oder auf die Institution, bei der Sie sich bewerben, machen werden, erfolgt durch den Bewerbungsbrief. Sehr selten gibt es ein Bewerbungsformular. Deshalb müssen Sie dafür sorgen, daß jede wichtige Information über Sie selbst in den Bewerbungsbrief eingesetzt wird. Wahrscheinlich haben Sie verschiedene Mitbewerber, und Ihr Hauptziel muß deshalb sein, positive Aufmerksamkeit zu erregen.

Einige einfache Grundregeln sind hier zu befolgen:

◊ schreiben Sie wenn möglich mit PC oder Schreibmaschine

◊ schreiben Sie auf weißem, glattem A4-Papier (farbiges oder sogar handgemachtes Papier mag künstlerisch aussehen, wirkt aber unprofessionell oder aufdringlich, wiederverwertetes Papier ist nicht elegant)

◊ legen Sie dem Bewerbungsbrief geeignete Zeugnisse und Referenzen in einer dünnen A4-Mappe bei

◊ schicken Sie das Ganze ungefaltet, in einem A4-Umschlag

# Ein Briefmodell

*[handwritten: lichtbild]*

*[handwritten: www.jobpilot.de/ -Stelleangebot Positionen mit beruf. Deutsch]*

Ihr eigener Vor und Nachname
Hausnummer und Straße
Ort
Postleitzahl
Telephonnummer

Name der Firma
z.H. Name des Personalchefs
Straße und Hausnummer
Postleitzahl und Ort

*z.H. = for the attention of*

Datum

**Betreff: Bezug auf das Stellenangebot in der _____ Zeitung**

Anrede

*[handwritten: pick one & print]*

Text :
▷ Einleitung *[handwritten: introduction]*
▷ Bewerbung
▷ Angaben zur Person *[handwritten: Personal data]*
▷ Angaben zu Qualifikationen *[handwritten: Qualifications]*
▷ besondere Kenntnisse und Fähigkeiten
▷ frühster Eintrittstermin *[handwritten: earliest start date]*

*[handwritten: warum ich interesse habe]*

Grußformel
Unterschrift
Beilagen *[handwritten: encl.]*

# Beispiel eines Bewerbungsbriefes als Antwort auf ein Inserat

## Inserat

Logo der Firma

Suchen Sie per sofort oder nach Vereinbarung
eine neue Herausforderung als

### Personal Assistent/in?

Verfügen Sie über eine kaufmännische Grundausbildung,
PC-Kenntnisse und einige Jahre Erfahrung?

Sind Sie stilsicher im Deutsch und möchten Sie
Ihre Englisch- und Französischkenntnisse anwenden?

Sind Sie belastbar, zuverlässig und kontaktfreudig?

Haben Sie den Führerausweis und
sind Sie interessiert an flexibler Arbeitszeit?

Wir sind ein mittelgroßes Fabrikations- und Handelsunternehmen
in St. Gallen, mit Tochtergesellschaften im In- und Ausland.

Wir können Ihnen eine lebhafte und vielseitige Tätigkeit
mit guten Aufstiegsmöglichkeiten und Anstellungsbedingungen anbieten.

Wenn Sie sich angesprochen fühlen, dann senden Sie bitte
Ihre Bewerbungsunterlagen an:

**Medica GmbH**
Straubstrasse 5, 9014 St.Gallen

# Bewerbungsbrief

Ms Rachel Meddler
148 Ellerton Rd
New Malden
KT8 5TY
Tel: 020 8882 3345 *Haus, Handy,*
*email* *space*

Medica GmbH
Personalchef
Straubstraße 5
9014 St. Gallen

London, den 12. Dezember 2000

**Betreff: Ihr Inserat im St. Galler Tagesblatt**
*(regarding)*

Sehr geehrter Herr Schmidt, *Nomen oder wenn sie keinen namen habt Damen und Herren*

mit großem Interesse habe ich Ihr Inserat für eine Personal-Assistentin gelesen. Ich möchte mich um diese Stellung
bewerben. *in internet gelesen.*

Ich habe im Sommer 1999 mein Universitätsstudium in den Hauptfächern Deutsch und Wirtschaftswissenschaft
erfolgreich abgeschlossen. Anschließend habe ich ein Jahr als Schulassistentin in Deutschland verbracht. Meine
Deutschkenntnisse sind sehr gut, und ich habe auch Französich bis zum Abitur (*Advanced Level*) gelernt.

Obwohl ich keine direkten kaufmännischen Studien abgeleistet habe, bin ich voll trainiert im Gebrauch von PCs.
Ich kann sowohl *Word for Windows* als auch *Word Perfect* anwenden und würde mich schnell an ein anderes System
gewöhnen. Ich habe als Lehrerin meine Kontaktfreudigkeit und auch Belastbarkeit bewähren können und ich würde
sehr gern eine Tätigkeit in einem Bereich finden, der mit meinem Studium verwandt ist und mir zugleich die
Möglichkeit gibt, noch länger in Europa zu arbeiten.

Zusätzliche Qualifikationen sind mein Führerschein und mein Information-Technology-Zeugnis. Zu Ihrer Information
lege ich meinen Lebenslauf und Abschlußzeugniskopien bei.

Mit freundlichen Grüßen

*Rachel Meddler*

Beilagen:
Lebenslauf
Abschlußzeugniskopien

## AUFGABE 3 | *Bewerbungsbriefe schreiben*

Wählen Sie zwei Inserate und bewerben Sie sich um die Stellen. Vergessen Sie nicht die folgenden Beilagen: Lebenslauf, Abschlußzeugnisse, Lichtbild, Arbeitsproben (wenn möglich), Referenzen.

*Schicken Sie bitte den Brief nicht ab!!*

## Der Lebenslauf

Ein geübter Leser kann viel aus dem Stil des Lebenslaufes heraussehen. Wichtig ist, daß Sie diejenigen Fähigkeiten hervorheben, die für die erwünschte Stelle wichtig sind und daß Sie nichts unerwähnt lassen, was dem Leser einen guten Eindruck geben könnte.

Die drei bekanntesten Arten des Lebenslaufes sind die folgenden:

◊ der tabellarische Lebenslauf, in chronologischer Aufsetzung
◊ der tabellarische Lebenslauf, mit den neuesten Daten zuerst
◊ der Lebenslauf in Aufsatzform
◊ der Lebenslauf auf vorgedrucktem Formular

Beim tabellarischen Lebenslauf sollen Sie folgendes einschließen:

▷ Name, Vorname, Adresse
▷ Geburtsdatum
▷ Staatsangehörigkeit
▷ Familienstand
▷ Schulbildung
▷ Studium
▷ Berufsausbildung
▷ Berufstätigkeit
▷ berufliche Weiterbildung
▷ besondere Fähigkeiten

## AUFGABE 4 | *Einen Lebenslauf schreiben*

Schreiben Sie zwei Lebensläufe. Einer soll in tabellarischer Form, der andere in Form eines Aufsatzes sein.

# Beispiel eines tabellarischen Lebenslaufes

Vor- und Nachname _____

Adresse _____

Telefon _____

Geburtsdatum _____ Geburtsort _____

Name des Vaters _____ Beruf _____

Name der Mutter _____ geborene _____

Familienstand (Ehestand) _____ seit _____

Staatsangehörigkeit _____

| Schul- bzw. Hochschulbildung | von | bis |
|---|---|---|
| | | |
| | | |
| | | |
| | | |

| Berufsausbildung | von | bis |
|---|---|---|
| | | |
| | | |
| | | |

Bisherige Tätigkeiten (einschl. besondere Ereignisse,
Berufsunterbrechungen)

| | von | bis |
|---|---|---|
| | | |
| | | |

Sonstige Fähigkeiten/Kenntnisse

_____ seit

_____ seit

Führerschein Ja / Nein                  seit

_____

Raum für weitere Angaben (z.B. Behinderung)

_____

Ort und Datum _____ Unterschrift _____

# Beispiel eines Lebenslaufes in chronologischer Reihenfolge

Name und Adresse _____

Koller Therese _____

Bruggeregg 19 _____

9100 Herisau _____

Geburtsdatum   26 Mai 1978
Geburtsort     Pfaffikon, Schweiz
Konfession     evangelisch
Ehestand       verheiratet

## Ausbildung

| | |
|---|---|
| 02.95–12.95 | Handelsschule, St. Gallen |
| | Diplom für Personalassistenting   *nächste Jahre* |
| 01.95–02.95 | Cambridge Language School, England |
| | *Proficiency in English*-Prüfung |
| 09.94–12.94 | Universita Italiana per Stranieri, Perugia, Italien |
| | Grundkurs in Italienisch |
| 01.94–07.94 | Handels- und Dolmetscherschule, St. Gallen |
| | Handelskurs – Grundstufe |
| 09.93–12.93 | Eurozentrum Sprachschule, Lausanne |
| | Französisch für fortgeschrittene Anfänger |
| 1989–1993 | Gymnasium, Winterthur |
| | Abiturabschluß |
| 1986–1989 | Sekundarschule, Andelfingen |
| 1980–1986 | Primarschule, Andelfingen |

*Highschool*

## Berufliche Tätigkeit   *Arbeit*

| | |
|---|---|
| 01.99–bis jetzt | CIBA AG, Basel |
| | Personal-Assistentin für den Personalchef |
| 01.97–12.98 | Stoffel AG, Zürich |
| | Direktionsassistentin und Kundenbetreuerin |
| 01.96–12.96 | Flexy AG, St. Gallen |
| | Personalassistenting und Dolmetscherin für englische Kunden |

## Sonstige Fähigkeiten

Führerschein seit 1988

Ausbildung zum Judo-Schwarzgürtel

Klarinette (fortgeschritten)

## Vorbereitung auf das Interview

**Die folgenden Punkte sollten beachtet werden:**

◊ wie passend Sie und Ihre Qualifikationen für den Job sind
◊ wie gut Sie über die Firma informiert sind
◊ wie Sie gekleidet sind
◊ wie Sie sich benehmen, was Ihre Körpersprache über Sie sagt

# Informationen über die Firma

Wenn Sie einen positiven Eindruck machen wollen, ist es absolut notwendig, daß Sie über die Firma, bei der Sie sich bewerben, gut informiert sind. Durch das Inserat können Sie sich leicht einen Prospekt zuschicken lassen. Auch sollten Sie andere Informationsquellen suchen, z.B. bei der Handelskammer, bei einem Firmenregister usw.

**Wichtige Daten**: die Größe der Firma, die Anzahl der Mitarbeiter, die Produkte oder Dienstleistungen, die Tochtergesellschaften oder Filialen, womöglich auch das „Firmenklima".

Sie sollten auch daran denken, daß der Kandidat bei jedem Interview gefragt wird, ob er/sie selber eine Frage zu stellen habe. Es kann recht peinlich werden, wenn man mit Schweigen antworten muß, weil man eben ungenügend vorbereitet ist.

# Kleidung

Nicht vergebens gibt es das berühmte Sprichwort: **Kleider machen Leute**. Ganz im gleichen Sinne kann man sagen, daß der erste Eindruck ausschlaggebend ist, und daß man mit Kleidern sehr viel über sich selbst ausdrückt.

Wenn zum Beispiel ein Mann sich um einen Bürojob beworben hat und dann zum Interview in einem Anzug erscheint, aber weiße Tennisschuhe und Socken dazu trägt, dann denkt der Personalchef wahrscheinlich nicht, wie orginell oder persönlich das sei, sondern daß sich dieser junge Mann nicht anpassen kann, daß er sich anti-autoritär stellt oder daß er die Benehmensformen einfach nicht kennt.

Bei Frauen ist die Situation ähnlich, wenn es um sexuell aufreizende Kleider geht. Wenn eine Frau ernst genommen werden will, soll sie sich nicht als Sexobjekt kleiden, was natürlich nicht heißt, daß sie sich gar keine Mühe bei der äußeren Erscheinung geben soll.

| AUFGABE 5a | *Die Interviewkleidung besprechen* |

Lesen Sie die folgenden Beschreibungen von Personen und ihren Interview-Kleidern und diskutieren Sie mit einem Partner bzw. einer Partnerin, zu was für Charakteranalysen Sie dabei kommen, und wie sich so eine Person wohl benehmen würde. Wenn möglich, vergleichen Sie Ihre Analysen mit denen einer anderen Gruppe.

## Bewerbung um eine Stelle als Kundenbetreuer bzw. Kundenbetreuerin

**Person A:**
Männlich, groß, mit kurzen Haaren, zurückgekämmt, trägt einen dunkelblauen Anzug aus Seide, ein rosa Hemd, eine blau/grau/rosa gemusterte Krawatte, schwarze Schuhe und Socken.

*SEHR SHICK*
*PATTERN*

**Person B:**
Männlich, mittellange Haare, ein wenig unordentlich, trägt einen blaugestreiften, ein wenig zu engen Anzug, braune Schuhe, weiße Socken. — *NEIN!*

**Person C:**
Männlich, mittelgroß, ganz kurz rasierte Haare, trägt eine graue sportliche Jacke, eine hellgraue Hose, einen Rollkragen-Pullover, schwarze Schuhe und Socken.

**Person D:**
Weiblich, mittelgroß, lange blonde Haare, ein dunkelrotes halblanges Kleid, große goldene Ohrenringe, eine dicke Kette aus Gold, ein gemustertes seidenes Halstuch, Schuhe mit hohen Absätzen.

*ZU KURTZ*
*- ZU VIEL GOLD*
*CHAIN*
*PLATFORMS*

**Person E:**
Weiblich, mittelgroß, kurze braune Haare, trägt einen gestreiften Anzug mit engem Rock, weiße Bluse, kleine Ohrenringe, dünne goldene Kette, flache Schuhe.

**Person F:**
Weiblich, klein, knallrote Haare, trägt Pullover und Jeans, einen Nasenring, Trainingsschuhe.

*ZU INDIVIDUAL*

| AUFGABE 5b | Die Interviewkleidung besprechen (Fortsetzung) |
|---|---|

Diskutieren Sie mit einem Partner bzw. einer Partnerin, wie Sie die jeweiligen Kandidaten für drei der in diesem Kapitel angebotenen Stellen kleiden würden.

*— trägt schöne Kleidung*

# Körpersprache und Charaktereigenschaften

Mit der Körpersprache können Sie sehr viel unbeabsichtigte Informationen geben und Ihrem Interviewer Ihre Schwächen zeigen, ohne daß Sie sich dessen bewußt sind. Eine kurze Liste der offensichtlichsten Hürden, die man bei jedem Interview überwinden muß, wenn man Selbstvertrauen und Leistungsfähigkeit ausstrahlen will:

| | |
|---|---|
| 1 | Wie soll ich sitzen? |
| 2 | Wen soll ich ansehen? |
| 3 | Was mache ich mit den Händen? |

1 Die Position, die Sie auf Ihrem Interview-Stuhl einnehmen, kann verraten, ob Sie sehr gehemmt sind, zuviel Selbstvertrauen haben, aufdringlich oder sogar respektlos sind, ob Sie distanziert oder professionell sind, ob Sie ruhig, aufmerksam und leistungsfähig wirken.

2 Wenn Sie den Interviewer <u>direkt ansehen</u>, den Blick festhalten, wirken Sie ganz anders als wenn Sie den Blick senken oder an die Decke hinaufrichten. Wenn Sie selber sprechen, macht es auch einen Unterschied, ob Sie über den Gesprächspartner hinwegsehen oder den Blick ab und zu direkt auf ihn lenken.

*— to stare*

*BLICK SENKEN — LOOK DOWN*

3 Ihr Auftreten wird wohl negativ wirken, wenn Sie etwa die Hände ringen oder sie in den Taschen verstecken, dauernd mit einer Halskette oder einem Bleistift spielen, die Arme verschränken, sich kratzen usw.

*NEGATIVE PLAYING W/ NECKLACE*

*ARMS CROSSED/FOLD   'SCRATCHING'*

| AUFGABE 6 | Körpergesten beschreiben |
|---|---|

Bitte studieren Sie die folgende Liste von Körpergesten und dementsprechenden Charaktereigenschaften. Können Sie die Lücken in der Tabelle ausfüllen? Besprechen Sie Ihre Antworten mit einem Partner bzw. einer Partnerin.

## Körperstellung, Bein- und Fußstellung

| | |
|---|---|
| mit geradem Rücken auf dem Stuhl sitzend | AUFMERKSAM - ATTENTIVE  GESPANNT - ANTICIPATING |
| vorwärts gebeugt | KEIN SELBSTVERTRAUEN  NERVÖS |
| auf der Stuhlkante sitzend | bereit davonzulaufen, nicht entspannt, wenig Selbstvertrauen  *ready to run away* |
| die Beine überschlagen, mit dem einen Fuß hinter dem andern Bein  *CROSS* | sehr defensiv, mißtrauisch — *mistrusting* |
| die Beine nebeneinander, Füße gerade, auf den Interviewer ausgerichtet | BEHERRISCHT  POSITIV |
| den einen Fuß auf dem Knie des anderen Beines | SEHR ENSPANNT  NEGATIV |
| die Beine auseinander, zurückgelehnt | KEINE INTERESSE  NEGATIV |

## Blick, Sprechweise

| | |
|---|---|
| direkter Blick, lange festgehalten auch beim eigenen Sprechen | selbstsicher, aggressiv |
| direkter Blick, in die Augen des Interviewers, wenn er spricht und abgewendet, wenn der Kandidat spricht | distanz, kein selbst vertrauen |
| die Augen gesenkt, schaut nur von Zeit zu Zeit auf | schütig, scheu |

abgewendet - LOOK AWAY WHEN SOMEONE SPEAKS

schütig - shy

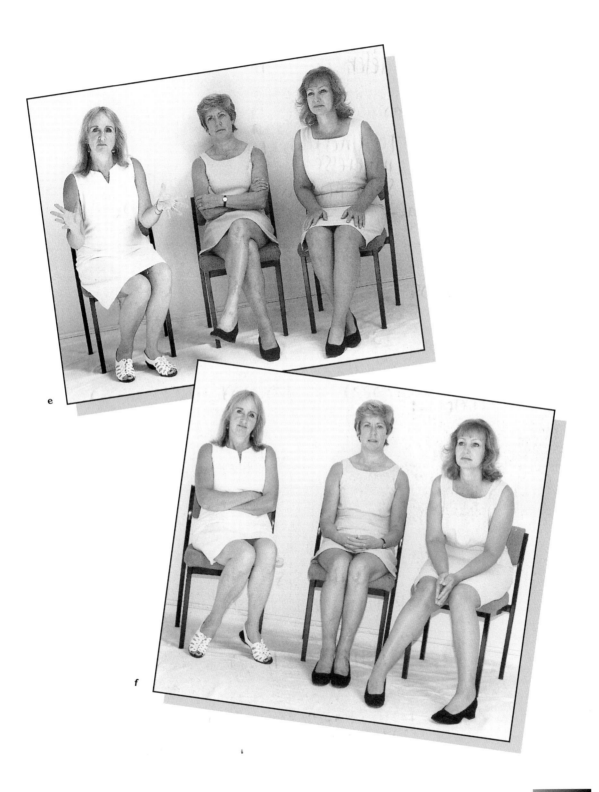

e

f

*Gegenstand - object*

## Position der Hände

| | |
|---|---|
| mit den Händen den eigenen Körper haltend | *defensiv* |
| mit verschränkten Armen | defensiv, eine verteidigende Barriere schaffend |
| mit den Händen oder mit einem Gegenstand spielend *object* | *total nervous, kein interesse* |
| die Fingernägel beißend | *sehr nervous*  *NEGATIV* |

---

| **AUFGABE 7** | *Illustrierte Körpergesten analysieren* |
|---|---|

Bilden Sie Gruppen von je 2 oder 3 Personen. Studieren Sie die Aufnahmen a – f und beschreiben Sie kurz die Bedeutung der verschiedenen Körpergesten.

| AUFNAHME | BESCHREIBUNG |
|---|---|
| a | _____ _____ |
| b | _____ _____ |
| c | _____ _____ |
| d | _____ _____ |
| e | _____ _____ |
| f | _____ _____ |

| AUFGABE 8 | *Rollenspiel der Körpersprache* |
|---|---|

Spielen Sie die Rollen von den folgenden Stellenbewerbern. Machen Sie in jedem Fall ein Interview mit Ihrem Partner bzw. Ihrer Partnerin und drücken Sie durch Körpersprache und passende Redeweise die folgenden Charaktereigenschaften aus:

▷ eine scheue, introvertierte Person, die nicht viel Erfolg hat und schon mehrere Male eine Stelle nach dem Interview nicht bekommen hat

▷ eine sehr extravertierte Persönlichkeit, die voller Selbstsicherheit ist und meint, daß die ganze Welt sie bewundern soll, und daß der Arbeitgeber wirklich Glück hat, sie hier zu haben

▷ eine nüchterne Person ohne viel Phantasie, die aber die Welt ganz realistisch sieht und sich selbst auch

▷ eine lebhafte Persönlichkeit mit viel Elan und Originalität, die sich ausdrücken will und gute Ideen hat, sich aber nicht gerne anpassen will

## Der Verlauf des Interviews

Was soll man von einem Interview erwarten? Natürlich ist es schwierig, vorherzusagen, was man von einem Interview erwarten soll. Ganz allgemein jedoch kann man die Fragen, die den Arbeitgeber bzw. die Arbeitgeberin interessieren, in drei Kategorien einteilen:

◊ **Fragen zur Person des Bewerbers**
◊ **Fragen zum Fachwissen des Bewerbers**
◊ **Fragen zum Hintergrund des Bewerbers**

## Die „Entspannungsphase"

Die ersten Fragen, die der Interviewer stellen wird, sind sehr wahrscheinlich solche, die man fragt, um dem Kandidaten bei der Entspannung zu helfen und ihm die Nervosität zu nehmen.

▷ Haben Sie eine leichte/lange/schwierige Reise hierher gehabt?
▷ Wohnen Sie weit weg von hier?
▷ Kennen Sie die Gegend hier?

# Die „technische" Phase

▷ Warum haben Sie diese Berufsrichtung gewählt?
▷ Sie haben ———— studiert. Was fanden Sie am nützlichsten?
▷ Sprechen Sie über Ihre praktische Erfahrung in dieser Branche.
▷ Was für andere Stellen haben Sie gehabt, und welche war Ihre nützlichste Periode?
▷ Was arbeiten/studieren Sie im Moment?
▷ Wie finden Sie den Gebrauch von *Windows* (oder ähnliches)?
▷ Was ist Ihre Meinung zu ———— (etwas Aktuellem z.B. EMU, ECU)

# Die „persönliche" Phase

▷ Was sind Ihre Interessen neben der Arbeit?
▷ Wie können Sie Verantwortung handhaben?
▷ Wie verstehen Sie sich mit anderen Leuten?
▷ Arbeiten Sie gern in einem Team?
▷ Was sind Ihrer Meinung nach Ihre eigenen besten Qualitäten?
▷ Welche Aspekte des Zusammenarbeitens bereiten Ihnen Schwierigkeiten?
▷ Was ist Ihre beste Leistung im letzten Jahr gewesen?
▷ Wo sehen Sie sich in 10 Jahren?

# Die „Initiative"-Phase

▷ Wie würden Sie sich verhalten, wenn Ihr Chef bzw. Ihre Chefin Ihnen den versprochenen Urlaub nicht geben wollte?
▷ Was würden Sie machen, wenn Ihr Kollege bzw. Ihre Kollegin plötzlich eine ansteckende Krankheit bekäme?
▷ Wie würden Sie reagieren, wenn wir Ihnen nach ein paar Monaten eine neue Verantwortung geben wollten?

| AUFGABE 9 | *Rollenspiel eines Interviews* |

Machen Sie ein Rollenspiel, indem Sie für eines der Inserate ein Interview inszenieren. Sie sollten die obigen Fragen der jeweiligen Stellung anpassen und dementsprechend variieren.

## Einen Anstellungsvertrag lesen

## AUFGABE 10 | *Übersetzung*

Lesen Sie den folgenden Anstellungsvertrag und übersetzen Sie Paragraphen 2, 3, 4, 5, 6, 7, 10 und 11. Diese Aufgabe können Sie einzeln oder in Gruppen machen.

*Dieser Vertrag ist ein Beispiel aus der Schweiz. Deshalb gibt es einige sprachliche Unterschiede wie z.B. das Wort Salär anstatt Gehalt.*
*Fr. = Schweizer Franken.*

*Vokabelnhilfe*
*AHV = Allgemeine Haftpflichtversicherung*
*SUVA = Schweizerische Unfallversicherungsanstalt*
*SVICA: eine schweizerische Versicherungsgesellschaft*

# Anstellungsvertrag
### zwischen

# Medica GmbH
# St. Gallen
### und

### Frau Katharina Schmid
#### Herisau

## 1. Position
Die Firma stellt Frau Katharina Schmid ab 26. Juni 2000 als Personal-Assistentin ein. Frau Schmid wird dem Delegierten des Verwaltungsrates der *Iromedica* direkt unterstellt sein.

## 2. Aufgabengebiet RESPONSIBILTIES
Einzelheiten bezüglich Aufgabenkreis sind in der separaten Stellenbeschreibung, die einen Bestandteil dieses Vertrages bildet, festgehalten. Im Auftrag der Geschäftsleitung können auch andere Aufgaben übertragen werden, die sich aus der betrieblichen Notwendigkeit ergeben.

## 3. Salär
Frau Schmid erhält ab 26. Juni ein Salär von monatlich Fr. 52.000,00. Nach der Probezeit, ab 1. Juli 2001, Fr. 55.000,00. Überstunden werden nicht besonders entschädigt. Im Dezember wird ein 13. Monatsgehalt gezahlt.

## 4. Arbeitszeit
Die durchschnittliche Arbeitszeit wird eingehalten: 41 Stunden in der Woche.

## 5. Ferien
Frau Schmid hat vier Wochen Ferien pro Jahr. Im übrigen gilt das Personalreglement. Die Urlaubszeit wird im Einvernehmen mit den Vorgesetzten festgelegt. Zusätzliche Ferien werden als unbezahlter Urlaub gewährt.

## 6. Unfall   *WORKERS COMP*

Frau Schmid ist sowohl für Betriebs- als auch für Nichtbetriebsunfall bei der SUVA versichert, wobei Frau Schmid so lange das volle Salär ausbezahlt erhält, als die SUVA der Firma das Unfallgeld ausrichtet. Die Prämien für Betriebs- als auch Nichtbetriebsunfall gehen zu Lasten der Firma.

## 7. Krankheit

Im Falle unverschuldeter Arbeitsunfähigkeit infolge Krankheit vergütet die Firma das volle Salär wie folgt:

- ◊ Im 1. Dienstjahr während 1 Monat
- ◊ Im 2. und 3. Dienstjahr während 2 Monate
- ◊ Ab 4. Dienstjahr während 3 Monate

Ab dem 4. Krankheitstag ist ein ärztliches Zeugnis zu bringen. Die Firma hat mit der SVICA einen Kollektivvertrag für eine Lohnausfallversicherung abgeschlossen. Die Prämie für die Arbeitnehmerin beträgt 0.48% des AHV-pflichtigen Lohnes.

## 8. Personalfürsorge   *Alterssparkasse PENSION*

Frau Schmid wird nach Massgabe der statutarischen Bestimmungen in die firmeneigene Alterssparkasse aufgenommen (Arbeitnehmerbeitrag 5% der AHV-pflichtigen Bruttolohnsumme). Für das Todesfall- und Invaliditätsrisiko wird bei der PROVENTIA eine Risikoversicherung abgeschlossen (siehe Beilage).

## ✗ 9. Kündigungsfrist   *PERIOD OF TIME TO GIVE NOTICE*

Die Probezeit läuft bis Ende Juni 2001. Während der Probezeit beträgt die Kündigungsfrist einen Monat. Ab 1. Juli 2001 beträgt die Kündigungsfrist drei Monate auf Ende eines Monates.

## 10. Geheimhaltung   *CANNOT TAKE INFO TO OTHER COMPANIES*

Alle Geschäftsvorgänge und Unterlagen der Firma, wie z.B. Rezepte, Kalkulationen, Korrespondenzen und Aufzeichnungen irgendwelcher Art gelten als Geschäfts-geheimnisse. Es ist Frau Schmid untersagt, für ihren eigenen Gebrauch oder für Dritte über irgendwelche Geschäftsvorgänge Aufzeichnungen zu machen oder Geschäftsunterlagen ganz oder teilweise zu kopieren.

## 11. Sorgfaltspflicht   *DUTY TO TAKE CARE OF COMPANY*

Frau Schmid verpflichtet sich, sowohl während der Dauer ihres Anstellungs-verhältnisses als auch nach dessen Auflösung, Dritten gegenüber hinsichtlich aller Geschäftsvorgänge strengstens Stillschweigen zu bewahren. Alle Leistungen, die Frau Schmid während der Dauer des Anstellungsverhältnisses in Erfüllung dieses Vertrages bringt, gehören der Firma. Frau Schmid hat der Firma bei Beendigung des Anstellungsverhältnisses das von der Firma erhaltene Material sowie sämtliche von ihr erstellten Berichte, Aufstellungen, Notizen etc. als Eigentum der Firma lückenlos zurückzugeben. Frau Schmid verpflichtet sich, der Firma ihre ganze Arbeitskraft, sowie ihre Kenntnisse und Erfahrung uneingeschränkt zur Verfügung zu stellen, die ihr übertragene Arbeiten treu und gewissenhaft auszuführen und überhaupt die Interessen der Firma nach Kräften zu wahren. Die Übernahme einer Nebenbeschäftigung sowie politischer und ähnlicher Ämter bedarf vorgängig der Zustimmung der Firma.

**Wir freuen uns, Sie als neue Mitarbeiterin begrüssen zu dürfen und hoffen, dass Ihnen die Tätigkeit in unserer Firma zusagen wird.**

| **Die Arbeitgeberin** | **Die Arbeitnehmerin** |
|---|---|
| **Ironmedica GmbH** | |
| *E.D. Lüscher* | *Katharina Schmid* |
| *F.R. Rosario* | |

| AUFGABE 11 | *Vokabularübung: Wortfamilien bilden* |
|---|---|

Bitte finden Sie die entsprechende deutsche Zusammensetzung für die englischen Wörter, trennen Sie dann den ersten Bestandteil und finden Sie ein passendes Verb, Adverb oder Adjektiv.

| Interview | das Vorstellungsgespräch | die Vorstellung | sich vorstellen |
|---|---|---|---|
| application letter | | | |
| owner of a business | | | |
| business life | | | |
| year of employment | | | |
| job advertisement | | | |
| nationality | | | |
| start of employment | | | |
| pension (old age) provision | | | |

| | | | |
|---|---|---|---|
| promotion possibilities | | | |
| probation period | | | |
| employee | | | |
| curriculum vitae | | | |
| career direction | | | |
| part-time worker | | | |
| morning job | | | |
| term of notice | | | |
| department manager | | | |
| salary limit | | | |
| employment contract | | | |
| duty of care | | | |

## Ein Vorstellungsgespräch mit drei Kandidaten — Text A (Hörtext)

Sie arbeiten bei der Firma *Global* in der Schweiz und müssen der Personalleiterin dabei helfen, eine geeignete Bürohilfskraft anzustellen. Da Sie selbst mit der neuen Person arbeiten müssen, ist Ihre Meinung ganz wichtig.

Die Firma *Global* verkauft Maschinen durch Sachbearbeiter in der Dritten Welt, vor allem in Afrika. Sie möchte gern einen englischsprechenden Assistenten bzw. eine englischsprechende Assistentin einstellen, der/die zugleich auch Deutsch spricht, weil die Mutterfirma ihren Sitz in der Schweiz hat. Die Firma *Global* hat somit das folgende Inserat in der britischen Zeitung Times aufgegeben:

---

### GLOBAL

We are looking for a

# Marketing Assistant

to sell our machines and expertise in the Third World.
If you are a graduate with knowledge of German
and experience in marketing, and if you would like
to travel and help with aid in Africa
please write to:

**Personalleiterin**
**Frau Müller**
**GLOBAL**
**Nonnenberggürtel 25**
**Basel, Switzerland**

---

Verschiedene Personen haben auf das Inserat geantwortet, und drei von ihnen sind zum Vorstellungsgespräch in Basel eingeladen worden. Das Vorstellungsgespräch läuft demnach auf Deutsch.

| AUFGABE 12 | *Interviews analysieren* |
|---|---|

Im ersten und zweiten Interview spricht die Personalleiterin, Frau Müller, selber mit den Kandidaten. Das dritte Interview wird vom stellvertretenden Personalleiter, Herrn Müller, geführt. Herrn Müller fällt es manchmal schwer, sich den richtigen Namen des Kandidaten zu merken!

Hören Sie die drei Interviews und versuchen Sie in jedem Fall, die Persönlichkeit, Ausbildung, Erfahrung, Einstellung zum Job und Leistungsfähigkeit des Arbeitssuchenden grob einzuschätzen.

Welcher Kandidat eignet sich am besten für die Stelle? Machen Sie Notizen in den folgenden Kategorien:

| | KANDIDAT 1: MR MAINWARING | KANDIDAT 2: MR BRAMWELL | KANDIDAT 3: MS HIGGINS |
|---|---|---|---|
| **Persönlichkeit** | | | |
| **Ausbildung** *(inwiefern relevant?)* | | | |
| **Erfahrung** *(relevant?)* | | | Kein marketing erfahrung Keinelieblings- fach |
| **Einstellung zur Arbeit** | | | |
| **Leistungsfähigkeit** *(als Marketing-Assistent bzw. Assistentin)* | | die Dorfaltester - the elders managersein ↳ 10 jahre | reisen, mehr Kinder haben Keine Ahung ↳ 10 jahre |

## AUFGABE 13 | *Eine Empfehlung schreiben*

Empfehlen Sie der Personalleiterin in Form eines Memorandums den passendsten Kandidaten. Begründen Sie Ihre Wahl; Sie selber werden mit dieser Person arbeiten müssen.

nachteil - disadvantage

geboren unternehmer ↓ born entrepreneur

anfangsrabatt - intial purchase

Memorandum

An: _____

Von: _____

Betreff: _____

Datum: _____

✳✳✳✳✳✳✳✳✳✳✳✳✳✳✳✳✳✳✳✳✳✳✳✳✳✳✳✳✳✳✳✳✳✳✳✳✳✳✳✳✳✳✳✳✳✳✳✳✳✳✳✳

Wo sehe ich
in 10 Jahre?

führende - to manage
leitende - to be in charge of
kadermaterial - managment material
fähigkeit beweisen - ability

# 2

# Die Geschichte und das Hörspiel

## Einige deutschsprachige Autoren

Zum Erwerben guter deutscher Sprachkenntnisse gehört auch das Studium der deutschen Literatur. Schriftsteller sind Sprachmeister, und ihre Werke zeigen uns, wie man mit der Sprache umgehen kann. Literarische Texte können auch unsere kreativen Kräfte anregen. In diesem Kapitel werden Beispiele der Geschichte und des Hörspiels angeführt.

| AUFGABE 1 | *Tabelle ausfüllen* |
|---|---|

### Gruppendiskussion:

▷ Welche deutschsprachigen Autoren kennen Sie schon?
▷ In der untenstehenden Tabelle sind einige berühmte Autoren und Werke aufgeführt.
▷ Versuchen Sie, die Lücken auszufüllen.

| JAHRHUNDERT | AUTOR | WERK | GATTUNG |
|---|---|---|---|
| 18. | Gotthold Ephraim L \_\_\_\_\_ | Emilia Galotti | |
| 18. | | Faust | |
| | Friedrich Schiller | | |
| 19. | Heinrich von \_\_\_\_\_ | Prinz Friedrich von \_\_\_\_\_ | |
| | Gottfried K \_\_\_\_\_ | Romeo \_\_\_\_\_ | Erzählung/Novelle |
| 19. | Gerhart H \_\_\_\_\_ | Bahnwärter Thiel | |
| | Franz \_\_\_\_\_ | Der P \_\_\_\_\_ | Roman |
| 20. | Thomas \_\_\_\_\_ | Der Tod in \_\_\_\_\_ | Erzählung/Novelle |
| | Bertolt Brecht | | Drama |

| 20. | | Das Glasperlenspiel | Roman |
|---|---|---|---|
| | | Andorra | |
| 20. | **Friedrich Dürrenmatt** | | |
| 20. | **Günter** _____ | | Roman |
| | | **Nachdenken über Christa T.** | |

## Autorenporträts

| **AUFGABE 2** | *Autoren kennen* |
|---|---|

### Gruppendiskussion:

▷ Welcher Name gehört zu welchem Autorenporträt?

| FRISCH | FRANK | KAFKA |
|---|---|---|
| BORCHERT | SCHNURRE | REMARQUE |
| TUCHOLSKY | DÜRRENMATT | |

WOLFDIETRICH _____, in Frankfurt geboren und in Berlin aufgewachsen, war Mitglied der Gruppe 47, einer berühmten Autorengruppe der Nachkriegsgeneration. Er interessiert sich auch für den deutschen Film.

FRANZ _____, weltberühmter Schriftsteller, arbeitete in Prag als Versicherungsbeamter. In seinen Erzählungen und Romanen versucht der Mensch, manchmal umsonst, den Sinn des Daseins zu begreifen.

KURT _____, hervorragender Satiriker der Weimarer Zeit, engagierte sich in seinen Schriften für die Gedankenfreiheit des Menschen. 1933 entzogen ihm die Nazis seine deutsche Staatsbürgerschaft und verbrannten seine Bücher.

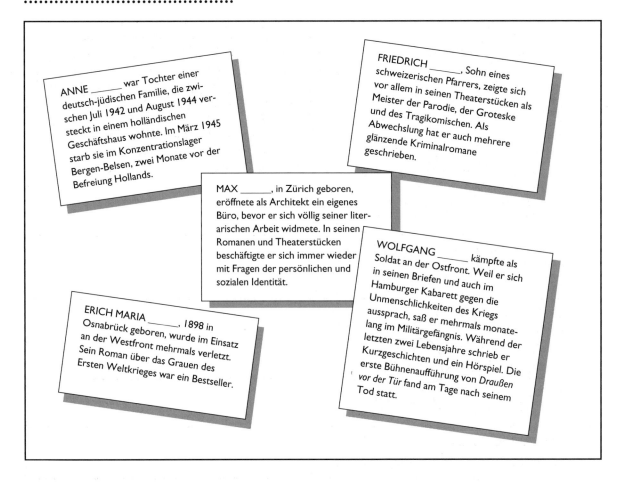

ANNE _____ war Tochter einer deutsch-jüdischen Familie, die zwischen Juli 1942 und August 1944 versteckt in einem holländischen Geschäftshaus wohnte. Im März 1945 starb sie im Konzentrationslager Bergen-Belsen, zwei Monate vor der Befreiung Hollands.

FRIEDRICH _____, Sohn eines schweizerischen Pfarrers, zeigte sich vor allem in seinen Theaterstücken als Meister der Parodie, der Groteske und des Tragikomischen. Als Abwechslung hat er auch mehrere glänzende Kriminalromane geschrieben.

MAX _____, in Zürich geboren, eröffnete als Architekt ein eigenes Büro, bevor er sich völlig seiner literarischen Arbeit widmete. In seinen Romanen und Theaterstücken beschäftigte er sich immer wieder mit Fragen der persönlichen und sozialen Identität.

WOLFGANG _____ kämpfte als Soldat an der Ostfront. Weil er sich in seinen Briefen und auch im Hamburger Kabarett gegen die Unmenschlichkeiten des Kriegs aussprach, saß er mehrmals monatelang im Militärgefängnis. Während der letzten zwei Lebensjahre schrieb er Kurzgeschichten und ein Hörspiel. Die erste Bühnenaufführung von *Draußen vor der Tür* fand am Tage nach seinem Tod statt.

ERICH MARIA _____, 1898 in Osnabrück geboren, wurde im Einsatz an der Westfront mehrmals verletzt. Sein Roman über das Grauen des Ersten Weltkrieges war ein Bestseller.

Eine **Geschichte** mag zum Teil auf **Tatsachen** beruhen oder ganz frei **erfunden** sein. Sie spielt sich auf einem bestimmten **Handlungsschauplatz** ab und wird vom **Standpunkt** des **Autors** bzw. des **Erzählers** geschrieben. Das **Geschehen** (die **Handlung,** die **Fabel**) wird von fiktiven oder historischen **Figuren** (**Personen**) getragen. Häufig versucht der Autor, durch seine Geschichte eine **innere Wirklichkeit** durchsichtig zu machen.

## Verschiedene Arten von Geschichten

## AUFGABE 3 | *Beschreiben, Beispiele anführen*

Beschreiben Sie kurz für jede Art von Geschichte die Absicht des Autors. (*Die Stichworte sollen Ihnen dabei helfen.*) Können Sie für jede Art von Geschichte ein Beispiel anführen?

| 1. | Die Erzählung oder die Novelle<br>*fiktive oder historische Figuren* | Der Autor (bzw. der Erzähler) führt den Leser in eine Welt, die von fiktiven oder historischen Figuren bevölkert ist. Es wird sehr oft von einer Begebenheit oder einer Reihe von Begebenheiten erzählt.<br>*Beispiel* Thomas Mann: *Der Tod in Venedig.* |
|---|---|---|
| 2. | der Kriminalroman<br>*der Detektiv als Held, das Verbrechen, der Täter* | |
| 3. | Die Zeitungs- oder Dokumentargeschichte<br>*auf Tatsachen basierend* | |
| 4. | Die Autobiographie/<br>das Tagebuch<br>*persönliche Erlebnisse,<br>der Standpunkt des Autors* | |
| 5. | Die Fabel<br>*kurz, moralische Deutung* | |
| 6. | Die satirische Skizze<br>*Kritik, Humor als Waffe* | |

## Der Anfang einer Geschichte

AUFGABE 4 | *Unterscheiden*

Schon mit dem ersten Satz muß der Autor den Leser fesseln und ihn in den Bann des erzählten Geschehens hereinziehen. Wie bringt er das zustande?

A = Zeitungsartikel
B = Novelle aus dem
      19. Jahrhundert
C = Erzählung
D = satirische Skizze

▷ Lesen Sie den Anfang und analysieren Sie den Stil jeder dieser vier Geschichten.
▷ Ordnen Sie jede Geschichte einer Kategorie zu und begründen Sie Ihre Entscheidung.

**1 = \_\_\_\_\_**

Der alte Herr da im Bratenrock, das ist der berühmte General Soundso. Er steht am Kamin, direkt vor dem Spiegel, nein, der nicht, der neben ihm – ja. Er rührt jetzt gerade mit einem kleinen Löffelchen in der Mokkatasse und unterhält sich angeregt mit den Gästen des Hauses. Es ist ein sehr feines Haus, man hat lauter gute Namen eingeladen. Die Menschen sind in der Garderobe abzugeben. Die Namen haben diniert, jetzt nehmen sie den Kaffee, auch der General.

Er ist derselbe, der damals die große Offensive bei V. eingeleitet hat. „Die Truppen des Generals", stand damals im Heeresbericht, „wurden in der Nacht von gestern auf heute zum Sturm auf die Höhen des Dorfes angesetzt." Er ist es, der sie angesetzt hat. Seine hellblauen, etwas wässerigen Augen, die ich da sehe, lassen nichts mehr davon ahnen, daß dieser Mann einmal am Telefon gestanden, vor ihm die Karten, die Krokis, die Bleistifte, die Adjutanten, und mit erregter Stimme einen Befehl in die Müschel gebrüllt hat. „Wollen Sie dafür sorgen . . . !" sagte die Stimme. Dann hängte er den Hörer ab. Am darauffolgenden Morgen fielen auf unserer Seite 8472 Mann. Sie bekamen ihr Massengrab. Der General einen Orden.

Aus Kurt Tucholsky: Der General im Salon, aus Gesammelte Werke, Rowohlt Verlag, 1960

**3 = \_\_\_\_\_**

Mit dickem Nebel hatte der Tag an einer einsamen Liegestelle mitten in der flachen Wiesenlandschaft zwischen Minden und Osnabrück begonnen. Um halb sieben hatte Ackermann aus dem Fenster geguckt und sich gleich wieder ins eheliche Doppelbett zurückfallen lassen, das eigentlich viel zu groß für die kleine Schlafkajüte ist. Den Streß einer Radarfahrt bei Nebel wollte er sich nicht antun. Sein Schiffer-Instinkt täuschte ihn nicht, um acht hatte es aufgeklart, und es war auch noch zeitig genug für die letzte Strecke dieser Reise.

Aus Michael Schmidt-Klingenberg: Der will uns ausrotten, Der Spiegel, 1994

**4 = \_\_\_\_\_**

Vor meinem väterlichen Geburtshause, dicht neben der Eingangstür in dasselbe, liegt ein großer achteckiger Stein von der Gestalt eines sehr in die länge gezogenen Würfels. Seine Seitenflächen sind roh ausgehauen, seine obere Fläche aber ist von dem vielen Sitzen so fein und glatt geworden, als wäre sie mit der kunstreichsten Glasur überzogen. Der Stein ist sehr alt, und niemand erinnert sich, von einer Zeit gehört zu haben, wann er gelegt worden sei. Die urältesten Greise unseres Hauses waren auf dem Steine gesessen, so wie jene, welche in zarter Jugend hinweggestorben waren und nebst all den andern in dem Kirchhofe schlummern. Das Alter beweist auch der Umstand, daß die Sandsteinplatten, welche dem Steine zur Unterlage dienen, schon ganz ausgetreten und dort, wo sie unter die Dachtraufe hinausragen, mit tiefen Löchern von den herabfallenden Tropfen versehen sind.

Aus Adalbert Stifter: Granit

**2 = \_\_\_\_\_**

Und dann rissen sie die Tür auf und warfen mich raus. Ich fiel hin und bliebe einen Augenblick liegen, denn die Kühle des Pflasters tat gut, wenn man die Stirne draufdrückte. Dann stand ich auf und ging langsam zum Bahnhof.

Der letzte Zug war aber schon weg; da setzte ich mich ins Bistro und aß eine Wurst. Ich hatte vor, ins Trocadero zurückzugehen; nicht, weil ich denen noch eine reinhauen wollte, ich wollte nur sehen, was mit Wittigkeit war. Aber ich war zu betrunken; ich schlief ein und bin eben erst aufgewacht.

Aus Wolfdietrich Schnurre: Im Trocadero

## Der Schluß einer Geschichte

| AUFGABE 5 | *Unterscheiden* |
|---|---|

Der Schluß einer Geschichte ist genauso wichtig wie der Anfang. Ein banaler oder stereotyper Schluß kann leicht die Geschichte verderben. Der Schluß soll künstlerisch befriedigend, möglichst auch originell sein.

A = witziger Schluß (Pointe)
B = nüchterner, sachlicher Schluß
C = trauriger/tragischer Schluß
D = überraschender Schluß
E = dramatischer Schluß
F = friedlicher/ruhiger Schluß

▷ Welcher Schluß gehört zu welchem Anfang?
▷ Wie würden Sie jeden Schluß bezeichnen?
▷ Begründen Sie Ihre Antworten und besprechen Sie diese mit einem Partner.

= _____
(Geschichte 1, 2, 3 oder 4?)

Ich hatte plötzlich den Wunsch, bis zur Besinnungslosigkeit verhauen zu werden. Ich sah mich gar nicht erst um, ich schlug blindlings in so ein bleiches, großrandig bebrilltes Jünglingsgesicht rein, und dann in ein zweites und drittes, und Budd bekam auch noch was ab. Dann erst kriegten sie mich. Ich bekam eine Kinnhakenserie, sie schlugen mich mit dem Kopf auf den Tisch, ich fiel hin, sie traten nach mir, sie packten mich; und dann rissen sie die Tür auf und warfen mich raus.

Schluß = _____
(Typ A, B, C, D, E, F?)

= _____
(Geschichte 1, 2, 3 oder 4?)

„An der Spitze seines Generals stürzte sich das heldenmütige Korps in die brausende Schlacht. Mit geschwungenem Telefonhörer setzte der unerschrockene Führer seinen Truppen nach, die er zu Paaren vor sich hertrieb. Als im Stabsgebäude das Essen serviert wurde, rief er: „Mir nach!", und alles folgte seinem heldenmütigen Beispiel. Während der Kampf tobte, wankte und wich er nicht aus seinem Telefonunterstand, und erst, als der Rückzug einsetzte, war er in seinem Automobil wieder auf dem laufenden. Er war sehr beliebt – jeder Mann der Truppe kannte ihn flüchtig. Immer neue und neue Bataillone warf der Tapfere in die Einbruchstelle, sich selber vergaß er leider mit hineinzuwerfen. Und wenn er sich nicht den Magen an heißem Kaffee verbrüht hat, dann lebt er heute noch."
Que voulez-vous? Ce sont les risques du metier.

Schluß = _____
(Typ A, B, C, D, E, F?)

= _____
(Geschichte 1, 2, 3 oder 4?)

Wie es aber auch seltsame Dinge in der Welt gibt, die ganze Geschichte des Großvaters weiß ich, ja durch lange Jahre, wenn man von schönen Mädchen redete, fielen mir immer die feinen Haare des Waldmädchens ein: aber von den Pechspuren, die alles einleiten, weiß ich nichts mehr, ob sie durch Waschen oder durch Abhobeln weggegangen sind, und oft, wenn ich eine Heimreise beabsichtigte, nahm ich mir vor, die Mutter zu fragen, aber auch das vergaß ich jedesmal wieder.
Schluß = _____

(Typ A, B, C, D, E, F?)

= _____
(Geschichte 1, 2, 3 oder 4?)

Mit ihrem bordeigenen Autokran setzen sie ihren Mazda auf den Kai. Sie haben sich landfein gemacht und besuchen diesen Abend ihre Kinder, zum Internat ist es nur eine halbe Stunde Fahrt. Weihnachten werden sie zusammen wie immer 14 Tage Skiurlaub machen.

Schluß = _____
(Typ A, B, C, D, E, F?)

## AUFGABE 6 | *Geschichtsanfang schreiben*

Werden Sie selber zum Erzähler! Schreiben Sie den Anfang (ca. 10 Sätze) einer Geschichte. Versuchen Sie, schon mit dem ersten Satz die Aufmerksamkeit des Lesers zu erregen.

## Wozu dient Literatur im Deutschunterricht? | Text A (Hörtext)

## AUFGABE 7 | *Hören und verstehen*

Hören Sie auf der Kassette das Interview mit Dr Löschmann und beantworten Sie die Fragen. *Dr Martin Löschmann ist Dozent an der Kingston University und ist Autor vieler Bücher auf dem Gebiet Deutsch als Fremdsprache.*

## Richtig oder falsch?

1  Mit der kommunikativen Orientierung lernte man eine Fremdsprache nur durch literarische Texte.
   RICHTIG / FALSCH

2  In einem bekannten deutschen Lehrbuch gab es einen Satz: „Ich interessiere mich nicht für Literatur."
   RICHTIG / FALSCH

3  Wenn man literarische Texte liest, lernt man eine Fremdsprache besser.
   RICHTIG / FALSCH

4  Die Medien informieren nur über Politik und Wirtschaft.
   RICHTIG / FALSCH

muss Lit. Teilkultur eines Landes

ausländer nicht verstehen dann muss lesen Literature

lit – teilkultur eines landes

authentic text

Die kreativen Kräfte einer Kultur sind auch wichtig

| AUFGABE 8 | *Ergänzen* |
|---|---|

Hören Sie Text A wieder durch und setzen Sie die fehlenden Wörter in den Text ein:

Es gab eine Zeit, wo man eine Fremdsprache nur auf der Grundlage von

_____ _____ lernte. Das war falsch und führte _____

_____ _____ Mit der _____

_____, mit dem *communicative approach*, wie Sie

es nennen, verschwand die Literatur aus dem Deutschunterricht. Ich erin-
nere mich noch gut an ein _____ _____

_____, in dem es zu Literatur nur einen Satz gab:

„ _____ _____ _____ _____

_____ _____ "

Dieses andere Extrem war natürlich _____ _____

Ich gehöre nun zu den Angewandten Sprachwissenschaftlern, die solchen

Auffassungen seit Jahren _____ und den Einsatz

literarischer Texte im Deutschunterricht _____

Zweifelsohne kann man _____ _____

_____ auch ohne Literatur lernen. Aber

wenn man literarische Texte in _____ _____

_____ , lernt man sie besser.

| AUFGABE 9 | *Mini-Rede* |

Hören Sie das Interview noch einmal und machen Sie Notizen. Dann
bereiten Sie in Gruppen eine Mini-Rede über das Thema Literatur im
Deutschunterricht vor. Benutzen Sie dabei möglichst viele der folgenden
Stichworte:

▷ Teil der Kultur eines Landes
▷ die Medien kommen zu kurz
▷ die kreativen Kräfte
▷ Schriftsteller sind Sprachmeister
▷ Anlaß zum Sprechen, zum Nachdenken, zum Gedankenaustausch
▷ Anspielungen in Alltagsgesprächen verstehen

## AUFGABE 10 | *Eine Buchrezension schreiben*

Schreiben Sie für Ihre Lokalzeitung eine kurze Rezension (200–250 Wörter) über ein Buch, das Sie selber mit Genuß gelesen haben. Aus welchen Gründen wollen Sie den Lesern dieses Buch empfehlen?

## AUFGABE 11 | *Ein Gedicht verfassen*

1   Bilden Sie Gruppen von 6–10 Personen, die um einen Tisch sitzen. Jede Person schreibt die erste Zeile eines (selbstgemachten) Gedichts auf einem Zettel, faltet ihn, damit man die Zeile nicht sieht, und reicht ihn dem Tischnachbar bzw. der Tischnachbarin, der/die rechts von ihr sitzt. Jeder bekommt natürlich wiederum einen gefalteten Zettel von dem Tischnachbar bzw. der Tischnachbarin, der/die links von ihr sitzt. Auf diesem Zettel schreibt jeder die nächste Zeile des Gedichts, faltet ihn und reicht ihn ebenfalls dem Tischnachbar bzw. der Tischnachbarin auf der rechten Seite weiter. Das Spiel wird fortgeführt, bis jeder Zettel an den ursprünglichen Verfasser (der ersten Zeile) zurückgelangt, der dann das Gedicht als Ganzes vorträgt.

2   Schreiben Sie ein kurzes Gedicht oder eine kurze Skizze über eins der folgenden Themen. Wenn Sie wollen, können Sie dabei die Rolle einer anderen *Persona* spielen.
▷ der erste Tag an der Universität / am Arbeitsplatz
▷ ein Erlebnis oder eine Anekdote aus der frühen Kindheit
▷ Gewitterstimmung auf dem Lande / in der Stadt
▷ eine Ferienreise
▷ Freunde

## Der Richter und sein Henker

### Text B

von Friedrich Dürrenmatt

## AUFGABE 12 — *Lesen und Notizen machen*

Wenn man eine Geschichte auch künstlerisch verstehen will, muß man die Mittel der Gestaltung (Komposition) analysieren können. Lesen Sie den Anfang dieser Geschichte:

Alphons Clenin, der Polizist von Twann, fand am Morgen des dritten Novembers neunzehnhundertachtundvierzig dort, wo die Straße von Lamboing (eines der Tessenbergdörfer) aus dem Walde der Twannbachschlucht hervortritt, einen blauen Mercedes, der am Straßenrande stand. Es herrschte Nebel, wie oft in diesem Spätherbst, und eigentlich war Clenin am Wagen schon vorbeigegangen, als er doch wieder zurückkehrte. Es war ihm nämlich beim Vorbeischreiten gewesen, nachdem er flüchtig durch die trüben Scheiben des Wagens geblickt hatte, als sei der Fahrer auf das Steuer niedergesunken. Er glaubte, daß der Mann betrunken sei, denn als ordentlicher Mensch kam er auf das Nächstliegende. Er wollte daher dem Fremden nicht amtlich, sondern menschlich begegnen. Er trat mit der Absicht ans Automobil, den Schlafenden zu wecken, ihn nach Twann zu fahren und im Hotel Bären bei schwarzem Kaffee und einer Mehlsuppe nüchtern werden zu lassen; denn es war zwar verboten, betrunken zu fahren, aber nicht verboten, betrunken in einem Wagen, der am Straßenrande stand, zu schlafen.

Clenin öffnete die Wagentüre und legte dem Fremden die Hand väterlich auf die Schultern. Er bemerkte jedoch im gleichen Augenblick, daß der Mann tot war. Die Schläfen waren durchschossen. Auch sah Clenin jetzt, daß die rechte Wagentüre offenstand. Im Wagen war nicht viel Blut, und der dunkelgraue Mantel, den die Leiche trug, schien nicht einmal beschmutzt. Aus der Manteltasche glänzte der Rand einer gelben Brieftasche. Clenin, der sie hervorzog, konnte ohne Mühe feststellen, daß es sich beim Toten um Ulrich Schmied handelte, Polizeileutnant der Stadt Bern.

Clenin wußte nicht recht, was er tun sollte. Als Dorfpolizist war ihm ein so blutiger Fall noch nie vorgekommen. Er lief am Straßenrande hin und her. Als die aufgehende Sonne durch den Nebel brach und den Toten beschien, war ihm das unangenehm. Er kehrte zum Wagen zurück, hob den grauen Filzhut auf, der zu Füßen der Leiche lag, und drückte ihr den Hut über den Kopf, so tief, daß er die Wunde an den Schläfen nicht mehr sehen konnte, dann war ihm wohler.

Der Polizist ging wieder zum andern Straßenrand, der gegen Twann lag, und wischte sich den Schweiß von der Stirne. Dann faßte er einen Entschluß. Er schob den Toten auf den zweiten Vordersitz, setzte ihn sorgfältig aufrecht, befestigte den leblosen Körper mit einem Lederriemen, den er im Wageninnern gefunden hatte, und rückte selbst ans Steuer.

Der Motor lief nicht mehr, doch brachte Clenin den Wagen ohne Mühe die steile Straße nach Twann hinunter vor den Bären. Dort ließ er tanken, ohne daß jemand in der vornehmen und unbeweglichen Gestalt einen Toten erkannt hätte. Das war Clenin, der Skandale haßte, nur recht, und so schwieg er.

Wie er jedoch den See entlang gegen Biel fuhr, verdichtete sich der Nebel wieder, und von der Sonne war nichts mehr zu sehen. Der Morgen wurde finster wie der Letzte Tag. Clenin geriet mitten in eine lange Automobilkette, ein Wagen hinter dem andern, die aus einem unerklärlichen Grunde noch langsamer fuhr, als es in diesem Nebel nötig gewesen wäre, fast ein Leichenzug, wie Clenin unwillkürlich dachte. Der Tote saß bewegungslos neben ihm und nur manchmal, bei einer Unebenheit der Straße etwa, nickte er mit dem Kopf wie ein alter, weiser Chinese, so daß Clenin es immer weniger zu versuchen wagte, die andern Wagen zu überholen. Sie erreichten Biel mit großer Verspätung.

Aus Friedrich Dürrenmatt: *Der Richter und sein Henker*, Diogenes Verlag, 1985 ©

Machen Sie Notizen über den Anfang der Geschichte:

| DAS GESCHEHEN | SPRACHE UND CHARAKTERISIERUNG |
|---|---|
| **Art von Geschichte** *(s. Aufgabe 3):* _____ _____ | **Die überwiegende Zeitform:** *(Präsens/Perfekt/ Präteritum/Futur/ Plusquamperfekt)* _____ **warum?** _____ _____ |
| **Handlungsschauplatz:** _____ _____ | **Stil:** *(dichterisch/naiv/sachlich/ exotisch/grotesk usw.)* _____ |
| **Jahreszeit:** _____ **Tageszeit:** _____ | **Stimmung:** *(lyrisch/spannend/ romantisch/schwärmerisch/ nüchtern/melancholisch usw.)* _____ |
| **Personen (lebendig und tot):** _____ _____ | **Wie wird dem Leser in diesem Ausschnitt Alphons Clenin als Charakter vorgestellt?** _____ _____ |

| Handlung (was geschieht?): | Können Sie ein Beispiel von Humor oder Ironie in diesem Ausschnitt finden? |
|---|---|
| _____ | _____ |
| _____ | _____ |
| _____ | _____ |

## AUFGABE 13 | *Lesen und Notizen machen*

Lesen Sie den Schluß derselben Geschichte und setzen Sie Ihre Antworten in die darauffolgende Tabelle ein.

„Sie wußten, daß ich es war, der Sie überfiel?" sagte Tschanz tonlos.

„Ich wußte das vom ersten Moment an. Alles, was ich tat, geschah mit der Absicht, dich in die äußerste Verzweiflung zu treiben. Und wie die Verzweiflung am größten war, gingst du hin nach Lamboing, um irgendwie die Entscheidung zu suchen."

„Einer von Gastmanns Dienern fing an zu schießen", sagte Tschanz.

„Ich habe Gastmann am Sonntagmorgen gesagt, daß ich einen schicken würde, ihn zu töten."

Tschanz taumelte. Es überlief ihn eiskalt. „Da haben Sie mich und Gastmann aufeinander gehetzt wie Tiere!"

„Bestie gegen Bestie", kam es unerbittlich vom andern Lehnstuhl her.

„Dann waren Sie der Richter, und ich der Henker", keuchte der andere.

„Es ist so", antwortete der Alte.

„Und ich, der ich nur Ihren Willen ausführte, ob ich wollte oder nicht, bin nun ein Verbrecher, ein Mensch, den man jagen wird!"

Tschanz stand auf, stützte sich mit der rechten, unbehinderten Hand auf die Tischplatte. Nur noch eine Kerze brannte. Tschanz suchte mit brennenden Augen in der Finsternis des Alten Umrisse zu erkennen, sah aber nur einen unwirklichen, schwarzen Schatten. Unsicher und tastend machte er eine Bewegung gegen die Rocktasche.

„Laß das", hörte er den Alten sagen. „Es hat keinen Sinn. Lutz weiß, daß du bei mir bist, und die Frauen sind noch im Haus."

„Ja, es hat keinen Sinn", antwortete Tschanz leise.

„Der Fall Schmied ist erledigt", sagte der Alte durch die Dunkelheit des Raumes hindurch. „Ich werde dich nicht verraten. Aber geh! Irgendwohin! Ich will dich nie mehr sehen. Es ist genug, daß ich einen richtete. Geh! Geh!"

Tschanz ließ den Kopf sinken und ging langsam hinaus, verwachsend mit der Nacht, und wie die Türe ins Schloß fiel und wenig später draußen ein Wagen davonfuhr, erlosch die Kerze, den Alten, der die Augen geschlossen hatte, noch einmal in das Licht einer grellen Flamme tauchend.

Aus Friedrich Dürrenmatt: *Der Richter und sein Henker*, Diogenes Verlag, 1985 ©.

| | |
|---|---|
| **Die Personen, die in diesem Abschnitt sprechen** | |
| **Wer war der „Richter"?** *judge* | |
| **Wer war der „Henker"?** | |
| **Die Satzlänge** *record length* **(vorwiegend lang oder kurz?)** *predominantly* | |
| **Warum?** | |
| **Die Symmetrie der** *symmetry of* **Sprache entspricht** *the* **der Symmetrie des** *language* **Geschehens.** *corresponds to the happening* **Ein Beispiel dafür?** *an ex:* | |
| **Der Schluß wirkt befriedigend. Wieso?** *conclussion satisfying why* | |

| AUFGABE 14 | Eigenen Schluß schreiben |
|---|---|

*Conclusion*

Fangen Sie mit dem folgenden Satz an: „Unsicher und tastend machte er eine Bewegung gegen die Rocktasche." Nun erfinden Sie **einen neuen Schluß** zur Geschichte *Der Richter und sein Henker*! Er kann witzig, überraschend, dramatisch, tragisch oder offen sein.

| **Draußen vor der Tür** | **Text C (Hörtext)** |
|---|---|

*Deutsche Welle, ca. 1978*

„Draußen vor der Tür" wurde 1947, kurz nach dem Ende des Zweiten Weltkriegs, von Wolfgang Borchert geschrieben. Der Hauptcharakter, Beckmann, ist ein Heimkehrer aus dem Krieg. Er hat schreckliche Erlebnisse an der Ostfront durchgemacht, hat viele Kameraden sterben sehen. Er hat viele Monate draußen in der Kälte verbracht und trägt immer noch seine Gasmaskenbrille. Jetzt will er endlich nach Hause, aber . . .

| AUFGABE 15 | Hören und verstehen |
|---|---|

Hören Sie den ersten Ausschnitt des Texts (= Ausschnitt A) und beantworten Sie die Fragen. *Beckmann hat gerade umsonst versucht, sich in der Elbe zu ertränken.*

1   Die Gattung? *Roman/Hörspiel/Gedicht/Erzählung* _____

2   Der Handlungsschauplatz? *In einer Wohnung/am Marktplatz/am Flußufer* _____

_____

3   Tageszeit: _____

4   Satzbau und -länge? *einfach/kompliziert, lang/kurz*

_____

5   Wie unterscheiden sich die beiden Personen voneinander?

_____

_____

*Persönlichkeit Psyche Gewissen Gespenst 7 spirit (Geist) Seele – soul monologue*

| AUFGABE 16 | *Aussprache analysieren* |
| --- | --- |

# Hebung und Senkung der Stimme

Hören Sie Ausschnitt A noch einmal und unterstreichen Sie im Text jede Silbe, wo sich die Stimme hebt. *Zeilen 4–7 des Texts sollen Ihnen als Beispiel dienen.*

*7 Gegenteile*

*belont = stress*

**Beckmann:** Wer ist da? Mitten in der Nacht. Hier am Wasser. Hallo! Wer ist denn da? *WHO'S THERE?*

**Der Andere:** Ich.

**Beckmann:** Wer ist das: Ich?

**Der Andere:** Ich bin der Andere.

**Beckmann:** Der Andere? Welcher Andere?

**Der Andere:** Der von Gestern. Der von Früher. Der Andere von Immer. Der Antworter. *answer*

**Beckmann:** Hau ab. Du hast kein Gesicht. *get the f*ck out of my face*

**Der Andere:** Du wirst mich nicht los. Ich bin der Andere, der immer da ist. Der lacht, wenn du weinst. Der antreibt, wenn du müde wirst. Ich bin der, der glaubt, der liebt! Ich bin der, der weitermarschiert, auch wenn gehumpelt wird. Und der Ja sagt, wenn du Nein sagst, der Jasager bin ich. *believes / limp / one who marches forward*

**Beckmann:** Geh weg. Ich will dich nicht. Ich sage Nein. Nein. Hörst du?

**Der Andere:** Ich höre. Deswegen bleibe ich ja hier. *for that reason I stay here*

*you will never get rid of me*

| AUFGABE 17 | *Rollen spielen* |
| --- | --- |

# Rollenspiel

Tragen Sie Ausschnitt A vor, indem Sie und ein Partner bzw. eine Partnerin die beiden Rollen spielen. Wechseln Sie dabei Ton und Tempo, um die Stimmung beider Charaktere entsprechend auszudrücken.

## AUFGABE 18 · *Stimmen analysieren*

Hören Sie den zweiten Ausschnitt des Texts (= Ausschnitt B) und analysieren Sie die beiden Stimmen.

1   Ton und Tempo: *hoch/tief, klar/dumpf, männlich/weiblich, ziemlich laut/ziemlich leise, eher schnell/eher langsam, bedrückt/warm.*

*[handwritten annotations: speed, tone, muffled]*

Stimme A: _dumpf, schnell, ziemlich laut_   *[depressed]*

*[sie haben angst]*

Stimme B: _____

2   Stimmung: *verzweifelt/zärtlich/nüchtern/mitleidsvoll/herzlos/ärgerlich/hoffnungslos/ neugierig/erwartungsvoll/traurig/stolz/fröhlich/schüchtern/berechnend/ ängstlich*

*[handwritten annotations: atmosphere der, tender, sobber, full of sympathy, hopeless, calculating, expectation, in despair, curious]*

Stimme A: _sehr ängstlich, verzweifelt_

Stimme B: _erwartungsvoll_

## AUFGABE 19 · *Hören und verstehen*

Hören Sie den dritten Ausschnitt des Texts (= Ausschnitt C) und beantworten Sie die Fragen. *Das Mädchen hat Beckmann nach Hause gebracht, ihm trockene Kleider gegeben und seine Gasmaskenbrille weggenommen.*

1   Wie ist Beckmanns Stimmung am Anfang dieses Ausschnitts?

_____ er liegt im wasser _____

2   Während dieses Ausschnitts verändert sich wieder seine Stimmung. Wann geschieht das und aus welchem Grund?

_____

_____

3   Im Text stehen einige Anweisungen für die Schauspieler. Hören Sie den Ausschnitt noch einmal und entscheiden Sie, wo im Dialog jede Anweisung hingehört:

herzlich, warm          hastig
bitter, leise           warm, verzweifelt
starr

| AUFGABE 20 | *Hören und analysieren* |
|---|---|

Hören Sie den vierten Ausschnitt des Texts (= Ausschnitt D) und schreiben Sie ihn auf. Dann markieren Sie im Text jede Stelle, wo einer der Schauspieler eine spürbare Pause macht. Wozu dienen diese Pausen?

| AUFGABE 21 | *Einen Hörspielanfang verfassen* |
|---|---|

Bilden Sie Gruppen von 5–6 Personen. Verfassen Sie die erste Szene eines Hörspiels.

Entscheiden Sie über:
◊ Handlung
◊ Schauplatz
◊ Zeit
◊ Personen
◊ Stimmung
◊ Bühnenanweisungen – *stage directions*
◊ Bühneneffekte.

Dann schreiben Sie den Dialog. Zum Beispiel:

▷ **Handlung:**
Katja und ihr Freund Jörg streiten sich über Katjas Verhältnis mit ihrem Chef, Bernd Scheuermann. Herr Scheuermann hat Katja heute abend zu einem eleganten Restaurant eingeladen, um angeblich mit ihr über ihre Berufsentwicklung zu sprechen. Anschließend sind die beiden zu einem Nachtclub gefahren. Katja ist sehr spät nach Hause zurückgekommen. Jörg, der allmählich eifersüchtig wird, wartet auf sie.

▷ **Schauplatz:**
Wohnung von Katja und Jörg

▷ **Zeit:**
Gegenwart. Um zwei Uhr morgens.

▷ **Personen:**
Katja Lüdgert, junge Fremdsprachensekretärin.
Jörg Dieterweg, ihr Freund, Medizinstudent.
Bernd Scheuermann, reicher Firmenchef mittleren Alters (*erscheint nicht in dieser Szene*).

| **Der andorranische Jude** | **Text D** |
| --- | --- |

## von Max Frisch

| **AUFGABE 22** | *Lesen und analysieren* |
| --- | --- |

Lesen Sie diese kurze Geschichte von Max Frisch und beantworten Sie die darauffolgenden Fragen.

In Andorra lebt ein junger Mann, den man für einen Juden hielt. Zu erzählen wäre die vermeintliche Geschichte seiner Herkunft, sein täglicher Umgang mit den Andorranern, die in ihm den Juden sehen: das fertige Bildnis, das ihn überall erwartet. Beispielsweise ihr Mißtrauen gegenüber seinem Gemüt, das ein Jude, wie auch die Andorraner wissen, nicht haben kann. Er wird auf die Schärfe seines Intellektes verwiesen, der sich eben dadurch schärft, notgedrungen. Oder sein Verhältnis zum Geld, das in Andorra auch eine große Rolle spielt: er wußte, er spürte, was alle wortlos dachten; er prüfte sich, ob es wirklich so war, daß er stets an das Geld denke, er prüfte sich, bis er entdeckte, daß es stimmte, es war so, in der Tat, er dachte stets an das Geld. Er gestand es; er stand dazu, und die Andorraner blickten sich an, wortlos, fast ohne ein Zucken der Mundwinkel. Auch in Dingen des Vaterlandes wußte er genau, was sie dachten; sooft er das Wort in den Mund genommen, ließen sie es liegen wie eine Münze, die in den Schmutz gefallen ist. Denn der Jude, auch das wußten die Andorraner, hat Vaterländer, die er wählt, die er kauft, aber nicht ein Vaterland wie wir, nicht ein zugeborenes, und wiewohl er es meinte, wenn es um andorranische Belange ging, er redete in ein Schweigen hinein, wie in Watte. Später begriff er, daß es ihm offenbar an Takt fehlte, ja, man sagte es ihm einmal rundheraus, als er, verzagt über ihr Verhalten, geradezu leidenschaftlich wurde. Das Vaterland gehörte den andern, ein für allemal, und daß er es lieben könnte, wurde von ihm nicht erwartet, im Gegenteil, seine beharrlichen Versuche und Werbungen öffneten nur eine Kluft des Verdachtes; er buhlte um eine Gunst, um einen Vorteil, um eine Anbiederung, die man als Mittel zum Zweck erkannte. So wiederum ging es, bis er eines Tages entdeckte, mit seinem rastlosen und alles zergliedernden Scharfsinn entdeckte, daß er das Vaterland wirklich nicht liebte, schon das bloße Wort nicht, das jedesmal, wenn er es brauchte, ins Peinliche führte. Offenbar hatten sie recht. Offenbar konnte er überhaupt nicht lieben, nicht im andorranischen Sinn; er hatte die Hitze der Leidenschaft, gewiß, dazu die Kälte seines Verstandes, und diesen empfand man als eine immer bereite Geheimwaffe seiner Rachsucht; es fehlte ihm das Gemüt, das Verbindende; es fehlte ihm, und das war unverkennbar, die Wärme des Vertrauens. Der Umgang mit ihm war anregend, ja, aber nicht angenehm, nicht gemütlich. Es gelang ihm nicht, zu sein wie alle andern, und nachdem er es umsonst versucht hatte, nicht aufzufallen, trug er sein Anderssein sogar mit einer Art von Trotz, von Stolz und lauernder Feindschaft dahinter, die er, da sie ihm selber nicht gemütlich war, hinwiederum mit einer geschäftigen Höflichkeit überzuckerte; noch wenn er sich verbeugte, war es eine Art von Vorwurf, als wäre die Umwelt daran schuld, daß er ein Jude ist –

Die meisten Andorraner taten ihm nichts.

Also auch nichts Gutes.

Auf der andern Seite gab es auch Andorraner eines freieren und fortschrittlichen Geistes, wie sie es nannten, eines Geistes, der sich der Menschlichkeit verpflichtet fühlte; sie achteten den Juden, wie sie betonten, gerade um seiner jüdischen Eigenschaften willen, Schärfe des Verstandes und so weiter. Sie standen zu ihm bis zu seinem Tode, der grausam gewesen ist, so grausam und ekelhaft, daß sich auch jene Andorraner entsetzten, die es nicht berührt hatte, daß schon das ganze Leben grausam war.

Das heißt, sie beklagten ihn eigentlich nicht, oder ganz offen gesprochen: sie vermißten ihn nicht – sie empörten sich nur über jene, die ihn getötet hatten, und über die Art, wie das geschehen war, vor allem die Art.

Man redete lange davon.

Bis es sich eines Tages zeigt, was er selber nicht hat wissen können, der Verstorbene; daß er ein Findelkind gewesen, dessen Eltern man später entdeckt hat, ein Andorraner wie unsereiner –

Man redete nicht mehr davon.

Die Andorraner aber, sooft sie in den Spiegel blickten, sahen mit Entsetzen, daß sie selber die Züge des Judas tragen, jeder von ihnen.

Du sollst dir kein Bildnis machen, heißt es, von Gott. Es dürfte auch in diesem Sinne gelten: Gott als das Lebendige in jedem Menschen, das, was nicht erfaßbar ist. Es ist eine Versündigung, die wir, so wie sie an uns begangen wird, fast ohne Unterlaß wieder begehen –

Ausgenommen wenn wir lieben.

Aus Max Frisch: *Tagebuch 1946-1949*, Suhrkamp Verlag, 1970 ©

1   Welche Eigenschaften gehören zum stereotypen Bildnis des Juden?
2   Wie wirkt sich dieses fertige Bildnis auf den jungen Mann aus?
3   Wie betrachteten ihn die „fortschrittlichen" Andorraner?
4   Was geschieht mit dem andorranischen Juden am Ende der Geschichte?
5   Wieso sind die Andorraner später entsetzt? Was haben sie aber immer noch nicht verstanden?
6   Worauf will Max Frisch mit dieser Geschichte deuten?

## AUFGABE 23 | Ein Wortporträt schaffen

In dieser Skizze ist es Max Frisch gelungen, die tragische Figur des andorranischen Juden lebensgetreu in Worten zu malen. Kennen Sie andere Geschichten in deutscher Sprache, worin das Wortporträt eines Charakters sehr gut gelungen ist?

**Nun versuchen Sie selber, das Wortporträt eines wirklichen oder fiktiven Charakters zu kreieren. Denken Sie zum Beispiel an:**

◊ körperliche Erscheinung

◊ Charaktereigenschaften

◊ Lebensweise

## AUFGABE 24 | Verbformen üben

1 Unterstreichen Sie im Text *Der andorranische Jude* alle Verben im **Präteritum**!
2 Notieren Sie sich (*für jedes Verb nur einmal*) den **Infinitiv** und das **Partizip Perfekt**!

| | INFIN. | PRÄT. | PARTIZ. |
|---|---|---|---|
| 1 | leben | lebte | gelebt |
| 2 | halten | hielt | gehalten |
| 3 | | wußte | |
| 4 | | | |
| 5 | | | gedacht |
| 6 | prüfen | | |
| 7 | | war | |
| 8 | | | |
| 9 | | | gestimmt |

| | INFIN. | PRÄT. | PARTIZ. |
|---|---|---|---|
| 10 | gestehen | gestand | |
| 11 | | | |
| 12 | sich anblicken | | |
| 13 | | | |
| 14 | | meinte | |
| 15 | | | |
| 16 | | | |
| 17 | | begriff | |
| 18 | fehlen | | |

| | INFIN. | PRÄT. | PARTIZ. | | INFIN. | PRÄT. | PARTIZ. |
|---|---|---|---|---|---|---|---|
| 19 | | | | 33 | | | |
| 20 | | wurde | | 34 | | | |
| 21 | | | | 35 | tun | | |
| 22 | | | | 36 | | | |
| 23 | buhlen | buhlte | | 37 | nennen | | |
| 24 | empfinden | | | 38 | | fühlte | |
| 25 | | | | 39 | | | |
| 26 | | | | 40 | | | betont |
| 27 | brauchen | | | 41 | | | |
| 28 | | | | 42 | | | |
| 29 | | | gehabt | 43 | | vermißte | |
| 30 | | konnte | | 44 | | | |
| 31 | gelingen | | | 45 | | sahen | |
| 32 | | | | | | | |

## Grammar notes: relative pronouns

*Examples of relative pronouns in English are **who**, **whom**, **whose**, **which**, **of**
**which** and so on. There are two forms of relative pronoun in German: **der** and
**welcher**. **Der** is by far the more common and must be used when it refers back
to a personal pronoun (ich, du, er, sie etc.) or to a pronoun denoting a person
(jemand, niemand etc.).*

# Agreement

*The relative pronoun takes its gender and number from its **antecedent** (i.e. the
noun or pronoun to which it refers back) and its case from its function within its
own clause.*

# Examples

1 Der Student, **der** heute ein Referat gehalten hat, steht da drüben.
   *The student who presented a paper today is standing over there.*

2 In Andorra lebte ein junger Mann, **den** man für einen Juden hielt.
   *In Andorra there lived a young man whom people took for a Jew.*

3 Warum hat man so viel Arbeit in ein Projekt investiert, **das** aussichts-los erscheint?
   *Why have they invested so much work in a project which seems without prospects?*

4 Das Mädchen, **dessen** Eltern nach Südamerika reisen, studiert Deutsch.
   *The girl whose parents are travelling to South America is studying German.*

5 Kreativität und praktische Fähigkeiten sind Ressourcen, über **die** das Land in Hülle und Fülle verfügt.
   *Creativity and practical skills are resources which the country possesses in abundance.*

6 Ein Großteil der Tiere und Pflanzen, **die** in der Nordsee leben, ist der Wissenschaft nur unvollständig bekannt.
   *A large proportion of the animals and plants which live in the North Sea is not fully known to science.*

7 Diejenigen politischen Parteien, **deren** Mitglieder unzufrieden sind, werden wohl bei den nächsten Wahlen viele Stimmen verlieren.
   *Those political parties whose members are dissatisfied will probably lose many votes in the next elections.*

# Forms of the relative pronoun *der*

| CASE | MASCULINE | FEMININE | NEUTER | PLURAL |
|---|---|---|---|---|
| Nominative (subject) | der | die | das | die |
| Accusative (direct object) | den | die | das | die |
| Genitive (possessive) | dessen | deren | dessen | deren |
| Dative (indirect object) | dem | der | dem | denen |

*Note:* Forms are identical with the definite article except for the genitive and the dative plural.

---

| AUFGABE 25 | *Relative clauses* |
|---|---|

1. Machen Sie im Text *Der andorranische Jude* um jedes **Relativpronomen** einen Kreis!
2. Notieren Sie sich den **Fall** (case) des Relativsatzes und geben Sie **eine englische Übersetzung**!

| | | |
|---|---|---|
| ein junger Mann, *a young man* | den (*Akkusativ*) *whom* | man für einen Juden hielt *people took for a Jew* |
| mit den Andorranern, *with the Andorrans* | die (*Nominativ Plural*) *who* | in ihm den Juden sehen *see the Jew in him* |
| das fertige Bildnis, *the ready-made image* | | |
| gegenüber seinem Gemüt, | | |
| auf die Schärfe seines Intellekts verwiesen, | | |
| | das | |
| | | |
| Vaterländer, | die die | er wählt |
| eine Anbiederung, | | |
| | | |
| mit einer Art von lauernder Feindschaft, | | |
| | | sich der Menschlichkeit verpflichtet fühlte |
| | | |
| jene Andorraner, | | |
| jene, | | ihn getötet hatten |
| | dessen | |
| eine Versündigung, | | |

| AUFGABE 26 | *Verbs, relative prounouns* |

Setzen Sie jedes fehlende **Verb** und **Relativpronomen** wieder in den Text ein, *ohne dabei auf den vollständigen Text zurückzublicken:*

# Der andorranische Jude

In Andorra _lebte_ ein junger Mann, _der_ man für einen Juden _nicht_. Zu erzählen wäre die vermeintliche Geschichte seiner Herkunft, sein täglicher Umgang mit den Andorranern, _die_ in ihm den Juden sehen: das fertige Bildnis, _das_ ihn überall erwartet. Beispielsweise ihr Mißtrauen gegenüber seinem Gemüt, _____ ein Jude, wie auch die Andorraner wissen, nicht haben kann. Er wird auf die Schärfe seines Intellekts verwiesen, _____ sich eben dadurch schärft, notgedrungen. Oder sein Verhältnis zum Geld, _____ in Andorra auch eine große Rolle spielt: er _____, er _____, was alle wortlos _____; er prüfte sich, ob es wirklich so _____, daß er stets an das Geld denke, er _____ sich, bis er _____, daß es stimmte, es war so, in der Tat, er dachte stets an das Geld. Er _____ es; er stand dazu, und die Andorraner _____ sich an, wortlos, fast ohne ein Zucken der Mundwinkel. Auch in Dingen des Vaterlandes _____ er genau, was sie _____; soof er das Wort in den Mund genommen, ließen sie es liegen wie eine Münze, _____ in den Schmutz gefallen ist. Denn der Jude, auch das _____ die Andorraner, hat Vaterländer, _____ er wählt, _____ er kauft, aber nicht ein Vaterland wie wir, nicht ein zugeborenes, und wie wohl er es _____, wenn es um andorranische Belange ging, er _____ in ein Schweigen hinein, wie in Watte. Später _____ er, daß es ihm offenbar an Takt _____, ja, man _____ es ihm einmal rundheraus, als er, verzagt über ihr Verhalten, geradezu leidenschaftlich _____. Das Vaterland _____ den andern, ein für allemal, und daß er es lieben könnte, wurde von ihm nicht erwartet, im Gegenteil, seine beharrlichen Versuche und Werbungen _____ nur eine Kluft des Verdachtes; er _____ um eine Gunst, um einen Vorteil, um eine Anbiederung, _____ man als Mittel zum Zweck _____ auch dann, wenn man selber keinen möglichen Zweck _____. So wiederum ging es, bis er eines Tages entdeckte, mit seinem rastlosen und alles zergliedernden Scharfsinn _____, daß er das Vaterland wirklich nicht _____, schon das bloße Wort nicht, _____ jedesmal, wenn er es _____, ins Peinliche _____. Offenbar hatten sie recht. Offenbar konnte er überhaupt nicht lieben, nicht im andorranischen Sinn; er _____ die Hitze der Leidenschaft, gewiß, dazu die Kälte seines Verstandes, und diesen _____ man als eine immer bereite Geheimwaffe seiner Rachsucht; es _____ ihm das Gemüt, das Verbindende; es _____ ihm, und das _____ unverkennbar, die Wärme des Vertrauens. Der Umgang mit ihm war anregend, ja, aber nicht angenehm, nicht gemütlich. Es _____ ihm nicht, zu sein wie alle andern, und nachdem er es umsonst versucht hatte, nicht aufzufallen, _____ er sein Anderssein sogar mit einer Art von Trotz, von Stolz und lauernder Feindschaft dahinter, _____ er, da sie ihm selber nicht gemütlich _____, hinwiederum mit einer geschäftigen Höflichkeit _____; noch wenn er sich _____, war es eine Art von Vorwurf, als wäre die Umwelt daran schuld, daß er ein Jude ist –

*lived, whom, took*

*who, which*

*which*


*which*

*which, knew*

*sensed, thought, was*

*tested, discovered*

*admitted*

*looked*

*knew, thought*

*which*

*knew, which*

*which*

*meant, talked*

*grasped*

*lacked, told*

*became, belonged*


*opened*

*wooed, which*

*felt*

*recognized*

*discovered, loved*

*which, used*

*led*

*possessed*

*felt*

*lacked, lacked*

*was*

*succeeded*

*wore*


*which, was*

*sweetened, bowed*

**5 6**

Die meisten Andorraner _____ ihm nichts.     *did*

Also auch nichts Gutes.

Auf der andern Seite _____ es auch Andorraner eines freieren und fortschritt-     *were*

lichen Geistes, wie sie es nannten, eines Geistes, _____ sich der Menschlichkeit     *which*

verpflichtet _____: sie _____ den Juden, wie sie _____, gerade um seiner jüdi-     *felt, respected, stressed*

schen Eigenschaften willen, Schärfe des Verstandes und so weiter. Sie _____ zu ihm     *stood*

bis zu seinem Tode, _____ grausam gewesen ist, so grausam und ekelhaft, daß sich     *which*

auch jene Andorraner _____, die es nicht berührt hatte, daß schon das ganze Leben     *were horrified*

grausam war. Das heißt, sie _____ ihn eigentlich nicht, oder ganz offen gesprochen:     *mourned*

sie _____ ihn nicht – sie empörten sich nur über jene, _____ ihn getötet hatten,     *missed, who*

und über die Art, wie das geschehen war, vor allem die Art.

# Dichtung und Bildung

## AUFGABE 27 | *Ein Referat schreiben*

„Dichtung? Was hat denn die Dichtung mit meiner beruflichen Ausbildung zu tun?"

Wer diese Frage stellt, wird wohl mit Interesse erfahren, daß es einmal einen deutschen Schuhmacher gab, der sich die entgegengesetzte Frage stellte:

„Wie kann mir meine berufliche Ausbildung helfen, bessere Gedichte zu schreiben?"

Tatsächlich nahm **Hans Sachs** (1494–1576) die drei Stufen seiner beruflichen Ausbildung – Lehrling, Geselle, Meister – zum Vorbild der Ausbildung in der Dichtkunst. Es gehörte auch eine Zunft dazu, die *Meistersinger von Nürnberg*, welche Richard Wagner (1813–1883) in seiner Oper gleichen Namens unsterblich machte. Auch **Goethe** (1749–1832) erkannte im Handwerker Hans Sachs ein Muster der dichterischen Ausbildung. Er widmete ihm ein Gedicht – *Hans Sachsens poetische Sendung* – im Stil des alten Meisters.

Man würde kaum erwarten, daß die Hauptfigur in Goethes *Faust* – ein meditativer Philosoph – den Sprachstil eines Schuhmachers zum Ausdruck seiner Selbstbekenntnis gebrauchen würde, aber tatsächlich erzählt er die Etappen seiner akademischen Laufbahn im volkssprachlichen Metrum des *Knittelvers*.

Auch in seinen beiden großen **Bildungsromanen** – *Wilhelm Meisters Lehrjahre* und *Wilhelm Meisters Wanderjahre* – erkannte Goethe den Wert der beruflichen Ausbildung. Das Thema dieser Romane ist aber die Ausbildung zur Praxis des Lebens selbst. Während bei Hans Sachs **die Zunft** die Verantwortung für die Ausbildung des Lehrlings trägt, halten bei Goethe **die Natur und die Erfahrung** den Schlüssel zum Rätsel des Lebens.

Für den Studenten der Literatur des zwanzigsten Jahrhunderts ist aber der traditionelle Begriff der **Bildung** höchst problematisch. Was kann die „Natur" zur Inspiration eines Dichters beitragen, wenn eine Landschaft durch Granaten verwüstet wird?

Dieses Problem gehört zu den Themen des Bestsellers von Erich Maria Remarque über den Ersten Weltkrieg: *Im Westen nichts Neues*. Remarque wurde nicht nur zum Soldaten, sondern auch zum Lehrer ausgebildet. Er diente schon als Lehrer, ehe er seinen Kriegsroman schrieb.

Lesen Sie den folgenden Auszug aus diesem Roman, worin er die Militärausbildung beschreibt:

> Wir lernten, daß ein geputzter Knopf wichtiger ist als vier Bände Schopenhauer. Zuerst erstaunt, dann erbittert und schließlich gleichgültig erkannten wir, daß nicht der Geist ausschlaggebend zu sein schien, sondern die Wichsbürste, nicht der Gedanke, sondern das System, nicht die Freiheit, sondern der Drill. Mit Begeisterung und gutem Willen waren wir Soldaten geworden; aber man tat alles, um uns das auszutreiben. Nach drei Wochen war es uns nicht mehr unfaßlich, daß ein betreßter Briefträger mehr Macht über uns besaß als früher unsere Eltern, unsere Erzieher und sämtliche Kulturkreise von Plato bis Goethe zusammen.
>
> Aus E.M.Remarque: *Im Westen nichts Neues*, Kiepenheuer & Witsch Verlag

In diesem Auszug erscheinen die Namen von drei Denkern. Schlagen Sie jeden Namen in einem Lexikon nach, dann verfassen Sie ein Mini-Referat über:

1   Kulturschock des Rekruten: was hat die doppelte Berufsausbildung Remarques, als Lehrer und als Soldat, zu seiner Einsicht als Schriftsteller beigetragen?

2   Bildung ist auch Ausbildung zum Leben.

## Geschichte schreiben und vortragen — Workshop I

Bilden Sie Gruppen von jeweils 3 bis 5 Studenten und schreiben Sie gemeinsam eine Geschichte! Sie müssen über **Stoff** (Thema) und **Gliederung** (Komposition) entscheiden:

1 **Art von Geschichte**

z.B. Abenteuererzählung / Kriminalroman / Liebesgeschichte /
satirische Skizze / Tagebuchanekdote / science-fiction-Geschichte /
Hörspiel usw.

_[handwritten: ADVENTURE / DETECTIVESTORY]_

2 **Handlungsschauplatz (Ort)**

z.B. Flughafen in Israel / Wohnung in Rom / deutscher Marktplatz /
Berghütte in den Alpen / die Sahara-Wüste / Berliner Diskothek /
Boot auf hoher See / Raumschiff in Saturnumlaufbahn usw.

3 **Zeit der Handlung**

z.B. im Mittelalter / im Zweiten Weltkrieg / in den sechziger Jahren /
in der Gegenwart / im Jahre 3001 usw.

4 **Jahres- und Tageszeit**

z.B. Abend im Herbst / bei Nacht und Nebel im Winter usw.

5 **Das Geschehen (die Handlung)**

z.B. fiktiv / historisch / politisch / romantisch / rätselhaft / surreal /
gewalttätig / spannend usw.

_[handwritten: puzzling / whats gongon]_

6 **Die Personen** _[handwritten: thrilling]_

Wieviele Haupt- und Nebenpersonen? Charaktereigenschaften? Wie
tragen sie die Handlung?

7 **Anfang und Schluß**

Wie fesselt man den Leser/Zuhörer? Wie soll die Geschichte ausgehen?

8 **Stil und Sprache**

Bericht / Beschreibung / Dialog / Monolog? Einfacher / komplizierter
Satzbau? Stimmung? Tempo?

| | |
|---|---|
| **1** Art von Geschichte | Krimi |
| **2** Ort | GSU |
| **3** Zeit | abend im Herbst  Present |
| **4** Jahres- und Tageszeit | |
| **5** Geschehen | |
| **6** Personen | Aksana , Bess, John, Stewart |
| **7** Anfang und Schluß | |
| **8** Stil und Sprache | Krimi |

_[handwritten right margin: Der Professor ist spintz  Biologie Labor]_

## Geschichte schreiben und vortragen — Workshop II

Jede Gruppe trägt der Klasse die eigene Geschichte vor. Womöglich wird jeder Charakter in der Geschichte von einer anderen Stimme gespielt. Die Klasse hört zu und analysiert jede Geschichte:

# Geschichte A

| | |
|---|---|
| Anfang(fesselnd?) | |
| Art von Geschichte | |
| Ort | |
| Zeit | |
| Geschehen | |
| Personen | |
| Stil und Sprache | |
| Aussprache und Betonung | |
| Schluß (befriedigend?) | |

# Geschichte B

| | |
|---|---|
| Anfang (fesselnd?) | |
| Art von Geschichte | |
| Ort | |
| Zeit | |
| Geschehen | |
| Personen | |
| Stil und Sprache | |
| Aussprache und Betonung | |
| Schluß (befriedigend?) | |

# 3

# Die Zusammenfassung

Bei einer Zusammenfassung ist es natürlich wichtig, daß man genug Fakten mitbekommt, ohne sich in Details zu verlieren. Man muß sich auf die Hauptideen konzentrieren und diese in einer vereinfachten, verkürzten Form wiedergeben.

In vielen Berufen ist es eine der wichtigsten Fähigkeiten, schnell und zuverläßig die Hauptpunkte wiedergeben zu können. In einer Fremdsprache ist diese Fähigkeit schwieriger, weil man nicht nur mit dem Inhalt, sondern auch noch mit manchmal unbekanntem Vokabular zurechtkommen muß. Aus diesem Grunde braucht man Übung.

Eine Zusammenfassung soll keine Analyse sein, sondern neutral und wirklichkeitsgetreu die Tatsachen wiedergeben. Analyse und Werteinschätzung werden hier nicht gefragt.

## Im Iglu übernachten — Text A (Hörtext)

*Radio Österreich International*, Januar 1997

### AUFGABE 1 — *Kurz zusammenfassen*

Hören Sie Text A und machen Sie sich Notizen. Dann schreiben Sie eine kurze Zusammenfassung der Hauptpunkte:

> ◊ Was lernt man, mitten im Schnee zu tun?
>
> ◊ Wieso ist es kein Problem, im Schnee zu schlafen?
>
> ◊ Was soll man dem Gastwirt im Hotel sagen?
>
> ◊ Wie kocht man im Iglu?
>
> ◊ Was passierte einmal mit der Nudelsuppe?

*Vokabelnhilfe*
*das Naßfeld : ein Skigebiet in Kärnten,*
  *Südösterreich*
*ein großer Renner = winner, worldbeater*
*heraußen (S.German, Austrian) = out here*
*im Draußen : im Freien*
*einteilen = in this context: to allocate a job*
*die Halterung = mounting, support*

## Die Mär vom armen Mozart — Text B

### von Bruno Frey

Selten wurde das Bild eines Künstlers so stark durch einen Film geprägt wie dasjenige Mozarts durch den Erfolgstreifen *Amadeus.*

Darin wird er nicht nur durch seinen eifersüchtigen Widersacher Salieri vergiftet, er ist auch dauernd von Geldnöten geplagt und lebt in bitterer Armut. Am traurigsten berührt den Zuschauer wohl die letzte Sequenz: Der Leichnam eines der größten Genies der Menschheit wird nicht einmal anständig bestattet, sondern ohne Sarg einfach in eine Grube geworfen und mit Kalk bestreut.

Milos Formans Film schließt an eine alte Vorstellung an: Große Künstler sind arm. In ihrem Ringen um die Vollendung ihrer Kunst vernachlässigen sie alles Monetäre. Daß sich ein großer Künstler wie Mozart oder Goethe um Geldeinnahmen bemüht, wird höchstens als Mittel zur Deckung des allernotwendigsten Lebensbedarfs gesehen. Sobald es etwas mehr ist, wird von übler Kommerzialisierung gesprochen, und allgemein herrscht die Meinung, daß ein Künstler, der nach einem angemessenen Einkommen strebt, nur Minderwertiges schafft.

Diese Sicht entspricht genau der romantischen Vorstellung des Künstlerlebens, wie sie besonders im deutschen Sprachraum lebendig ist. Der Inbegriff des Künstlers ist in Spitzwegs Bild *Der arme Poet* (1839) dargestellt. In einer armseligen Dachkammer spannt der Dichter einen Schirm auf, um sich vor dem Regen zu schützen, der durch das defekte Dach rinnt, und er verkriecht sich im Bett, weil er sich keine Heizung leisten kann. Trotzdem dichtet er munter weiter. Ein wahrer Künstler muß der Welt entsagen und wird allein von seinem unermüdlichen Schaffensdrang getrieben.

**Dieses Bild des Künstlers ist weitgehend falsch. Wie die ernsthafte Forschung belegt, sind – mit wenigen Ausnahmen – geniale Künstler wirtschaftlich meistens gut gestellt gewesen.**

Manche unter ihnen waren sogar Spitzenverdiener. Dazu gehören etwa Shakespeare und Goethe, Hauptmann und Brecht unter den Schriftstellern, oder Raffael, Tizian und Cranach unter den Malern.

Wie steht es nun mit Mozart? War er wirklich so mausearm, wie in *Amadeus* geschildert und allgemein angenommen wird? In der Literatur wird vorwiegend die Ansicht vertreten, Mozart hätte zwar einige monetäre Erfolge zu verzeichnen gehabt, habe aber zeit seines Lebens mit massiven Geldproblemen gekämpft und sei verarmt gestorben. Diese Vorstellung wird – wie eine Befragung im Bekanntenkreis deutlich machen dürfte – von den meisten Leuten geteilt.

Wenig bekannt ist, daß eine *revisionistische* Literatur dieses Bild in Frage stellt. Der bekannte Wirtschaftsprofessor William Baumöl, der an den

Universitäten Princeton und New York tätig ist, hat in einem soeben erschienenen Aufsatz (*On the Economics of Musical Composition in Mozart's Vienna*) die Frage aus ökonomischer Sicht neu untersucht. Er beschränkt sich dabei auf die letzten zehn Lebensjahre Mozarts (1781–1791), die dieser in Wien verbrachte und die auch Schwerpunkt des Films *Amadeus* sind.

Baumöl kommt zum Schluß, daß Mozart während dieser Dekade in Wien viel Geld verdient hat. Mit Sicherheit hat er ein Einkommen erzielt, das ihn vor Armut bewahrte. Vermutlich hat Mozart sogar soviel verdient, daß er der oberen Mittelschicht zuzurechnen war. In seinen Jahren in Wien betrug Mozarts Salär im Durchschnitt 2500 Florin pro Jahr. Ein vor 200 Jahren verdientes Einkommen im heutigen Kontext verständlich zu machen, ist allerdings ein schwieriges Unterfangen, nicht nur weil Inflationen das Bild stören, sondern auch weil sich zu jener Zeit die Preise der verschiedenen Konsumgüter wesentlich von heute unterscheiden (z.B. waren Dienstleistungen von Mägden im Vergleich zu anderen wesentlich billiger). Außerdem wurde vor zwei Jahrhunderten das Einkommen auf ganz andere Güter verteilt als heute.

Vorsichtig gerechnet entsprechen die 2500 Florin heute rund 40.000 Fr. Dies bedeutet zwar nicht gerade Reichtum, aber auch nicht Armut. Vor allem muß berücksichtigt werden, daß zu dieser Zeit die Menschen allgemein weit weniger verdienten als heute. Die Kaufkraft der meisten Familien lag weit unter der heutigen. Aus diesem Grund ist es sinnvoll, Mozarts Einkommen mit demjenigen seiner Zeitgenossen zu vergleichen. Ein Mittelschullehrer zum Beispiel verdiente damals im Maximum 600 Florin pro Jahr.

**Mozarts Einkommen war somit rund viermal höher als das Höchsteinkommen eines Lehrers an einer Mittelschule.**

Teilt man Mozart in die entsprechende Einkommenskategorie von heute ein, ergeben sich beachtliche Einkünfte. Ein Schweizer Mittelschullehrer verdient heute ungefähr 150.000 Fr. pro Jahr. Da Mozart mindestens viermal soviel verdiente, wäre sein heutiges Einkommen entsprechend rund 600.000 Fr. pro Jahr – keine Kleinigkeit! Selbstverständlich müssen derartige Berechnungen mit größter Vorsicht angewendet werden.

**Sie zeigen aber doch, daß Mozart nicht arm war, sondern von seiner Kunst gut oder sogar sehr gut leben konnte.**

Um die Beziehungen zu seinen Mäzenen pflegen zu konnen, war er tatsächlich zu erheblichen Geldauslagen gezwungen, damit er seinen künstlerischen Arbeiten nachgehen konnte. Sicher gab es Perioden, in denen Mozart finanzielle Engpässe erlitt. In den Jahren 1789/90 mußte er viel Geld im Zusammenhang mit Konstanzes Krankheit ausgeben. Außerdem war diese Zeit durch eine besonders hohe Inflation gekennzeichnet, und wegen des Türkenkrieges verliessen viele adelige Familien Wien, so daß das Kulturleben darnieder lag. Im darauffolgenden Jahr 1791 mußte Konstanze vermutlich nicht mehr kuren, und der Krieg war auch zu Ende, so daß Mozarts Einkommen wieder anstieg. Hätte er länger gelebt, hätte sich wohl seine finanzielle Situation noch weiter verbessert, denn er hatte verlockende Angebote mit hohen Gagen aus Amsterdam und Ungarn erhalten.

**Zum Zeitpunkt seines Todes war Mozart tatsächlich verschuldet, aber den nicht eben hohen Betrag konnte seine Witwe Konstanze innerhalb eines halben Jahres zurückzahlen.**

Diesen Geldschulden stand aber ein erhebliches Sachvermögen, wie teure Kleider, Porzellanfiguren, Möbel gegenüber, was wiederum seine beträchtlichen Durchschnittseinkünfte widerspiegelt.

Und was hat es mit der armseligen Beerdigung des Genies Mozart auf sich? Tatsache ist, daß sie damals die Regel war. Der aufklärerische Monarch Joseph II erließ aus sanitärischen, wirtschaftlichen und ideologischen Gründen die Vorschrift, daß zwar die Totenmesse in einer Wiener Kirche gelesen, der Leichnam aber in wiederverwertbaren Holzbehältern in Massengräbern außerhalb der Stadtmauern begraben werden solle. Nur Mitglieder des Hochadels konnten sich dieser Vorschrift entziehen, während Mozart wie alle anderen Wiener, inklusive des reichen Bürgertums, beerdigt wurde.

Aus *Schweizerischer Bankverein*, Monat 1/2 1994

*Vokabelnhilfe*
*die Mär = tale*
*der Streifen = film*
*die Grube = pit*
*mit Kalk bestreut = sprinkled with quicklime*
*Milos Forman: der Filmregisseur*
*Spitzweg: ein Maler*
*geniale Künstler = artists of genius*
*die Mittelschicht = middle classes*
*die Magd = maidservant*
*Fr.: Franken = Swiss francs*
*die Mäzenen = patrons*
*der Engpaß = shortage, tight spot*
*kuren = to take a cure*
*das Sachvermögen = wealth in possessions*
*aufklärerisch = enlightened*
*eine Vorschrift erlassen = pass a decree*

| AUFGABE 2 | *Vokabeln suchen* |
|---|---|

Finden Sie in Text B die entsprechenden deutschen Wörter bzw. Redewendungen.

| | |
|---|---|
| 1 **a true artist must renounce the world** | |
| 2 **top-earners** | |
| 3 **the Romantic idea of the artist's life** | |
| 4 **a difficult undertaking** | |
| 5 **the maximum income** | |
| 6 **from an economic perspective** | |
| 7 **tormented by money worries** | |
| 8 **serious research** | |

| AUFGABE 3 | *Textinhalt kategorisieren* |
|---|---|

Lesen Sie Text B zweimal durch.

◊ Bei der ersten Lesung sollen Sie die allgemeine Richtung der Geschichte in groben Umrissen verstehen.

◊ Bei der zweiten Lesung sollen Sie mit Hilfe des Vokabulars den Inhalt genauer betrachten und Notizen machen.

Teilen Sie den Inhalt in folgende Kategorien ein:

1 **Die hergebrachte Meinung über Mozart**
   a)  seine Finanzen, sein Einkommen, seine Ausgaben
   b)  seine Lebensumstände, seine Familie, seine Behausung
   c)  sein Ende

2 **Die revisionistische Meinung**
   a)  seine Finanzen
   b)  seine Lebensumstände
   c)  sein Ende

3 **Mozarts Zeit**
   a)  die romantische Vorstellung
   b)  die geschichtliche Wirklichkeit

## Grammar notes: the passive voice

The **passive** is used to indicate that the subject of a sentence is having something done to it, rather than being the performer of the action. The passive is formed by using the verb werden with the **past participle** of another verb.

Rule: To change the tense of a passive sentence, simply change the tense of werden.

Note that the perfect and pluperfect of werden drop ge when used for the passive.

*Aktiv und Passiv keine Hexerei*

*Jessica Kirby*

# Examples

| present | Das Auto **wird** verkauft. |
|---|---|
| imperfect | Die Juwelen **wurden** gestohlen. |
| perfect | Das Haus **ist** gebaut **worden**. |
| pluperfect | Die Stadt **war** zerstört **worden**. |
| future | Der Kuchen **wird** morgen gegessen **werden** |

| AUFGABE 4 | *Passivformen finden* |
|---|---|

Finden Sie die ersten 12 Beispiele von Passivformen, die in Text B
auftreten. Setzen Sie die entsprechenden Zeitformen in die untenstehende Tabelle ein. Das erste Beispiel soll Ihnen als Modell dienen.

*simple past*

| PRÄSENS | PRÄTERITUM | PERFEKT | PLUSQUAMPERFEKT | FUTUR |
|---|---|---|---|---|
| wird geprägt | wurde geprägt | ist geprägt worden | war geprägt worden | wird geprägt werden |
| wird geplagt | wurde geplagt | ist geplagt worden | war geplagt worden | wird geplagt werden |
| wird bestattet | wurde bestattet | ist bestattet worden | war bestattet worden | wird bestattet werden |
| wird geschildert | wurde geschildert | ist geschildert worden | war geschildert werden | wird geschildert werden |
| wird bemüht | wurde bemüht | ist bemüht worden | war bemüht worden | wird bemüht werden |
| wird gewesen | wurde gewesen | ist gewesen worden | war gewesen worden | wird gewesen werden |
| wird gehabt | wurde gehabt | ist gehabt worden | war gehabt worden | wird gehabt werden |
| wird getrieben | wurde getrieben | ist getrieben worden | war getrieben worden | wird getrieben werden |
| wird gesprochen | wurde gesprochen | ist gesprochen worden | war gesprochen worden | wird gesprochen werden |
| wird angenommen | wurde angenommen | ist angenommen worden | war angenommen worden | wird angenommen werden |
| wird gesehen | wurde gesehen | ist gesehen worden | war gesehen worden | wird gesehen werden |
| wird geteilt | wurde geteilt | ist geteilt worden | war geteilt worden | wird geteilt werden |

## Mars und das Leben im All | Text C

von Felix Paturi (abgekürzt)

**Die Frage nach der Entstehung des Lebens** ist Jahrtausende alt, und alle Versuche, sie zu beantworten, liefen stets auf zwei unterschiedliche Denkansätze hinaus: Entweder ist Leben das Ergebnis eines Schöpfungsaktes Gottes oder anderer transzendenter Kräfte, oder es entstand spontan durch die Umbildung unbelebter Materie in belebte.

Die erste Auffassung entzieht sich naturwissenschaftlicher Forschung, die zweite wirft unmittelbar eine Vielzahl weiterer Fragen auf: **Was ist Leben überhaupt?** Welche Voraussetzungen müssen für seine Entstehung gegeben sein, und wo waren oder sind diese noch gegeben? **Wie groß ist die Wahrscheinlichkeit der Entstehung von Leben?** Wo entstand das erste Leben, oder entwickelte es sich an mehreren Orten unabhängig voneinander?

Der deutsche Wissenschaftler R.W. Kaplan sagte dazu 1972: **„Das irdische Leben könnte ein einmaliger Zufall in der Weltentwicklung sein."**

Der britische Astronom *Sir Fred Hoyle* und sein Kollege *Chandra Wickramansinghe* behaupten aber, die Evolution von Leben sei viel zu komplex, um sich in einem so kleinen Gebiet wie der Erde abgespielt zu haben, und die Erde sei mit rund vier Milliarden Jahren auch nicht alt genug, daß sich in dieser vergleichsweise „kurzen" Zeit der Zufall ereignet haben könne, der zur Entstehung des Lebens führte. Die beiden Wissenschaftler beanspruchen als Experimentierfeld für die spontane Umwandlung unbelebter in belebte Materie **das ganze Universum**.

Tatsächlich erwies sich in den achtziger Jahren [des 20. Jahrhunderts], daß es in der interstellaren Materie zahlreiche, zum Teil sehr komplexe organische Moleküle gibt. So entdeckten deutsche Wissenschaftler im Rahmen der Raumsonden-Mission Giotto 1986 komplexes organisches Material im Kern des Kometen *Halley*. Die Kosmobiologen richteten ihr Augenmerk im Zusammenhang mit der Suche nach der oder den Entstehungsstätten des Lebens daher auf jene Stellen im All, wo Temperaturen zwischen etwa **minus 25 Grad Celsius und plus 60 Grad Celsius** herrschen und wo es eine sauerstofffreie oder extrem sauerstoffarme Atmosphäre gibt.

**Auch die Anwesenheit von Wasser** ist eine wichtige Voraussetzung. Diese Prämissen waren vor knapp vier Milliarden Jahren zum Beispiel auf der Erde gegeben. Sehr ähnliche Voraussetzungen herrschten etwa zur selben Zeit aber auch **auf dem Mars**. Mehr als einmal suchte deshalb die *Nasa* nach Spuren heutigen oder früheren Lebens auf dem roten Planeten. Am wichtigsten waren in diesem Zusammenhang die Missionen der Raumsonden *Viking 1* und 2 im Jahre 1976. Das Forschungsprogramm reichte so weit, daß man den Marsboden an geeignet erscheinenden Stellen mit Nährlösungen impfte, um mögliche Stoffwechselvorgänge von Mikroorganismen direkt zu beobachten.

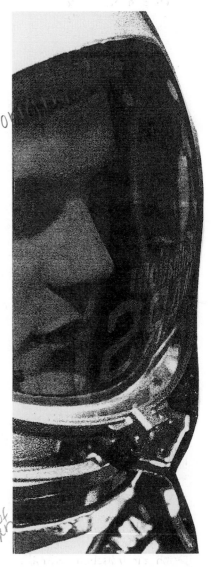

canali
Kanal
water runoff bridge surface
man made channel

**Als 1877 der italienische Astronom** *Virginio Giovanni Schiaparelli* mit seinem für diese Zeit hervorragenden Teleskop den roten Planeten Mars betrachtete, entdeckte er auf dessen Oberfläche zahlreiche dunkle Linien. Er nannte sie *canali.* Die etwas inkorrekte deutsche Übersetzung machte daraus *Kanäle,* und das führte in der Öffentlichkeit sofort zur wilden Spekulationen über Marsmenschen. *Kanäle,* – man dachte an Bewässerungskanäle – können schließlich nur künstlich angelegt sein. **Deshalb müßten auf dem Mars intelligente Lebewesen zu Hause sein**.

Diese Auffassung hielt sich bis ins 20. Jahrhundert. Entgültige Beweise dafür, daß es auf unserem Nachbarplaneten zumindest heute kein höheres Lebewesen gibt, lieferte erst Mitte der sechziger Jahre die US-Raumsonde *Mariner 4.* Die von ihr zur Erde gefunkten Nahaufnahmen und wissenschaftlichen Daten zeigten keinen erdähnlichen, sondern einen lebensfeindlichen, toten Himmelskörper mit einer dünnen, stark kohlendioxidhaltigen Atmosphäre, übersät von unzähligen Kratern. In einer derartigen Umgebung kann es keine nennenswerten Mengen flüssigen Wassers geben – **höheres Leben ist deshalb nicht möglich**.

Das Bild von Mars wandelte sich erneut, als zu Beginn der siebziger Jahre die US-Planeten-Sonde *Mariner 9* **über 7000 Marsbilder zur Erde schickte**. Auf vielen waren eindeutig Spuren einstiger gewaltiger Überschwemmungskatastrophen zu erkennen. Außerdem zeigte sich, daß es bis in die jüngste Vergangenheit mächtige aktive Vulkane auf dem Mars gab.

*und vulkane aktivität*

Seither hat man ein umfangreiches Marsforschungsprogramm in Gang gesetzt. Eine nähere Untersuchung der Marsatmosphäre, der Oberfläche und der inneren Struktur des Planeten könnte **die Entwicklungsgeschichte der Erde** deutlicher zum Vorschein bringen. Denn diese ähnelte dem Mars in ihrer Entstehungsphase weitgehend.

Der Mars, mit rund 6800 Kilometer Durchmesser nur etwas mehr als halb so groß wie die Erde, besitzt heute im Vergleich zur irdischen Lufthülle nur **eine sehr dünne Atmosphäre**. Er muß also irgendwann in seiner Geschichte viel Gas verloren haben. Das hängt mit der Entwicklung seines Klimas zusammen. Um diese aber erforschen zu können, sind genaue zeitliche Zuordnungen einzelner

*Vokabelhilfe*
das All = the universe
der Denkansatz = starting-point, premise
die Umbildung = in this context: transformation
unbelebte Materie = inanimate matter
die Voraussetzung = prerequisite
die Raumsonde = space probe
die Nahrlösung = nutrient solution
erdähnlich = earth-like
die Überschwemmung = flood(ing)
die zeitliche Zuordnung = determination of chronology
die Oberfläche = surface
die Altersbestimmung = dating (of e.g. rock formations)
die Kraterhäufigkeit = frequency (number) of craters
die Kartierung = mapping, surveying.

Oberflächenformationen – etwa der großen Überschwemmungsgebiete – erforderlich.

**Altersbestimmungen** sind unter anderem über die lokale Kraterhäufigkeit möglich, nach der vereinfachenden Formel: Je mehr Einschlagkrater eine Region aufweist, umso älter muß sie sein. Um Kraterhäufigkeiten bestimmen zu können, ist eine Kartierung der Marsoberfläche mit einer Genauigkeit erforderlich, die bisher nicht zur Verfügung stand.

Aus *Deutschland. Zeitschrift für Politik, Kultur, Wirtschaft und Wissenschaft*, Nr. 5/Okt, 1996

*[handwritten: JESSICA KIRBY]*

| **AUFGABE 5** | *Textinhalt kategorisieren* |
|---|---|

Lesen Sie Text C und machen Sie sich Notizen unter den folgenden Kategorien:

| KATEGORIEN | NOTIZEN |
|---|---|
| **Fragen über die Entstehung des Lebens** | **Schöpfungsakt Gottes oder** *[handwritten: ander transzender Krafte oder spontan durch die umbildung unbelebter Materie in belebte]* **Voraussetzungen?** *[handwritten: wasser]* **Wahrscheinlichkeit?** *[handwritten: Kanäle, bilder]* **Wo?** *[handwritten: von Mars]* |
| **die Meinungen der Wissenschaftler (Kaplan, Hoyle und Wickramansinghe)** *[handwritten: wie die Erde, nicht alt genug]* | *[handwritten: die evolution von leben viel zu komplex in so kleinen gebiet]* |
| **die Raumsonden-Mission Giotto** | *[handwritten: Komplexes organisches material im Kern des Kometen Halley]* |
| **die Voraussetzungen für die Entstehung des Lebens (Temperatur usw.)** | *[handwritten: minus 25 grad celsius und plus 60 grad celsius sauerstoffreie oder sauerstoffarme atmosph]* |
| **die Suche nach Lebensspuren auf Mars** | *[handwritten: 1976 Viking I & II]* |
| **Schiaparelli und die sogenannten Kanäle die Entdeckungen durch die Raumsonden Mariner 4 und 9** | *[handwritten: Es schickt 7000 bilder zur erde es hat toten himmelkorper]* |
| **die nähere Untersuchung von Mars: Atmosphäre, Oberfläche, Altersbestimmung** *[handwritten: details examination surface / sehr alt]* | *[handwritten: es hat aktive volkanos, dünne atmosphäre, mit viel gas es hat Kraters 6800 Kilometer]* |

*[handwritten: KAPLAN - IRDISCHE leben könnte ein einmaliger zufall in der weltentwicklung sein.]*

| AUFGABE 6 | *Notizen schreiben* |

Schreiben Sie Notizen zu den folgenden Themen:

*Stichwortartig baby notes*

**I  Was wird über den Planeten Mars berichtet?**
- Wasser
- *canali*
- Atmosphäre
- Krater
- Überschwemmungskatastrophen
- Vulkane
- Durchmesser— *average measurement*

**2  Was wissen Sie über die folgenden Themen?**
- Nahaufnahmen von Mars
- Menschenleben auf Mars

| AUFGABE 7 | *Eine Zusammenfassung schreiben* |

Schreiben Sie eine Zusammenfassung (ca. 250 Wörter) von Text C, wobei Sie alle wichtigen Tatsachen und Theorien in groben Umrissen einschließen, ohne auf Einzelheiten einzugehen.

| AUFGABE 8 | *Mini-Rede* |

Bilden Sie eine Gruppe von 3–8 Personen. Jede Person soll eins der folgenden Stichworte auswählen, sich vorbereiten und dann der ganzen Gruppe eine kurze Rede (von einer Minute) darüber vortragen.

- die Frage nach der Entstehung des Lebens
- Ist das irdische Leben ein einmaliger Zufall im Universum? *earthly accident life a*
- Kometen
- die Raumsonden-Missionen *Viking 1* und *2*
- die sogenannten Kanäle auf Mars
- die Atmosphäre des Planeten Mars *Max 3 sentences*
- die Entdeckungen der US-Planeten-Sonde *Mariner 9*
- Wie bestimmen Krater das Alter eines Planeten? *— use to be water — more crater more time to be hit by comets*
- Gab es einmal Leben auf Mars? *atmosphäre sehr dünne und kein wasser!*

| **Landsleute in aller Welt – drei deutsche Ärztinnen in Soweto** | **Text D (Hörtext)** |
| --- | --- |

*Deutsche Welle, 14.1.97*

*This is an extract from a* Deutsche Welle *radio broadcast. For more information on how to receive* Deutsche Welle *radio in the UK, see the appendix at the end of this book.*

| **AUFGABE 9** | *Hören und verstehen* |
| --- | --- |

Hören Sie den Text und beantworten Sie die folgenden Fragen:

1. Wieso kommen viele Kranke erst am Wochenende ins *Barra-Hospital* in Soweto?
2. Was passiert am Anfang des Monats?
3. Wie werden weiße Ärztinnen von den Afrikanern behandelt? Wie reagieren sie darauf?
4. Wieviele Einwohner werden im *Barra-Hospital* versorgt?
5. Woher kommen die weißen Ärzte?
6. Wie ist die Verteilung der Hautfarbe unter den Ärzten?
7. Woher kommen die schwarzen Ärzte?
8. Warum haben südafrikanische Ärzte ihr Land verlassen?
9. Wogegen haben die idealistischen ausländischen Ärzte zu kämpfen?
10. Wer bereitet den Ärzten Schwierigkeiten? Wieso?
11. Warum gehen keine Ärzte aufs Land, um zu arbeiten?
12. Warum kommen viele Patienten zu spät zur Behandlung?
13. Welche Krankheiten treten am häufigsten bei den Kindern auf?
14. Was haben die meisten Kinder nicht?

*Vokabelnhilfe*
die Vorbehalte = reservations
der Goma (afrikanisch): der Zauberarzt
Muti (afrikanisch): selbstgemachte „Medikamente"
die Einläufe = enemas
der Darm = intestine
der Durchfall = diarrhoea
die Gehirnhautentzündung = meningitis

| **AUFGABE 10** | *Eine Zusammenfassung schreiben* |
| --- | --- |

Schreiben Sie eine Zusammenfassung des Berichts über das *Barra-Hospital* in Soweto. Die Zusammenfassung sollte folgende Informationen einschließen:

◊ die Atmosphäre im *Barra-Hospital*
◊ Hochbetrieb am Anfang des Monats
◊ die Einstellung gegenüber weißen Ärzten
◊ die Einwohner, die versorgt werden
◊ das Personal des Krankenhauses

⬦ die Herkunft der Ärzte

⬦ die Probleme der südafrikanischen Ärzte

⬦ die Zauberärzte

⬦ die medizinische Versorgung in den ländlichen Gemeinden

⬦ die Kinderstation: Krankheiten, Atmosphäre

## Hunger in der Welt | Text E

Aus *Der Monat*, 11/96

### AUFGABE 11 | *Stichworte schreiben*

Lesen Sie die folgenden Textabschnitte mit Hilfe des Vokabulars und fassen Sie die Hauptpunkte und Fakten in Stichworten in der rechten Randseite zusammen.

*Trotz spektakulärer Fortschritte in der Nahrungsmittelproduktion ist die weltweite Ernährungssicherheit immer noch nicht gewährleistet. Derzeit leiden 800 Millionen Menschen an chronischer Unterernährung.*

*Vokabelnhilfe*
die Abhandlung = study, treatise
der Fortpflanzungstrieb = urge to procreate
auseinanderklaffen = to diverge
widerlegen = to refute
der Kunstdünger = artificial fertilizer
die Geißel = scourge
die Flächenstillegung = setting-aside
(i.e. keeping land out of production)
die Subventionen = subsidies
zahlungsfähig = able to pay
der Schleuderpreis = dumping (throw-away)
price
der Absatz = market

## ABSCHNITT 1

Hatte Malthus doch recht? Der englische Ökonom (1766–1834) stellte in seinem 1798 erschienenen Werk *Eine Abhandlung über das Bevölkerungsgesetz* die These auf, daß die immer rascher expandierende Bevölkerung eines Tages nicht mehr genügend Nahrungsmittel vorfinden würde. Er nahm an, daß aufgrund des Fortpflanzungstriebes sich die Menschheit immer schneller vermehrt, wobei er eine geometrische Wachstumsrate (zum Beispiel 1, 2, 4, 8, 16 . . . ) unterstellte. Dahingegen weise die Nahrungsmittelproduktion lediglich eine arithmetische Wachstumsrate auf (1, 2, 3, 4, 5, 6 . . . ). Demnach sei es nur eine Frage der Zeit, bis die beiden Entwicklungen auseinanderklaffen würden und die Menschheit von dauerhaftem Hunger geplagt würde. Mit dieser düsteren Voraussage erlangte Malthus große Popularität, die bis auf den heutigen Tag andauert.

## HAUPTPUNKTE:

Malthus'
Bevölkerungsgesetz

Wachstumsrate der Menschheit
geometrisch: 1, 2, 4, 8, 16 . . .

Wachstumsrate der
Nahrungsmittelproduktion
arithmetisch: 1, 2, 3, 4, 5, 6 . . .

Zukunft: dauerhafter Hunger

## ABSCHNITT 2

Die tatsächliche Entwicklung scheint Malthus widerlegt zu haben. Trotz des von ihm richtig vorhergesagten explosiven Bevölkerungswachstums – die Erdbevölkerung stieg in den vergangenen 200 Jahren von 900 Millionen auf 5,7 Milliarden an – konnte die Nahrungsmittelproduktion Schritt halten. Der Grund liegt darin, daß Malthus seinerzeit die zukünftige technologische Revolution in der Landwirtschaft nicht ahnen konnte. In der Tat sollte der Agrarsektor im Laufe des 19. und vor allem des 20. Jahrhunderts von der industriellen Revolution profitieren. Durchgreifende Mechanisierung der Landwirtschaft zusammen mit der breit angelegten Einführung von Kunstdünger und Pflanzenschutzmitteln führten zunächst in Nordamerika und in Europa, später auch in anderen Weltregionen zu einer drastischen Steigerung der Produktion. Das Ernährungspotential der Erde ist auch heute noch längst nicht ausgeschöpft, so daß die ausreichende Versorgung der Weltbevölkerung im Prinzip gewährleistet zu sein scheint.

## HAUPTPUNKTE:

_____

_____

_____

_____

## ABSCHNITT 3

Dennoch ist die Theorie von Malthus nicht totzukriegen. Dies liegt nicht nur in einer Art Zukunftsangst begründet, die darauf beruht, daß sich die Menschheit in den nächsten 50 Jahren noch einmal auf 11–12 Milliarden zu verdoppeln droht. Beunruhigend wirkt eher die Tatsache, daß trotz der phänomenalen Agrarentwicklung unseres Jahrhunderts die Geißel Hunger immer noch nicht ausgerottet ist. So leiden gemäß der *Food and Agriculture Organisation* (FAO) der Vereinten Nationen in Afrika 168 Millionen Menschen oder 33% der Bevölkerung, in Asien 528 Mio. (19%), in Lateinamerika 59 Mio. (13%) und im Nahen Osten 31 Mio. (12%) nach wie vor unter chronischer Unterernährung.

Der Weltagrarmarkt erscheint auf den ersten Blick paradox: Einerseits unternehmen die USA und die EU große Anstrengungen, um Überschuß-produktion mittels Flächenstillegungen einzudämmen und andererseits herrscht in zahlreichen Entwicklungsländern Mangel an elementarer Nahrung. Das Paradox löst sich jedoch auf, sobald die prekäre wirt-schaftliche Situation in zahlreichen Entwicklungsländern in Betracht gezogen wird.

Der Bedarf an Lebensmitteln kann sich nämlich nur dann manifestieren, wenn eine zahlungskräftige Nachfrage existiert, und in Anbetracht der dort herrschenden Armut fehlt diese Kaufkraft zum Teil völlig. Man schätzt, daß über eine Milliarde Menschen mit einem Einkommen von weniger als 1 US-Dollar pro Tag auskommen muß. Darin liegt die Hauptursache der Unterernährung sowie der Tatsache, daß jährlich 20 Millionen Menschen – davon 14 Mio. Kinder – an deren Folgen sterben.

## HAUPTPUNKTE:

_____

_____

_____

_____

_____

_____

_____

_____

## ABSCHNITT 4

Die Armut in den Entwicklungsländern hat je nach Land und Region verschiedene Ursachen, wovon die Zerstörung der traditionellen Landwirtschaft sicherlich eine der wesentlichen ist. Im Zuge ehrgeiziger Industrialisierungsprogramme wurden und werden noch immer die Interessen der Landwirtschaft aufs Spiel gesetzt. Vom Staat auferlegte niedrige Nahrungsmittelpreise sollen ihren Beitrag zu tiefen Lebensunterhaltungskosten liefern, damit die Löhne ebenfalls tief bleiben.

Neben dem dadurch gewonnenen positiven Effekt auf die internationale Wettbewerbsfähigkeit der Industrie führte diese Politik zu einer schleichenden Zerstörung der einheimischen Landwirtschaft, wenn sie nicht über Subventionen gestützt wurde, was in der Regel nicht der Fall war.

Die Folgen liegen auf der Hand: Sinkende Einkommen der Agrarbetriebe, zunehmende Unmöglichkeit kostendeckender Produktion, im Extremfall Aufgabe des Betriebs und Abwanderung in die Städte.

Da es für viele dort keine regulären Beschäftigungsmöglichkeiten gab, blieb ihnen nur noch die Möglichkeit, in die armseligen Slums zu ziehen. In manchen Ländern wurde ein beträchtlicher Teil des fruchtbaren Landes in Monokulturen verwandelt, deren Exportprodukte zwar Deviseneinnahmen brachten, die lokale Versorgung jedoch mehr beeinträchtigen.

## ABSCHNITT 5

Man könnte nun annehmen, daß aufgrund des dadurch eingeschränkten Angebots an Lebensmitteln Knappheit entstand. Dies geschah aus zwei Gründen nicht. Einerseits nahm die zahlungsfähige Nachfrage aufgrund der sich zunehmend verbreiternden Armut eher ab, und andererseits entstanden auf dem Weltmarkt zwei mächtige Anbieter, die Getreide praktisch zum Schleuderpreis anboten: die USA, vor allem jedoch die EU.

Die westeuropäische Agrarordnung führte im Laufe der Jahre zu immer höheren Überschüssen, die auf dem Heimmarkt keinen Absatz mehr fanden. Mittels massiver Subventionen wurde ein Großteil der Ware zu Dumpingpreisen in die Entwicklungsländer exportiert, wodurch deren eigene Produktion aufgrund der ungenügenden Wettbewerbsfähigkeit noch weiter dezimiert wurde. Dies ermöglichte andererseits eine gesicherte und zugleich billige Versorgung der Entwicklungsländer oder vielmehr derjenigen Einwohner, die über ein entsprechendes Einkommen verfügten.

Über die letzten 20 Jahre hinweg verdoppelten sich die Getreideimporte der Entwicklungsländer von 60 auf 120 Millionen Tonnen. Mit dem Ende 1993

### HAUPTPUNKTE:

_____

_____

_____

_____

_____

_____

_____

_____

### HAUPTPUNKTE:

_____

_____

_____

_____

_____

_____

_____

_____

zustande gekommenen GATT/WTO-Abkommen sollen in den nächsten Jahren die Export-Subventionen und interne Preisstützen in Westeuropa wesentlich eingeschränkt werden, was dann zwangsläufig zu höheren Weltmarktpreisen führen muß.

Damit entsteht für die Entwicklungsländer die große Chance, eine eigene, auf möglichst große Selbstversorgung aufgebaute Landwirtschaft aufzubauen. Experten warnen allerdings vor allzugroßem Optimismus und weisen darauf hin, daß darüber hinaus die betroffenen Länder selbst einer Agrarpolitik die höchste Priorität einräumen müssen.

Weil der Aufbau eines leistungsfähigen Agrarsektors auch unter günstigen Bedingungen Zeit braucht, bedeuten zunächst höhere Weltmarktpreise für Agrargüter, daß sich die Importe der Entwicklungsländer verteuern, was für die ärmsten unter ihnen eine unerträgliche Zusatzbelastung ist. Hier müssen die reichen Länder während der Übergangsphase Hilfe leisten.

# ABSCHNITT 6: DIE ZUKUNFT

## HAUPTPUNKTE:

Der Aufbau einer nachhaltigen produzierenden Landwirtschaft in den Entwicklungsländern erfordert u.a. folgende Maßnahmen:

▷ **Erhöhung der Preise für Agrargüter**

Die Einkommen der oft hochverschuldeten und verarmten Produzenten müssen kräftig steigen, damit entsprechende Anreize geschaffen werden. Nur ein finanziell gesunder Betrieb ist in der Lage, notwendige Investitionen in den Maschinenpark sowie in moderne Technologien zu setzen, um den Bodenertrag zu steigern.

▷ **Abkehr der exportierten Monokultur**

Das besitzt in manchen afrikanischen Ländern extreme Ausmaße. Sie sollen binnen-orientierte Multikulturen anbauen, mit dem Ziel, den Selbstversorgungsgrad substantiell zu erhöhen.

▷ **Marktwirtschaftliche Reform der Landwirtschaft**

Sie ist ohne gleichzeitige politische Reformen vermutlich kaum durchführbar, da gerade in den armen Entwicklungsländern Bürokratie und Korruption die wichtigsten Hemmnisse für eine tiefgreifende Agrarreform sind.

▷ **Änderung der Rolle des Staates**

Der Staat sollte seinen direkten Einfluß auf die Landwirtschaft so weit wie möglich verringern, dafür jedoch optimale Rahmenbedingungen für sie schaffen. Es liegt an den Entwicklungsländern, die entsprechenden Initiativen zu ergreifen.

Aus *Der Monat*, 11/96

---

## AUFGABE 12 | *Eine Tabelle aufstellen*

Setzen Sie die in Text E enthaltenen Hauptfakten in die Tabelle ein:

| ZEITRAUM | GRÖßE DER HUNGERSNOT | LAND | GRÜNDE |
|---|---|---|---|
|  |  |  |  |
|  |  |  |  |
|  |  |  |  |

---

## AUFGABE 13 | *Ein Flußdiagramm machen*

Machen Sie ein Flußdiagramm von Ursache und Wirkung der Nahrungsproblem in der dritten Welt.

————————  ————————

————————  ————————

————————  ————————

Einführung von

Nahrungsüberschüssen ———— HUNGER ———— ————————

aus dem Westen ————————

————————  ————————

————————  ————————

## AUFGABE 14 | *Eine Zusammenfassung schreiben*

Sie sind ein Mitarbeiter bzw. eine Mitarbeiterin der FAO (*Food and Agriculture Organisation*) und müssen für Ihren Chef bzw. Chefin verschiedene Berichte lesen und zusammenfassen, damit er oder sie sich über die aktuelle Entwicklung des Weltmarktes informieren kann.

Ihre Aufgabe liegt darin, die Fakten möglichst klar und kurz darzustellen, so daß aus diesem kompliziert geschriebenen Text ohne mühevolles Lesen das Wichtigste herausgehoben werden kann.

Schreiben Sie eine kurze Zusammenfassung (ca. 200–250 Wörter) von Text E. Sie können auch faktische Entwicklungen in Form einer Tabelle darstellen, um die Wortzahl zu reduzieren.

## AUFGABE 15 | *Adverbialsätze bilden*

Bilden Sie Adverbialsätze nach folgendem Modell. Übersetzen Sie die englischen Sätze, indem Sie die Präposition *trotz* (**mit Genitiv**) gebrauchen.

**Beispiel:**
trotz des von ihm richtig vorhergesagten explosiven Bevölkerungswachstums

1 trotz _____

_____

(*the rising food prices predicted by him*)

2 trotz _____

_____

(*the training programme introduced by the state*)

3 trotz _____

_____

(*the agricultural aid organised by the industrialized countries*)

*- Übenslauf*
*- passive voice*
*- relative pronoun*
*- this*

## AUFGABE 16 | *Sätze umformulieren*

Bitte formulieren Sie die folgenden Sätze um, indem Sie die Wörterzahl halbieren, kürzere und einfachere Sätze bilden und trotzdem die Hauptfakten beibehalten.

| KOMPLIZIERTE FORMULIERUNG | KNAPPE FORMULIERUNG |
|---|---|
| Neben dem dadurch gewonnenen positiven Effekt auf die internationale Wettbewerbsfähigkeit der Industrie führte diese Politik zu einer schleichenden Zerstörung der einheimischen Landwirtschaft, wenn sie nicht über Subventionen gestützt wurde, was in der Regel nicht der Fall war. | Diese Politik führte zur Verbesserung der internationalen Wettbewerbsfähigkeit der Industrie und zur Zerstörung der einheimischen Landwirtschaft. |
| Einerseits nahm die zahlungsfähige Nachfrage aufgrund der sich zunehmend verbreitenden Armut eher ab, und andererseits entstanden auf dem Weltmarkt zwei mächtige Anbieter, die Getreide praktisch zum Schleuderpreis anboten: die USA, vor allem aber die EU. | Die USA und EU hat probleme mit zunehmend armut aber die Weltmarkt anbieten zwei, Getreide sehr billig. |
| Weil der Aufbau eines leistungsfähigen Agrarsektors auch unter günstigen Bedingungen Zeit braucht, bedeuten zunächst einmal höhere Weltmarktpreise für Agrargüter, daß sich die Importe der Entwicklungsländer verteuern, was für die ärmsten unter ihnen eine unerträgliche Zusatzbelastung impliziert. | Agrarsektors brauchen höhere Weltmarktpreise und die Importe der entwicklungsländer |
| Die Einkommen der oft hochverschuldeten und verarmten Produzenten müssen kräftig steigen, damit entsprechende Anreize geschaffen werden. Nur ein finanziell gesunder Betrieb ist in der Lage, notwendige Investitionen in den Maschinenpark sowie in moderne Technologien zu setzen, um den Bodenertrag zu steigern. | |

## Der Müll und das Gesundheitsbewußtsein | Text F (Hörtext)

*In Deutschland muß man Müll in den richtigen Behälter werfen*

## AUFGABE 17 | *Hören und verstehen*

*Susanne und Viola führen ein Gespräch.*

Hören Sie Text F und beantworten Sie die folgenden Fragen:

1 Welche Probleme gibt es bei einer Vielzahl von Mülltonnen?
2 Was muß man machen, wenn man nur einen Mülleimer in der Küche hat?
3 Nennen Sie fünf verschiedene Müllsorten.
4 Was gehört in die Biotonne?
5 Worin liegt die Schwierigkeit beim Kunststoffmüll?
6 Worauf muß man achten, wenn man an öffentlichen Plätzen in Deutschland Müll wegwerfen will?
7 Welche Schwierigkeiten kann es beim Wegwerfen von Spielsachen, zum Beispiel, geben?
8 Was ist eine Mehrwegflasche?

9 Wie wird Glas sortiert?

10 Susanne meint, daß der Gebrauch von Mehrwegflaschen eigentlich gesund sein kann! Wie erklären Sie das?

11 Wie manifestiert sich das gesteigerte Gesundheitsbewußtsein in Deutschland?

## AUFGABE 18 | *Eine Zusammenfassung schreiben*

Schreiben Sie eine Zusammenfassung der verschiedenen Punkte im Gespräch zwischen Susanne und Viola. Schließen Sie folgende Punkte ein:

▷ Aussortierung von Müll
▷ praktische Einschränkungen
▷ Gesundheit und Umwelt

## AUFGABE 19 | *Spiel*

Bilden Sie eine Gruppe von 3 bis 10 Studenten und spielen Sie das englische Spiel *Just a Minute* auf deutsch: Die erste Person spricht so lange wie möglich über eins der folgenden Stichwörter. Wenn sie nichts mehr weiß oder sich wiederholt, muß die nächste Person weitersprechen, bis eine volle Minute um ist. Ein Preisrichter bzw. eine Preisrichterin organisiert das Spiel und vergibt den Konkurrenten Punkte.

| | |
|---|---|
| Biotonne | Glasflaschen sortieren |
| Sport ist nicht für mich | Restmüll |
| Abfallsäcke | Umweltschutz |
| Autoabgase | vergiftetes Wasser |
| Gesundheitsbewußtsein | Fitneßstudio |

# 4

# Das Studium in Deutschland

| THEMEN | AUFGABEN | SEITE |
|---|---|---|
| Wie orientiert man sich an einer deutschen Universität? | 1: Ein Formular ausfüllen | 86 |
| Die Fakultätsorganisation einer deutschen Universität | 2: Kurse einordnen | 88 |
| Das Studiensystem | 3: Eine Definition schreiben | 91 |
| Wie man Lehrveranstaltungen auswählt | 4: Stundenpläne aufstellen | 93 |
| Text A (Hörtext): Tips für das Studium in Deutschland | 5: Hören und verstehen<br>6: Sätze schreiben<br>7: Rollenspiel | 100<br>100<br>100 |
| Wie man zum Studium zugelassen wird | 8: Ein Antragsformular ausfüllen<br>9: Einen Text analysieren und neuschreiben | 101<br>102 |
| Grammar notes | 10: Modal verbs<br>11: sein + zu + infinitive | 104<br>106 |
| Studentenwohnheime | 12a: Stilanalyse<br>12b: Postkarte schreiben<br>13: Sätze neuschreiben<br>14: Rollenspiel<br>15: Ein Formular analysieren | 107<br>107<br>109<br>109<br>110 |
| Essen in der Mensa | 16: Eine Mini-Broschüre schreiben | 111 |
| Text B (Hörtext): Das Praktikum | 17: Hören und Notizen machen | 112 |
| Die Krankenversicherung | 18: Rollenspiel<br>19: Einen Lückentext ergänzen<br>20: Fragen zum Verständnis<br>21: Rollenspiel | 113<br>113<br>114<br>115 |
| Das Studentenwerk | 22: Eine Zusammenfassung schreiben | 116 |
| Das Akademische Auslandsamt | 23: Wortsuche<br>24: Erledigungen in der richtigen Reihenfolge ordnen | 118<br>119 |
| Rückmeldung und Exmatrikulation | 25: Fragen zum Verständnis | 122 |
| Kreuzworträtsel | Rätsel lösen | 122 |
| Kultur/Sport/Kontakte zu anderen Studenten | 26: Einen Brief schreiben | 125 |
| Rollenspiele | 27: Rollenspiele | 126 |
| Workshop | Informationsbroschüre verfassen | 126 |
| Glossar | | 127 |

Wie alle Studenten der neueren Sprachen wohl wissen, ist für die Verbesserung der Sprachkenntnisse das ein- oder zweisemestrige Studium im Ausland von unermeßlichem Wert. Die meisten britischen Universitäten unterhalten partnerschaftliche Beziehungen zu deutschsprachigen Hochschulen. Im Rahmen solcher Austausch-programme wird die Bewerbung um einen Studienplatz im Ausland erheblich erleichtert.

## Wie orientiert man sich an einer deutschen Universität?

### AUFGABE 1 | *Ein Formular ausfüllen*

Manchmal wird vom jeweiligen Akademischen Auslandsamt ein Vorbereitungskurs für ausländische Studierende veranstaltet.

Lesen Sie die untenstehenden Informationen über den Vorbereitungskurs der Universität Bamberg. Wenn Ihnen Vokabeln unbekannt sind, schlagen Sie sie im Glossar (am Ende dieses Kapitels) oder aber im Wörterbuch nach. Dann füllen Sie das Anmeldungsformular aus. (Schicken Sie es natürlich nicht ab!)

---

### INFORMATIONEN

### ÜBER DEN

### VORBEREITUNGSKURS DER UNIVERSITÄT BAMBERG

Der Vorbereitungskurs wird vom Akademischen Auslandsamt in Zusammenarbeit mit dem Sprachenzentrum der Universität Bamberg durchgeführt. Veranstalter ist der Universitätsbund Bamberg e.V.

Der Vorbereitungskurs beinhaltet:

▷ 60 Unterrichtsstunden Deutsch
▷ Tutorien
▷ Stadtführung
▷ Stadtspiel zum Kennenlernen Bambergs
▷ Exkursion in die Bamberger Umgebung
▷ Bibliotheksführung
▷ Abschlußfest

---

Vorbereitungskurs

für ausländische Studierende der

OTTO-FRIEDRICH-UNIVERSITÄT BAMBERG

vom 1. bis 23. Oktober 2000

Anmeldung

Name _Kirby_____ Vorname _Jessica_____

Geburtsdatum _8.5.83_____

Heimatuniversität _Georgia state university___

Studienfächer _nursing_____

Deutschkenntnisse _____ Jahre Schulunterricht

_____ Jahre Universität/Hochschule

_____ Jahre andere Deutschkurse

Wie schätzen Sie Ihre Deutschkenntnisse ein? (bitte ankreuzen)

sehr gut    O    O    O    O    O    schlecht

Hiermit melde ich mich zum Vorbereitungskurs an. Anmeldungen, die nach dem 1. Juli eingehen, können nur berücksichtigt werden, wenn noch freie Plätze vorhanden sind.

Datum _____ Unterschrift _____

## Die Fakultätsorganisation einer deutschen Universität

Die deutsche Universität gliedert sich in verschiedene **Fakultäten**.
Beispiele der Fakultätsorganisation (Universität Mannheim):

**Fakultät für**

◊   Rechtswissenschaft

◊   Betriebswissenschaft

◊   Volkswirtschaftslehre und Statistik

◊   Sozialwissenschaften

◊   Philosophie, Psychologie und Erziehungswissenschaft

◊   Sprach- und Literaturwissenschaft

◊   Geschichte und Geographie

◊   Mathematik und Informatik

Jede Fakultät umfaßt mehrere **Fachrichtungen**. So umfaßt z.B. die
Fakultät für Sozialwissenschaften der Universität Mannheim folgende
Fachrichtungen: *Politische Wissenschaft, Soziologie, Wissenschaftslehre,
Sozialpsychologie*. Die Fakultät für Sprach- und Literaturwissenschaften
der Universität Bamberg umfaßt *Klassische Philologie, Kommunikations-
wissenschaft (Schwerpunkt Journalistik), Germanistik, Anglistik, Romanistik
(einschließlich Französisch), Slavistik, Orientalistik*.
   Kurz vor Beginn des jeweiligen Semesters erscheint für jede Universität
ein **Personal- und Vorlesungsverzeichnis**, das im lokalen Buchhandel
oder vom Akademischen Auslandsamt zu erhalten ist und ca. 10,– DM
kostet. Im Vorlesungsverzeichnis sind sämtliche Lehrveranstaltungen
(Vorlesungen, Seminare, Übungen usw.) aller Fakultäten aufgeführt.
Manche Fakultäten bieten schon zu Ende des laufenden Semesters *ein
kommentiertes Vorlesungsverzeichnis für das kommende Semester* an, das im
jeweiligen Lehrstuhlsekretariat zu erhalten ist und ca. 5,– DM kostet. Dort
findet man mehr Informationen zu Inhalt der Veranstaltungen und zur
benötigten Literatur, damit man sich für das folgende Semester
gründlicher vorbereiten kann.

# Gebäude der Universität Mannheim

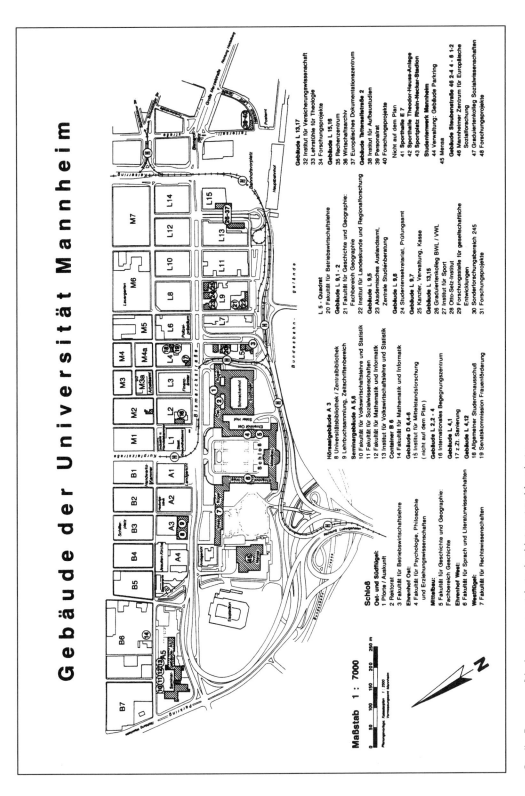

**Maßstab 1 : 7000**

0  50  100  150  200  250 m

Planungsgruppe Kassenplan 1 : 2500
Vermessungsamt Mannheim

**Schloß**

**Ost- und Südflügel:**
1 Pforte / Auskunft
2 Rektorat
3 Fakultät für Betriebswirtschaftslehre

**Ehrenhof Ost:**
4 Fakultät für Psychologie, Philosophie
  und Erziehungswissenschaften

**Mittelbau:**
5 Fakultät für Geschichte und Geographie:
  Fachbereich Geschichte

**Ehrenhof West:**
6 Fakultät für Sprach und Literaturwissenschaften

**Westflügel:**
7 Fakultät für Rechtswissenschaften

**Hörsaalgebäude A 3**
8 Universitätsbibliothek / Zentralbibliothek
9 Lehrbuchsammlung, Zeitschriftenbereich

**Seminargebäude A 5,6**
10 Fakultät für Volkswirtschaftslehre und Statistik
11 Fakultät für Sozialwissenschaften
12 Fakultät für Mathematik und Informatik
13 Institut für Volkswirtschaftslehre und Statistik

**Container B 6**
14 Fakultät für Mathematik und Informatik

**Gebäude D 6,4-6**
15 Institut für Mittelstandsforschung
  ( nicht auf dem Plan )

**Gebäude L 2,2 - 4**
16 Internationales Begegnungzentrum

**Gebäude L 4,1**
17 z. Zt. Sanierung

**Gebäude L 4,12**
18 Allgemeiner Studentenausschuß
19 Senatskommission Frauenförderung

**L 5 - Quadrat**
20 Fakultät für Betriebswirtschaftslehre

**Gebäude L 9,1 - 2**
21 Fakultät für Geschichte und Geographie:
  Fachbereich Geographie
22 Institut für Landeskunde und Regionalforschung
23 Akademisches Auslandsamt,
  Zentrale Studienberatung

**Gebäude L 9,5**
24 Studentensekretariat, Prüfungsamt

**Gebäude L 9,7**
25 Kanzler, Verwaltung, Kasse

**Gebäude L 13,15**
26 Graduiertenkolleg BWL / VWL
27 Institut für Sport
28 Otto-Selz-Institut
29 Forschungsstelle für gesellschaftliche
  Entwicklungen
30 Sonderforschungsbereich 245
31 Forschungsprojekte

**Gebäude L 13,17**
32 Institut für Versicherungswissenschaft
33 Lehrstühle für Theologie
34 Forschungsprojekte

**Gebäude L 15,16**
35 Rechenzentrum
36 Wirtschaftsarchiv
37 Europäisches Dokumentationszentrum

**Gebäude Tattersallstraße 2**
38 Institut für Aufbaustudien
39 Personalrat
40 Forschungsprojekte

**Nicht auf dem Plan**
41 Sporthalle E 7
42 Sporthalle Theodor-Heuss-Anlage
43 Sportplatz Rhein-Neckar-Stadion
44 Verwaltung: Gebäude Parking
45 Mensa
46 Gebäude Steubenstraße 46 2-4 4 - 6 1-2
  Mannheimer Zentrum für Europäische
  Sozialforschung
47 Graduiertenkolleg Sozialwissenschaften
48 Forschungsprojekte

Quelle: Personen-/Vorlesungsverzeichnis der Universität Mannheim

| AUFGABE 2 | *Kurse einordnen* |
|-----------|-------------------|

Welche Veranstaltung gehört zu welcher Fakultät? *Schlagen Sie unbekannte Vokabeln im Glossar nach.*

| DIESE VERANSTALTUNG GEHÖRT ZU | WELCHER FAKULTÄT? |
|-------------------------------|-------------------|
| 1   **Seminar über Angewandte Mathematik** | Mathematik |
| 2   **Einführung in das politische System der Bundesrepublik Deutschland** | Sozial Wissenschaft |
| 3   **Europarecht** | rechtswissenschaft |
| 4   **Einführung in Kants theoretische Philosophie** | Philosophie |
| 5   **Bayern und die Pfalz im 13. und 14. Jahrhundert** | Geschichte |
| 6   **Bevölkerungs- und Wirtschaftsstatistik** | Volkswirtschaftslehre und statistik |
| 7   **Deutsche Literatur des 18. Jahrhunderts** | Sprach literaurwissenschaft |
| 8   **Absatzwirtschaft** | betreibwissenschaft |

## Das Studiensystem

Schlagen Sie unbekannte Vokabeln im Glossar nach.

Das Studium an einer deutschen Universität gliedert sich in zwei Teile:

▷ das Grundstudium
▷ das Hauptstudium

Im **Grundstudium** studiert man die Grundlagen des Studienfachs. Das Grundstudium dauert in der Regel *vier Semester* und wird mit der **Zwischenprüfung** (oder dem **Vordiplom**) abgeschlossen. Wenn man die Zwischenprüfung bestanden hat, tritt man ins **Hauptstudium** ein, das weitere *fünf bis sechs Semester* braucht.

---

**GRUNDSTUDIUM**

*durchschnittlich vier Semester = zwei Jahre*

Zwischenprüfung bzw. Vordiplom

**HAUPTSTUDIUM**

*durchschnittlich fünf bis sechs Semester = zweieinhalb bis drei Jahre*

Abschließende Prüfungen

*einschl. Diplom-, Magister-, Zulassungsarbeit*

---

Für Studierende aus dem Ausland, die nur ein oder zwei Semester an einer deutschen Universität studieren, ist es in der Regel ratsam, neben den Vorlesungen nur einige Seminare bzw. Übungen des **Grundstudiums** zu besuchen.

Als ausländischer Student (bzw. ausländische Studentin) sollte man den **Stundenplan** nicht allzu voll stopfen. Jede Vorlesung, jedes Seminar und jede Übung verlangt einige Vor- und Nachbereitungszeit. Am sinnvollsten ist, eine gezielte Auswahl zu treffen und diese wenigen Kurse erfolgreich zu absolvieren.

In manchen Fällen verlangt die Heimatuniversität, daß der Student beispielsweise zwei sogenannte *Scheine* pro Semester *macht*. Der **Schein** ist der offizielle Nachweis über die Leistung (z.B. Referat, Seminararbeit, Klausur), die man im Rahmen eines Seminars oder einer Übung erbracht hat.

---

| AUFGABE 3 | *Eine Definition schreiben* |
|---|---|

Bilden Sie Gruppen von 3 bis 5 Personen. Versuchen Sie für jede Lehrveranstaltung eine kurze Definition auf deutsch zu schreiben. Benutzen Sie ein Wörterbuch bzw. Lexikon oder befragen Sie den deutschen Lektor bzw. Assistenten, wenn Sie Hilfe brauchen.

# DIE LEHRVERANSTALTUNGEN

1  Die Vorlesung

_____

_____


2  Das Seminar

_____

_____


Seminare gliedern sich in **Proseminare** (an manchen Universitäten auch **Einführungsseminare**), **Hauptseminare** und **Oberseminare** (auch **Kolloquien** genannt).

(a)  **Das Einführungsseminar/der Einführungskurs** (nur an manchen Universitäten)

_____

_____


(b)  **Das Proseminar**

_____

_____


(c)  **Das Hauptseminar**

_____

_____


(d)  **Das Oberseminar bzw. das Kolloquium**

_____

_____


3  Die Übung bzw. das Praktikum

_____

_____


4  Das Tutorium

_____

_____

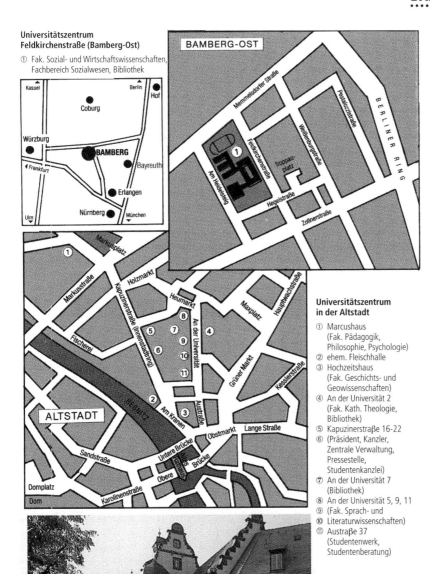

**Universitätszentrum Feldkirchenstraße (Bamberg-Ost)**

① Fak. Sozial- und Wirtschaftswissenschaften, Fachbereich Sozialwesen, Bibliothek

**Universitätszentrum in der Altstadt**

① Marcushaus
   (Fak. Pädagogik, Philosophie, Psychologie)
② ehem. Fleischhalle
③ Hochzeitshaus
   (Fak. Geschichts- und Geowissenschaften)
④ An der Universität 2
   (Fak. Kath. Theologie, Bibliothek)
⑤ Kapuzinerstraße 16-22
⑥ (Präsident, Kanzler, Zentrale Verwaltung, Pressestelle, Studentenkanzlei)
⑦ An der Universität 7
   (Bibliothek)
⑧ An der Universität 5, 9, 11
⑨ (Fak. Sprach- und
⑩ Literaturwissenschaften)
⑪ Austraße 37
   (Studentenwerk, Studentenberatung)

Otto Friedrich Universität Bamberg
Quelle: Referat für Presse- und Öffentlichkeitsarbeit, Bamberg

## Wie man Lehrveranstaltungen auswählt

Als StudentIn an einer deutschen Universität genießt man die *akademische Freiheit*, d.h. man darf diejenigen Lehrveranstaltungen auswählen, die den persönlichen akademischen Interessen entsprechen. Dabei sollte man sich natürlich auch die Frage stellen: was ist für das abschließende Studium an der Heimatuniversität sinnvoll?

Außerdem werden an allen deutschen Hochschulen **studienbegleitende Deutschkurse** (auch Kurse in **Deutsch als Fremdsprache** genannt) angeboten. Diese findet man im Vorlesungsverzeichnis unter der Bezeichnung *fakultätsübergreifende Lehrveranstaltungen* oder auch *Kurse für Studierende aller Fachrichtungen*. Öfters werden sie in dem **Sprachenzentrum** oder **Sprachlehrinstitut** der Universität angeboten. Falls sie nicht im Vorlesungsverzeichnis aufgeführt sind, kann man Informationen zu Zeitpunkt und Ort der Kurse im Akademischen Auslandsamt erhalten. Diese Kurse sind für die strukturierte Verbesserung der Deutschkenntnisse höchst empfehlenswert.

Allen Studierenden wird empfohlen, nach der Immatrikulation die jeweils ausgewählten Lehrveranstaltungen in das **Studienbuch** einzutragen.

## AUFGABE 4 | *Studienpläne aufstellen*

Nun stellen wir Ihnen zwei englischsprechende Studierende vor: Anne und Ben. Beide wollen zwei Semester lang an einer deutschen Universität studieren und müssen sich entscheiden, welche Lehrveranstaltungen sie besuchen wollen.

Anne: Als Hauptfächer an ihrer Heimatuniversität studiert Anne Deutsch und Politikwissenschaft. Sie interessiert sich insbesondere für die politische Entwicklung Deutschlands und für Machttheorien. Außerdem will sie Grammatik und wenn möglich noch Wirtschaftsdeutsch üben.

Ben: An seiner Heimatuniversität studiert Ben Deutsche Sprach- und Literaturwissenschaft als Hauptfach. Schwerpunkte seines Studiums sind zur Zeit die Werke Goethes und die mittelalterliche Literatur (insbesondere die Werke Wolframs). Außerdem will er mehr über deutsche Landeskunde lernen und auch seinen schriftlichen Ausdruck üben.

Die Lehrveranstaltungen sind mit folgenden Abkürzungen gekennzeichnet:

V = Vorlesung
Ü = Übung
SA = Sprachpraktische Ausbildung
S = Seminar
PS = Proseminar

Sie sehen unten einige Auszüge aus dem Vorlesungsverzeichnis für ein typisches Sommersemester an der Universität Bamberg.

Suchen Sie einige Lehrveranstaltungen aus, die Anne und Ben interessieren könnten.

# FAKULTÄTSÜBERGREIFENDE LEHRVERANSTALTUNGEN

## SPRACHEN- UND MEDIENTECHNISCHES ZENTRUM

### Im Sommersemester 2000 werden folgende Sprachkurse angeboten:

| | | |
|---|---|---|
| M 3 | = | Markusplatz 3 |
| M 6 | = | Markusstraße 8 |
| F | = | Feldkirchenstraße |
| H | = | Hochzeitshaus |

| | | |
|---|---|---|
| U 2 | = | An der Universität 2 |
| U 5 | = | An der Universität 5 |
| U 9 | = | An der Universität 9 |
| U 11 | = | An der Universität 11 |
| Ki 39 | = | Kirschäckerstraße 39 |

## Deutsch für ausländische Studierende

SA

Grammatikkurs (Aufbaustufe I)
2std., Mi 12–14, U 5/118

SA

Grammatikkurs (Aufbaustufe II)
2std., Mi 14–16, U 5/217

SA

Grammatikkurs (Aufbaustufe II)
– Parallelkurs
2std., Do 16–18, U 2/Ü 1 a

SA

Landeskunde und schriftliches
Arbeiten (Mittelstufe)
2std., Di 12–14, U 5/217

SA

Schriftlicher Ausdruck/Stilistik
(Oberstufe)
2std., Di 14–16, U 5/218

SA

Wortschatz und Landeskunde
(Oberstufe)
2std., Do 12–14, U 5/218

SA

Wirtschaftsdeutsch
2std., Mo 16–18, U 11/016

## GERMANISTIK

### Deutsche Sprach- und Literaturwissenschaften

**Vorlesungen**

V

Einführung in die deutsche Gegenwartssprache
2std., Do 14–16, U 5/024

V

Wozu Syntax?
2std., Di 16–18, U 5/122

V

Germanistische Handschriftenkunde
2std., Do 11–13, U 5/024

| | |
|---|---|
| V | Mittelalterliche Literatur und Mythos<br>2std., Di 10–12, U 5/122 |
| V | Empfindsamkeit und Sturm und Drang<br>2std., Di 18 s.t. – 19.30, M 3/232 N |
| V | Einführung in die Literaturvermittlung II:<br>Literaturkritik, Literatur und Neue Medien (Hörspiel,<br>Literaturverfilmung u.a.)<br>2std., Di 18–20, U 5/122 |

**Seminare, Proseminare, Übungen**

| | |
|---|---|
| S | Sprachgeschichtliches Einführungsseminar (Kurs A)<br>2std., Mo 10–12, U 5/218 |
| S | Sprachgeschichtliches Einführungsseminar (Kurs B)<br>2std., Mo 16–18, U 5/218 |
| S | Gegenwartssprachliches Einführungsseminar (Kurs A)<br>2std., Mo 14–16, U 5/024 |
| S | Gegenwartssprachliches Einführungsseminar (Kurs B)<br>2std., Mi 14–16, U 5/222 |
| PS | Lateinische Lehnwörter im Germanischen und<br>Althochdeutschen<br>2std., Fr 10–12, U 5/222PS |
| PS | Deutsch als Zweitsprache in der Schule<br>2std., Fr 10–12, U 5/118 |
| PS | Mediävistik II (Wolfram, 'Parzival')<br>2std., Mi 10–12, U 5/222 |
| S | Einführung in die Neuere deutsche Literaturwissenschaft,<br>Teil I<br>2std., Mo 12–14, U 5/117 |
| PS | Methoden und Verfahrensweisen der<br>Literaturwissenschaft<br>2std., Mo 12–14, U 11/016 |
| PS | Das erotische Tabu<br>2std., Di 14–16, U 11/016 |
| PS | Goethes „Wahlverwandtschaften"<br>2std., Mo 18–20, U 5/118 |
| PS | Frühromantik<br>2std., Do 14–16, U 5/122 |
| PS | Angst in der Gegenwartsliteratur<br>2std., Mo 18–20, U 5/217 |

**POLITIKWISSENSCHAFT**
**Grundstudium**

**Internationale Politik**

| | |
|---|---|
| PS | Einführungen in die internationalen Beziehungen |
| | 2std., Do 10–12, F 202 |
| Ü | Lektürekurs: Theorien der Internationalen Politik |
| | 2std., Di 14–16, F 202 |

**Politische Soziologie**

| | |
|---|---|
| V | Einführung in die Politische Soziologie |
| | 2std., Do 8.30–10, F 135 |
| PS | Proseminar zur Politischen Soziologie |
| | 2std., Fr 10–12, F202 |
| Ü | Methoden der Politischen Soziologie |
| | 2std., Mi 14–16, F 239 |

**Politische Systeme**

| | |
|---|---|
| V | Das politische System Deutschlands |
| | 2std., Di 12–14, F 135 |
| PS | Das politische System der BRD |
| | 2std., Fr 8–10, F 255 |
| PS | Vergleichende Regierungslehre |
| | 2std., Do 8–10, F 202 |
| P | Wirtschaft und Gesellschaft |
| | 2std., Do 12–14, F 202 |

**Politische Theorie**

| | |
|---|---|
| V | Einführung in die politische Theorie |
| | 2std., Di 16–18, F 135 |
| PS | Thomas Hobbes: Leviathan |
| | 2std., Mo 14–16, F 202 |
| PS | Einführung in die Spieltheorie |
| | 2std., Mi 18–20, F 202 |
| Ü | Macht- und Herrschaftstheorien |
| | 2std., Mi 14–16, F 202 |

Nun wählen Sie für Anne (Studentin A) und für Ben (Student B) eine Kombination (ca. 8–10 Stunden in der Woche) von Vorlesungen, Proseminaren und Übungen bzw. sprachpraktische Ausbildungskurse. Dann stellen Sie für A und für B jeweils einen Semester-Stundenplan auf. Geben Sie auch Angaben zu Hörsälen bzw. Kursräumen an.

# Studentin A (Anne)

R = Raum, Mo = Montag, Di = Dienstag,
Mi = Mittwoch, Do = Donnerstag,
Fr = Freitag

## SOMMERSEMESTER-STUNDENPLAN FÜR ANNE

| | Mo | R | Di | R | Mi | R | Do | R | Fr | R |
|-----|-----|----------|-----|-----|-----|-----|-----|-----|-----|-----|
| 8h | | | | | | | | | | |
| 9h | | | | | | | | | | |
| 10h | | | | | | | | | | |
| 11h | | | | | | | | | | |
| 12h | | | | | | | | | | |
| 13h | | | | | | | | | | |
| 14h | | | | | | | | | | |
| 15h | | | | | | | | | | |
| 16h | 1* | U 11/016 | | | | | | | | |
| 17h | 1* | U 11/016 | | | | | | | | |
| 18h | | | | | | | | | | |
| 19h | | | | | | | | | | |
| 20h | | | | | | | | | | |

*1   Wirtschaftsdeutsch, Mo 16–18, An der Universität 11,  Raum 016.
 2
 3
 4
 5

# Student B (Ben)

R = Raum, Mo = Montag, Di = Dienstag,
Mi = Mittwoch, Do = Donnerstag,
Fr = Freitag

## SOMMERSEMESTER-STUNDENPLAN FÜR BEN

|      | Mo | R | Di | R | Mi | R | Do | R | Fr | R |
|------|----|----|----|----|----|----|------|---------|----|----|
| 8h   |    |    |    |    |    |    |      |         |    |    |
| 9h   |    |    |    |    |    |    |      |         |    |    |
| 10h  |    |    |    |    |    |    |      |         |    |    |
| 11h  |    |    |    |    |    |    |      |         |    |    |
| 12h  |    |    |    |    |    |    | 5*   | U 5/218 |    |    |
| 13h  |    |    |    |    |    |    | 5*   | U 5/218 |    |    |
| 14h  |    |    |    |    |    |    |      |         |    |    |
| 15h  |    |    |    |    |    |    |      |         |    |    |
| 16h  |    |    |    |    |    |    |      |         |    |    |
| 17h  |    |    |    |    |    |    |      |         |    |    |
| 18h  |    |    |    |    |    |    |      |         |    |    |
| 19h  |    |    |    |    |    |    |      |         |    |    |
| 20h  |    |    |    |    |    |    |      |         |    |    |

1
2
3
4
*5 Wortschatz und Landeskunde (Oberstufe), Do 12–14, An der Universität 5, Raum 218.

| **Tips für das Studium in Deutschland** | **Text A (Hörtext)** |
| --- | --- |

| **AUFGABE 5** | *Hören und verstehen* |
| --- | --- |

*[handwritten: anleitung - guidance]*

Hören Sie das Interview zwischen der Dozentin Frau Andrea Rinke und dem Studenten Michael. **Nun beantworten Sie die folgenden Fragen auf deutsch:**

1  Welches Studienjahr will Michael in Deutschland verbringen? *[handwritten: zweite jahr]*
2  In welcher Hinsicht hat man „mehr Freiheit", wenn man an einer deutschen Universität studiert? *[handwritten: kein studenplan]*
3  Wozu dient das Vorlesungsverzeichnis? *[handwritten: I bisnieiten diese erster Semester bevor die staatsexamung]*
4  Was ist ein Proseminar? *[handwritten: Seminar]*
5  Welche Kurse empfiehlt Frau Rinke? *[handwritten: Literatur, landeskunde, linguistik]*
6  Wozu sollte man sich im Akademischen Auslandsamt vorstellen? *[handwritten: vorlesungsverzeichnis]*
7  Warum sollte man sich den Stundenplan nicht zu voll machen? *[handwritten: jedes semester Sie habenkeinen examinen, es ist schwierig.]*

| **AUFGABE 6** | *Sätze schreiben* |
| --- | --- |

Hören Sie das Interview noch einmal und schreiben Sie die folgenden Sätze auf deutsch: *[handwritten: abgeleistig]*

*[handwritten: ich habe meine zweitjahn hier abgeleistig. Studium Beratung]*

1  *I have completed my second year here.*
2  *There is no timetable for each student.*
3  *That does not apply to students from abroad.*
4  *I would recommend that you attend language courses as well.*
5  *Then you will be advised what choices you have.*
6  *It is expected that one does substantially more research and preparation on one's own.*

*[handwritten margin notes: Auslanan muß man nur Proseminar Grundstudium klasse machen]*

| **AUFGABE 7** | *Rollenspiel* |
| --- | --- |

Machen Sie ein Interview entweder mit einem Ihrer Mitstudenten, der schon auf einer deutschen Universität studiert hat, oder mit dem deutschen Lektor bzw. Assistenten. Stellen Sie ihm Fragen und machen Sie Notizen. Anschließend können der ganzen Seminargruppe bzw. Klasse die Ergebnisse dieses Interviews präsentiert werden.

## Wie man zum Studium zugelassen wird

| AUFGABE 8 | *Ein Antragsformular ausfüllen* |

Sie sehen unten ein verkürztes Antragsformular auf Zulassung zum Studium an der Universität Bamberg. Füllen Sie das Formular (als Sprachübung) aus:

---

**Antrag auf Zulassung zum Studium**

Bewerbungsschluß: zum Wintersemester: 30. Juni
                  zum Sommersemester: 31. Dezember

---

Beabsichtigtes Studium:

    Hauptfach: _____

    Nebenfach: _____

    Nebenfach: _____

Beabsichtigen Sie, Ihr Studium an der Universität Bamberg abzuschließen?

    ja _____ nein _____

Schulbildung:

    Durch welches Schulabschlußzeugnis (z.B. GCE, Baccalaureat, Diplom di Maturità) sind Sie berechtigt in Ihrem Heimatland zu studieren?

    _____

Bisherige Studienzeit:　　　　　　　Jahr

| Name der Hochschule | von | bis | Fach | Prüfungen |
|---|---|---|---|---|
|  |  |  |  |  |
|  |  |  |  |  |
|  |  |  |  |  |

Geplanter Aufenthalt in Bamberg: (bitte ankreuzen)

Nur Wintersemester _____

Nur Sommersemester _____

Winter- und Sommersemester _____

- - - - - - - - - - - - - - - - - - - - - - - - - - - - - - - - - - - - - - -

Wie lange und wo haben Sie Deutsch gelernt? _____

Waren Sie bereits an einer anderen deutschen Hochschule immatrikuliert?
(bitte ankreuzen)

ja _____ nein _____

Wenn ja, benötigen Sie den Exmatrikulationsvermerk von dieser Universität, um hier immatrikuliert zu werden!

---

| AUFGABE 9 | *Einen Text analysieren und neuschreiben* |
|---|---|

Lesen Sie die Informationen über die Zulassungsvoraussetzungen für *ausländische Staatsangehörige* an der Universität Mannheim. *Schlagen Sie unbekannte Vokabeln im Glossar nach.*

### Ausländische Staatsangehörige

**Zulassungsvoraussetzungen**

Ausländische Staatsangehörige können als ordentliche Studierende zum Fachstudium zugelassen werden, wenn sie:

◊ ein deutsches Reifezeugnis oder ein Zeugnis besitzen, das in ihrem Heimatland zum Hochschulstudium berechtigt und einem deutschen Reifezeugnis gleichwertig ist;
◊ die deutsche Sprache so gut beherrschen, daß sie die Vorlesungen mit Erfolg besuchen können. Dies gilt auch für die Aufnahme ins Studienkolleg. Der Besitz ausreichender Sprachkenntnisse ist vor Aufnahme des Studiums vor einem Prüfungsausschuß der Universität nachzuweisen.

**Bewerbungsverfahren**

Anträge auf Zulassung sind beim Akademischen Auslandsamt der Universität Mannheim zu stellen. Das Akademische Auslandsamt übersendet zu diesem Zweck dem Bewerber die notwendigen Antragsformulare. Dem Zulassungsgesuch sind die im Antragsformular angegebenen Unterlagen beizufügen. Besonders zu beachten ist, daß von den Zeugnissen eine amtlich beglaubigte Abschrift oder Fotokopie mit amtlich beglaubigter deutscher Übersetzung einzureichen ist. Bei Zeugnissen in englischer oder französischer Sprache ist eine deutsche Übersetzung nicht erforderlich. Die Originalzeugnisse müssen erst bei der Immatrikulation vorgelegt werden.

Bewerbungstermine:
für das Wintersemester: 15. Juli
für das Sommersemester: 15. Januar.

5 sentences
thinkare
difficult +
simplify

Dieser Text ist für den Ausländer nicht leicht verständlich. Wieso ist das der Fall? Machen Sie eine Liste von fünf Sätzen, die besonders formelle Konstruktionen enthalten. Dann schreiben Sie diese Sätze neu und zwar im einfacheren Stil. Beispiel:

▷ Der Besitz ausreichender Sprachkenntnisse ist vor Aufnahme des Studiums vor einem Prüfungsausschuß der Universität nachzuweisen.

▷ *Neuschreibung*: Bevor Sie mit Ihrem Studium anfangen dürfen, müssen Sie von der Universität geprüft werden. Man muß nämlich feststellen, ob Sie Deutsch gut genug verstehen (und sprechen) können.

## Grammar notes: modal verbs

*The following six verbs may be used on their own or, more commonly, with the simple infinitive of another verb which they modify. Between them, they express ability, permission, obligation, necessity, inclination, possibility, intention and volition.*

◊ **können** = *be able, be physically/mentally capable of*
e.g. Sie kann Italienisch. = *She can (speak) Italian.*
Das können wir einsehen. = *We can see that.*

◊ **dürfen** = *be allowed to*
e.g. Hier darf man nicht parken. = *Parking is not permitted here.*
Er durfte mit dem Präsidenten sprechen. = *He was able (allowed) to speak to the President.*

◊ **müssen** = *must, have to*
e.g. Das mußt du nicht tun, wenn du nicht willst. = *You don't have to do that if you don't want to.*

◊ **mögen** = *like, may (possibility)*
e.g. Wir mögen italienisches Essen. = *We like Italian food.*
Das mag wohl sein. = *That may well be.*

◊ **wollen** = *want, intend*
e.g. Die Regierung will nächstes Jahr die Außenpolitik neu gestalten. = *Next year, the government intends to reshape its foreign policy.*

◊ **sollen** = *should, be supposed to, be said to, be planned/destined to*
e.g. Er soll ein guter Regisseur sein. = *He is said to be a good director.*
Sie sollen bitte gleich kommen. = *They should come straight away, please.*
An dieser Ecke soll ein neues Hotel gebaut werden. = *A new hotel is to be built on this corner.*

foreign together
over sending
to the purpose
the applicant
the necessary
application

Zeugnissen- reportcard

| IMPERFECT INDICATIVE | IMPERFECT SUBJUNCTIVE |
|---|---|
| konnte | könnte |
| durfte | dürfte |
| mußte | müßte |
| mochte | möchte |
| wollte | wollte |
| sollte | sollte |

# Past participle

◊ When used on their own, modals have their own past participles: gekonnt, gedurft, gemußt, gemocht, gewollt, gesollt.

◊ When used with another verb, the **infinitive** (not the past participle) of the modal is used.

   e.g.   Er hat doch kommen **können**.

          Ich habe dieses Buch kaufen **müssen**.

# Common use of modals with the subjunctive

*The following patterns are common and should be learnt:*

Ich hätte eine Wohnung mieten können. = *I could have rented a flat.*
Du hättest mitkommen sollen. = *You should have come (with us).*

| AUFGABE 10 | *Modal verbs* |
|---|---|

## Bilden Sie das Präsens

Beispiel: Herr Müller hat die Rechnung sofort bezahlen müssen, denn der Kaufmann hat nicht warten wollen.

Lösung: Herr Müller muß die Rechnung sofort bezahlen, denn der Kaufmann will nicht warten.

1   Du hast deine Arbeit machen sollen.

   _____

2   Er hat mich sofort benachrichtigen müssen.

   _____

3   Ich habe keinen Streit anfangen wollen.

   _____

4   Wir haben einen Stundenplan aufstellen können.

   _____

5   Man hat sich im Akademischen Auslandsamt vorstellen müssen.

   _____

## Bilden Sie das Perfekt

6   Sie dürfen hier nicht rauchen.

   _____

7   Niemand kann das bestreiten.

   _____

8   Sie wollen zwei Semester lang in Deutschland studieren.

   _____

9   Er muß mehr über deutsche Landeskunde lernen.

   _____

## Schreiben Sie Sätze nach dem folgenden Muster

Beispiel: Ich habe einen VW gekauft.
Lösung: Ich hätte einen VW kaufen können.

10  Er ist mit uns gegangen.

   _____

11  Wir haben einen Anwalt genommen.

   _____

12  Sie hat es nicht verhindert.

_____

13  Du hast ein Studienjahr in Hamburg verbracht.

_____

14  Sie haben mir Sprachkurse empfohlen.

_____

15  Ich habe die Zeugnisse vorgelegt.

_____

## *müssen* + passive = *sein* + *zu* + infinitive

*sein* + *zu* + infinitive can carry the same meaning as *müssen* + passive, meaning *is/are to be done, must be done.* For example:

*Der Besitz ausreichender Sprachkenntnisse ist nachzuweisen.* means the same as
    *Der Besitz ausreichender Sprachkenntnisse muß nachgewiesen werden.*

*Die Immatrikulation ist im Studienbüro vorzunehmen.* means the same as
    *Die Immatrikulation muß im Studienbüro vorgenommen werden.*

| AUFGABE 11 | *sein* + *zu* + infinitive |
|---|---|

Lesen Sie noch einmal den Text mit der Überschrift *Bewerbungsverfahren*. Ersetzen Sie jede Konstruktion mit *sein* + *zu* + *infinitive* durch eine Konstruktion mit *müssen* + *passive* bzw. umgekehrt.

Sie werden fünf Beispiele in diesem kurzen Textausschnitt vorfinden. Sorgen Sie dafür, daß die Wörter in Ihren neuen Sätzen in der richtigen Reihenfolge stehen.

1  _____

2  _____

3  _____

4  _____

5  _____

## Studentenwohnheime

Das Wohnen im Heim ist besonders für den Studienanfänger eine attraktive Wohnform. Wer neu nach Mannheim kommt, an der Uni nur langsam Kontakt findet – im Wohnheim ist schnell ein gemeinsamer Nenner gefunden. Entsprechend nimmt generell die Beliebtheit der Wohnheimplätze nach einer Stagnation in den 70er Jahren wieder zu. Sie sind zudem die preisgünstigste Wohnform, und Wohnraum auf dem freien Markt ist für Studierende mit knappem Budget auch in Mannheim rar.

In Mannheim stehen rd. 2,200 Wohnheimplätze zur Verfügung, wovon nahezu 1,800 vom Studentenwerk direkt betreut werden.

Anmeldungen für einen Wohnheimplatz nimmt das Studentenwerk entgegen. Bewerbungsschluß ist

für das Wintersemester jeweils der 30.06.,

für das Sommersemester jeweils der 30.01.

Studentenwerk Mannheim, Wohnraumverwaltung.

*Aus Studieren in Mannheim*

## AUFGABE 12a | *Stilanalyse*

Vergleichen Sie den Stil dieses Textes mit dem vom Text in Aufgabe 9. Machen Sie eine Liste von den Hauptunterschieden:

▷ Satzlänge?
▷ Satzbau?
▷ Verbformen? (z.B. Passiv)
▷ _____ ?

## AUFGABE 12b | *Postkarte schreiben*

Schreiben Sie eine Postkarte an Ihre österreichische Freundin, die ein Studienjahr in Mannheim verbringen will. Raten Sie ihr, sich für einen Wohnheimplatz rechtzeitig anzumelden.

Halten Sie sich an die folgenden Punkte:

↻ die Vorteile
↻ die Beliebtheit der Wohnheimplätze
↻ wieviele Plätze es in Mannheim gibt
↻ wie man sich anmeldet
↻ bis wann man sich um einen Platz bewerben muß.

# WOHNEN IN BAMBERG

Es gibt zur Zeit sechs Wohnheime für die Universität Bamberg. Bei den meisten Wohnheimplätzen handelt es sich um kleine Appartments, in denen es eine Kochecke (2 Kochplatten und Kühlschrank) und ein Bad gibt. Doppelwohneinheiten (= zwei Zimmer für zwei Bewohner) haben einen gemeinsamen Eingang, aber separate und einzeln abschließbare Zimmer. Küche und Bad werden gemeinsam benutzt. Schrank, Schreibtisch, Nachttisch, Bett+Matratze, Stuhl und ein Bücherregal bilden die Grundausstattung eines Zimmers. Bettzeug, d.h. Bettlaken, Bettbezug, Kopfkissen und Bettdecke sind nicht vorhanden. Sie müssen entweder mitgebracht, oder in Bamberg gekauft werden. Es besteht allerdings die Möglichkeit, Bettlaken und Bettbezug gegen 10,– DM pro Monat beim Hausmeister des Wohnheims auszuleihen.

Die Küche ist ebenfalls nicht eingerichtet. Auch hier gilt, daß Töpfe, Pfannen, Teller, Besteck und andere Küchenutensilien mitgebracht oder in Bamberg erstanden werden müssen. Die Wohnheime verfügen über Gemeinschaftsräume, Fahrradeinstellplätze und Waschmaschinen. Die Möglichkeit für einen eigenen Telefonanschluß ist überall vorhanden. Im Mietpreis sind die Kosten für Wasser und Strom als pauschaler Betrag einkalkuliert. Wer jedoch mehr verbraucht und die Pauschale übersteigt, muß gemäß der Endabrechnung, die beim Auszug erstellt wird, nachzahlen. Bei der Endabrechnung wird der tatsächliche Verbrauch an Strom und Wasser am separaten Zähler jeder Wohneinheit abgelesen.

Von jedem Mieter wird eine Kaution von 300,– DM verlangt. Die Kaution kann erst am Ende des Finanzjahres zurückgezahlt werden, und zwar nur dann in voller Höhe, wenn das Zimmer beim Auszug in den anfänglichen Zustand zurückversetzt worden ist. Das könnte z.B. bedeuten, daß der Mieter die Wände seines Zimmers neu streichen muß. Das deutsche Finanzjahr endet jeweils im Frühjahr. Zieht man also im August aus, bekommt man die Kaution erst im darauffolgenden Frühjahr auf sein Heimatkonto zurücküberwiesen.

Der Mietbeginn wird vom Eigentümer der Wohnheime, also dem Studentenwerk Würzburg, festgelegt. Er kann nicht geändert werden. Das heißt, daß man die Miete auch dann zahlen muß, wenn man zum angegebenen Termin (im Wintersemester 1. September; im Sommersemester 1. März) noch gar nicht in Bamberg sein wird. Ein Los, das alle Studierenden ohne Ausnahme teilen.

## Mülltrennung

In Bamberg wird Müll getrennt, d.h. nicht alle Abfälle/Müll kommen in einen großen Container, sondern es wird nach Materialien (z.B. Papier, Weißblech, Kunststoff, Glas) unterschieden, die in extra aufgestellten Behältern gesammelt und von der Müllabfuhr abgeholt werden. Für die Studentenwohnheime gilt: Wird nicht richtig getrennt, muß der gesamte Müll einer Tonne von Hand sortiert werden. Die dadurch entstehenden Kosten müssen aus eigener Tasche bezahlt werden.

Aus *Willkommen in Bamberg!*

| AUFGABE 13 | *Sätze neuschreiben* |
|---|---|

Unterstreichen Sie im Text *Wohnen in Bamberg* jede Passivform. Dann schreiben Sie jemals den ganzen Satz neu, indem Sie statt der Passivform *man* benutzen.

1.  *werden . . . benutzt.* Man benutzt Küche und Bad gemeinsam.

2.  _____

3.  *mitgebracht . . . erstanden werden müssen.* Auch hier gilt, daß man Töpfe, Pfannen, Teller, Besteck und andere Küchenutensilien mit bringen oder in Bamberg erstehen muß.

4.  _____

5.  _____

6.  _____

7.  _____

8.  _____

9.  _____

10. *kann . . . geändert werden.* _____

| AUFGABE 14 | *Rollenspiel* |
|---|---|

Spielen Sie mit einem Partner bzw. einer Partnerin einen Dialog über das Studentenwohnheim. Person A fragt und Person B antwortet.

**Beachten Sie die folgenden Punkte:**

◊ Doppelwohneinheit?

◊ Was muß man mitbringen? Was kann man ausleihen?

◊ Strom?

◊ Kaution?

◊ Los, das alle Studenten teilen?

◊ Mülltrennung?

| AUFGABE 15 | *Ein Formular analysieren* |
|---|---|

Nun lesen Sie das untenstehende Musterformular. Dann beantworten Sie
die Fragen auf englisch.

## WOHNEN IN BAMBERG

Das Akademische Auslandsamt kann Ihnen für die Zeit Ihres Studien-
aufenthaltes in Bamberg einen Platz in einem Studentenwohnheim
vermitteln.

Falls Sie dieses Angebot annehmen wollen, schicken Sie dieses Formular
so schnell wie möglich an das Akademische Auslandsamt, Bamberg, zurück.
**Ihre Erklärung muß spätestens am 1. Juli dieses Jahres dort vorliegen.**

Bitte beachten Sie folgende Hinweise zu den Studentenwohnheimen in
Bamberg:

| | |
|---|---|
| Vermieter | Studentenwerk Bamberg |
| Ausstattung | möblierte Einzelzimmer |
| Mietbeginn | in der Regel 1. September (auch bei späterem Einzug) |
| Kaution | 300,– DM zahlbar bei Ankunft |
| Miethöhe | in der Regel 325,– DM monatlich (maximal 360,– DM). |

Hiermit erkläre ich, daß ich die Vermittlung eines Wohnheimplatzes durch
das Akademische Auslandsamt wünsche und den mir zugeteilten
Wohnheimplatz annehmen werde.

Datum _____ Name _____

Unterschrift _____

**Wichtiger Hinweis:** Wenn Sie diese Erklärung nicht oder verspätet an das
Akademische Auslandsamt zurückschicken, müssen Sie sich selbst um eine
Unterkunft bemühen!

## Comprehension questions

1 *What offer is being made on the above form?*
2 *Give details of the accommodation.*
3 *When does the student start paying rent if s/he arrives on 1st October?*
4 *When is the deposit due?*
5 *What happens if the student returns the above form after 1st July?*

## Essen in der Mensa

49% der Studierenden an der Uni sind Stammesser, d.h. 3 mal pro Woche oder häufiger wird das Mittagessen in der Mensa eingenommen. Um die Preise möglichst niedrig zu halten, ist der Mensa-Küche eine eigene Bäckerei und Metzgerei angeschlossen.

Gewählt werden kann zwischen zwei Stammessen (DM 3,10), einem Wahlessen mit zwölf Komponenten (ca. DM 2,10 bis DM 8,–, abhängig von den gewählten Komponenten) und der „Salatbar" mit 16 Varianten (DM 3,10). Vegetarische Kost wird abwechselnd im Stammessen I, im Stammessen II und an der Wahltheke angeboten. Eine schmackhafte Tagessuppe ist bei dem Stammessen mit inbegriffen.

Essenbons erhalten Sie an der Bon-Kasse in der Mensa montags bis freitags in der Zeit von 11.15 Uhr bis 14.00 Uhr und in den Ausgabestellen. Der Ausgabepreis (DM 3,10) setzt sich zusammen aus den Kosten des Wareneinsatzes und einem Betriebskostenanteil von DM 0,70.

Immerhin 62% der Mensa-Benutzer beurteilen das Preis-Leistungs-Verhältnis mit „gut" oder gar „sehr gut". Mit dem Stammessenbon haben Sie die Auswahl zwischen Stammessen I, II, Salatbar, Abendessen in der Schloßcafeteria und – in der Sommersaison – Salatbuffet unter der Pergola der Mensa-Cafeteria. Tip: Besorgen Sie sich Essenbons auf Vorrat; Sie ersparen sich Wartezeiten.

*Aus Studieren in Mannheim*

## AUFGABE 16 | *Eine Mini-Broschüre schreiben*

Bilden Sie Gruppen von 3–5 Personen und schreiben Sie eine Mini-Broschüre, die über das Essen in der Mensa informiert. Schreiben Sie kurze Sätze in einem informellen Stil.

**Schließen Sie die folgenden Punkte ein:**

◊ wieviele der Studierenden Stammesser sind

◊ Preise

◊ Auswahl

◊ Vegetarier

◊ wie man zahlt

◊ wie die Studierenden die Mensa beurteilen

| **Das Praktikum** | **Text B (Hörtext)** |
|---|---|

Neben dem Hauptstudium machen manche Studenten ein Praktikum.

| **AUFGABE 17** | *Hören und Notizen machen* |
|---|---|

Hören Sie das Interview mit Jörg K., der Praktikant bei der *Deutschen Welle* ist. Dann machen Sie Notizen über die folgenden Stichworte:

◊ **Jörgs Studienfach**
◊ **erste Schritte im Journalismus**
◊ **erstes Praktikum**
◊ **Unterschied zwischen Schüler- und Studentenpraktika**
◊ **Rückschläge?**
◊ **positive und negative Auswirkungen auf das Studium**
◊ **Änderung des Berufsziels?**
◊ **Rat für andere Studenten?**

## Die Krankenversicherung

Es folgen drei Textabschnitte (A, B, C) aus der Broschüre „Willkommen in Bamberg!". Lesen Sie diese und bearbeiten Sie die Aufgaben.

*Abschnitt A*

In Deutschland besteht eine gesetzliche Krankenversicherungspflicht für alle Studierenden aus dem In- und Ausland. Die Universitäten verlangen deshalb als Voraussetzung für die Immatrikulation (sowie bei der Rückmeldung) den Nachweis über eine ausreichende Krankenversicherung, der von einer deutschen Versicherung ausgestellt sein muß.

Wer bereits im Heimatland krankenversichert ist, muß sich von seiner Krankenkasse eine entsprechende Bescheinigung ausstellen lassen (für Studierende aus EU-Staaten sind das die „E-Formulare", z.B. E-111; für Studierende aus Ländern, mit denen die Bundesrepublik ein Sozialversicherungsabkommen hat, gibt es ebenfalls Formulare. Einzelheiten sollten am besten bei der Heimatkrankenkasse erfragt werden).

Diese Bescheinigung ist der Allgemeinen Ortskrankenkasse (AOK) vorzulegen, die dann feststellt, ob der Versicherungsschutz den deutschen Anforderungen entspricht. Wenn ja, stellt die AOK eine entsprechende

Bescheinigung über die Befreiung von der deutschen Krankenversicherungspflicht aus, die der Studierende bei der Immatrikulation oder auch bei der Beantragung der Aufenthaltserlaubnis vorlegen muß.

Wenn man nicht im Heimatland krankenversichert ist, oder festgestellt wird, daß der ausländische Versicherungsschutz nicht ausreichend ist, muß man sich in Deutschland bei einer Krankenkasse versichern und sich dies ebenfalls bescheinigen lassen.

*Aus Willkommen in Bamberg!*

| AUFGABE 18 | *Rollenspiel* |
|---|---|

Person A ist Student bzw. Studentin. Person B ist bei der AOK angestellt. A ruft B an, um sich über die folgenden Punkte zu erkundigen:

▷ Krankenversicherungspflicht?
▷ Voraussetzung für die Immatrikulation?
▷ Welches Formular braucht man der AOK vorzulegen?
▷ Bescheinigung von der AOK?

| AUFGABE 19 | *Einen Lückentext ergänzen* |
|---|---|

Setzen Sie die folgenden Nomina (= *nouns*) in die Passage wieder ein. Versuchen Sie dabei, nicht auf die vollständige Passage zurückzublicken!

Nachweis   Krankenversicherungspflicht   Krankenversicherung
Universitäten   Studierenden   Immatrikulation   Deutschland
In- und Ausland   Voraussetzung

In _____ besteht eine gesetzliche _____ für alle _____ aus dem _____ .
Die _____ verlangen deshalb als _____ für die _____ (sowie bei der Rückmeldung) den _____ über eine ausreichende _____ , der von einer deutschen Versicherung ausgestellt sein muß.

*Abschnitt B*

Ausnahmen: Von der Krankenversicherungspflicht entbunden sind Studierende ab dem 14. Fachsemester bzw. ab Vollendung des 30. Lebensjahrs. Dies bedeutet aber gleichzeitig, daß nach dem 14. Fachsemester bzw. nach dem vollendeten 30. Lebensjahr keine Versicherung zu den günstigen Studententarifen möglich ist, d.h. die monatlichen Beitragssätze steigen (Ausnahmen in Härtefällen sind möglich, aber nicht die Regel). Es wird dennoch dringend empfohlen, sich freiwillig zu versichern, da die Kosten für medizinische Behandlung sehr hoch sein können und ohne bestehenden Versicherungsschutz selbst übernommen werden müssen.

*Aus Willkommen in Bamberg!*

## AUFGABE 20 | *Fragen zum Verständnis*

1. Which two categories of students are exempt from the legal obligation of health insurance?
2. This does nevertheless have one disadvantage. What is it?
3. What advice is given to such students and for what reason?

*Abschnitt C*

Wenn man leider doch einmal krank wird und vielleicht ärztliche Hilfe benötigt, ist folgendes zu tun:

Studenten aus EU-Staaten mit E-111 Formular holen sich bei der „Leistungsabteilung" der Allgemeinen Ortskrankenkasse (AOK) einen Krankenschein und geben diesen dem Arzt bzw. der Sprechstundenhilfe. Dieser Ablauf ist für alle Arztpraxen üblich.

Welchen Arzt man aufsucht, steht jedem frei. Die Adressen sämtlicher Ärzte sind unter „Ae" im Telefonbuch aufgeführt. Der behandelnde Arzt rechnet nicht direkt mit dem Patienten ab, sondern mit dessen Krankenversicherung. Dazu braucht er einen Krankenschein, oder seit neuestem einfach auch nur einen computerlesbaren Versicherungsausweis mit allen relevanten Daten. Krankenschein bzw. Ausweiskarte erhält der Versicherte von der Krankenkasse.

Falls das medizinische Problem nicht so akut ist, läßt man sich einen Termin für den Arztbesuch geben. Das geht telefonisch, und man vermeidet dadurch Wartezeiten. Der Krankenschein gilt für ein Quartal (Abrechnungsperiode) – also drei Monate.

*Aus Willkommen in Bamberg!*

| AUFGABE 21 | *Rollenspiel* |
|---|---|

Spielen Sie einen Dialog. Person A wird krank und weiß nicht, was sie tun soll. Person B beantwortet ihre Fragen. Zum Beispiel:

▷ Krankenschein bekommen
▷ Arzt aussuchen
▷ Termin vereinbaren
▷ Formalitäten beim Arzt

## Das Studentenwerk

*Schlagen Sie unbekannte Vokabeln im Glossar nach.*

**Studentenwerk – Was ist das eigentlich?**
„Den Studentenwerken obliegt im Zusammenwirken mit den Hochschulen die soziale Betreuung und Förderung der Studenten."

So wird kurz und bündig im Studentenwerksgesetz des Landes Baden-Württemberg der Sinn und Zweck von Studentenwerken umrissen.

Was hat man sich darunter konkret vorzustellen?

Das Studentenwerk Mannheim besteht seit 1948 und ist Träger folgender Einrichtungen:

Mensen, Cafeterien, Schloß-Imbiß, Wohnheime, Wohnungs- und Zimmervermittlung, Kinderbetreuung, Bafög-Amt, Psychotherapeutische Beratungsstelle (PBS), Sozialberatung und Rechtsberatung.

**Zur Finanzierung:**
Studentenwerke verfolgen ausschließlich gemeinnützige Zwecke. Sie erwirtschaften keinen Gewinn, müssen aber ihr gesamtes Leistungsangebot aus ihren Einnahmen finanzieren. Die Einnahmen bestehen aus Landeszuschüssen, eigenen Erträgen und den Sozialbeiträgen der Studenten und Studentinnen.

Der Sozialbeitrag muß von allen Studierenden pro Semester gezahlt werden, und zwar vor Semesterbeginn. Er wird jeweils bei der Immatrikulation bzw. Rückmeldung fällig und wird von der jeweiligen Hochschule für das Studentenwerk eingezogen.

Der Beitragssatz für das Studentenwerk Mannheim liegt bei DM 61,–. Der Beitrag des Studierenden wird verwendet für:

| | |
|---|---|
| ◊ allg. Zwecke des Studentenwerks | DM 21,10 |
| ◊ den Betrieb der Kindertagesstätte | DM 1,50 |
| ◊ den Betrieb der Kinderkrippe | DM 1,75 |
| ◊ Soziale Dienste | DM 1,50 |
| ◊ Wohnheimbau/Verwaltung | DM 9,35 |
| ◊ die Psychotherapeutische Beratungsstelle | DM 6,80 |
| ◊ Semesterticket* | DM 19,00 |
| | DM 61,00 |

Aus *Studieren in Mannheim*

*das Semesterticket = eine preiswerte Verkehrsnetzkarte für Mannheimer Studenten

| AUFGABE 22 | *Eine Zusammenfassung schreiben* |

Schreiben Sie mit eigenen Worten eine kurze Zusammenfassung über das Studentenwerk.

Schließen Sie die folgenden Punkte ein:

◊ Sinn und Zweck
◊ Vier praktische Funktionen
◊ Einkommensquellen
◊ der Sozialbeitrag: wer zahlt ihn? wann? wozu?

## Das Akademische Auslandsamt

Das Akademische Auslandsamt ist für die internationalen Aufgaben der Hochschule zuständig. Dazu zählen:

▷ Partnerschaftliche Beziehungen mit Hochschulen im Ausland
▷ Informationen für ausländische Studienbewerber über Möglichkeiten der Zulassung sowie des Studiums
▷ Betreuung und Beratung ausländischer Studenten.

Wenn man also zum erstenmal in der Universitätsstadt eintrifft, führt der erste Weg zum Akademischen Auslandsamt (AAA). Dabei muß man natürlich auf die Sprechstunden achten, die dem jeweiligen Vorlesungsverzeichnis schon vor der Ankunft zu entnehmen sind.

## Beispiele von Sprechzeiten

Akademisches Auslandsamt der Universität Mannheim:
Di – Do 9.30–11.30 Uhr
Di 13.30–15.30 Uhr
sowie nach Vereinbarung

Akademisches Auslandsamt der Universität Bamberg:
Mo – Fr 8.30–12.00 Uhr
und nach Vereinbarung, telefonisch bis 15.30 Uhr.

Bei den ersten Formalitäten, die nach der Ankunft in der Universitätsstadt zu erledigen sind, spielt das Akademische Auslandsamt die Hauptrolle. Lesen Sie die ausführlichen Hinweise der Bamberger Broschüre und bearbeiten Sie anschließend die Aufgaben.

### A. Im Akademischen Auslandsamt

Zu welcher Tageszeit man im AAA eintrifft, bestimmt, welche Erledigungen man noch am selben Tag ausführen kann. Um den organisatorischen Ablauf von der Ankunft über den Abschluß des Mietvertrages bis hin zum Bezug des Zimmers zu erleichtern, sollte man möglichst während der Geschäftsöffnungszeiten in Bamberg eintreffen, damit man bei einer Bank ein eigenes Konto einrichten kann. Anschließend zahlt man dort die bis dahin fälligen Mieten sowie die Kaution direkt (z.B. in Form von Bargeld, Euroschecks oder Travellerchecks) auf das Konto des Studentenwerks Würzburg.

Gegen die Vorlage der Einzahlungsquittung unterschreibt man im AAA den Mietvertrag und erhält die grüne Einzugskarte. Die Hausmeister der Wohnheime händigen gegen diese Karte den Zimmerschlüssel aus und geben eine erste Einführung über die Abläufe im Wohnheim (Wohin mit dem Müll? Wo sind die Waschmaschinen? etc.).

### B. Bankgeschäfte im kleinen Stil – das eigene Konto

Aufgrund der zahlreichen Überweisungen, die während des Studienaufenthalts anfallen (z.B. Miete, Studentenwerksbeitrag), ist es ratsam ein eigenes Konto einzurichten. Für diejenigen, die im Studentenwohnheim wohnen, ist es sogar zwingend notwendig. Welcher Bank oder Sparkasse man sein Geld anvertraut, steht jedem frei, jedoch sollte man fragen, ob es für Studenten ein gebührenfreies Girokonto gibt. Für die Kontoeröffnung benötigt man die folgenden Dinge:

◊ gültiger Reisepaß
◊ Aufenthaltsgenehmigung (kann nachgereicht werden).

### C. Einwohnermeldeamt

In Deutschland besteht Meldepflicht, d.h. daß jeder, der längere Zeit in Deutschland lebt, sich im Einwohnermeldeamt seines Wohnortes „melden" muß. Das gilt auch für ausländische Gaststudenten. Bevor man sich auf den Weg macht, sollte man daran denken, auf alle Fälle seinen Paß und andere unten angeführten Dokumente mitzunehmen.

Im Einwohnermeldeamt zieht man eine Wartenummer (aus dem kleinen schwarzen Kasten rechts an der Wand), die auf der Leuchttafel aufblinkt, wenn ein Schalter bzw. ein Sachbearbeiter frei ist. Dann nimmt man sich eines der Formulare mit der Aufschrift „Anmeldung", die dort ausliegen, und beginnt, dies während der Wartezeit auszufüllen. Nachdem man sich angemeldet hat, geht man anschließend zum Ausländeramt, um seine Aufenthaltserlaubnis zu beantragen.

Welche Voraussetzungen müssen erfüllt sein, um die Aufenthaltserlaubnis zu bekommen?

◊ Nachweis über die Zulassung zum Studium (z.B. Willkommensschreiben des AAA)

◊ gültiger Reisepaß mit Visum bzw. nur Personalausweis bei EU-Bürgern

◊ Nachweis über eine Krankenversicherung

◊ Nachweis über eine ärztliche Untersuchung (entfällt bei EU-Bürgern)

◊ Meldeadresse ( = Adresse in der Universitätsstadt)

◊ Lebensunterhalt muß gesichert sein

◊ zwei Paßfotos

Das gilt für alle:

Der Nachweis über die Zulassung zum Studium an der Universität (Bamberg) muß vorgelegt werden, sonst kann keine Aufenthaltserlaubnis zu Studienzwecken ausgestellt werden. Als Nachweis darüber akzeptiert das Ausländeramt das Schreiben des Akademischen Auslandsamtes, in dem man zum Studium an der Universität (Bamberg) begrüßt – also zugelassen – wird. Desweiteren müssen alle eine Bescheinigung über eine bestehende Krankenversicherung vorlegen.

### D. Immatrikulation

Alle ausländischen Studierenden müssen sich an der (Otto-Friedrich) Universität einschreiben/immatrikulieren. Man ist **nicht** automatisch immatrikuliert, sobald man sich beim AAA gemeldet hat. Das Ausfüllen der notwendigen Formulare ist auch für manche deutsche Studienanfänger nicht ganz unkompliziert, da auch sie das dort verwendete Amtsdeutsch nicht verstehen.

Die Einschreibung findet in der Studentenkanzlei statt. Man braucht dazu:

◊ zwei Paßbilder

◊ Krankenversicherungsnachweis

◊ Studentenwerksbeitrag/Sozialgebühr von 40,– DM in bar.

*Aus Willkommen in Bamberg!*

---

## AUFGABE 23 | *Wortsuche*

Studieren Sie die Textauszüge A, B, C und D und setzen Sie die deutschen Übersetzungen der folgenden Wörter in die Tabelle ein:

| ENGLISCH | DEUTSCH |
|---|---|
| 1 *admission to study* | |
| 2 *to become due (e.g. a fee)* | |
| 3 *residence permit* | |

| | | |
|---|---|---|
| 4 | visiting student | |
| 5 | rent contract | |
| 6 | immatriculation | |
| 7 | routines (e.g. of a student hostel) | |
| 8 | transfers (banking) | |
| 9 | evidence (documentary) | |
| 10 | receipt for payment | |
| 11 | to register (as a resident) | |

| AUFGABE 24 | *Erledigungen in der richtigen Reihenfolge ordnen* |
|---|---|

*Lesen Sie die obenstehenden Auszüge (auch die Passage über Kranken-versicherung) noch einmal sorgfältig durch und schlagen Sie im Glossar bzw. Wörterbuch alle Ihnen unbekannten Vokabeln nach, bevor Sie die nächste Aufgabe versuchen.*

Zu Beginn des Studienaufenthalts in der deutschen Universitätsstadt gibt es viel zu erledigen. In der untenstehenden Tabelle sehen Sie am Beispiel der Universität Bamberg eine schematische Übersicht dieser Erledigungen. Es gibt viele Stationen, z.B. Akademisches Auslandsamt, Bank. Man sollte auch die jeweiligen Sprechstunden beachten, wenn man nicht vor verschlossenen Türen stehen will!

Was muß man bei jeder Station erledigen und welche Dokumente muß man dabei vorlegen? Versuchen Sie – einzeln oder in Gruppen – die Lücken in der Tabelle auszufüllen.

| STATION | WELCHE DOKUMENTE MUß MAN VORLEGEN? | WAS MUß MAN HIER ERLEDIGEN? |
|---|---|---|
| Akademisches Auslandsamt (AAA) | | sich bei der Universität anmelden |
| Bank | I<br>2 *Aufenthaltserlaubnis kann nachgereicht werden* | I<br>2 |
| AAA (*zum zweiten Mal*) | **Einzahlungsquittung für Miete und Kaution** | I<br>2 |
| Wohnheim | | I Sich beim Hausmeister anmelden<br>2 _____ erhalten |
| Allgemeine Ortskrankenkasse (AOK) | | Nachweis über ausreichende Krankenversicherung erhalten |
| Einwohnermeldeamt/ Ausländeramt | I<br>2<br>3<br>4<br>5<br>6 | |
| Studentenkanzlei/ Universitätsverwaltung (*an manchen Universitäten = AAA*) | I<br>2<br>3<br>*an manchen Universitäten an dieser Station auch:*<br>4 *Nachweis über die Zulassung zum Studium*<br>5 *Aufenthaltserlaubnis*<br>6 *Hochschulzugangsberechtigung (z.B. „A" level-Zeugnisse) im Original* | |

## Rückmeldung und Exmatrikulation

# Rückmeldung

Studierende, die im folgenden Semester ihr Studium fortsetzen wollen, müssen sich schon am Ende des vorangehenden Semesters zurückmelden. Wird die Rückmeldung nicht termingerecht durchgeführt, erfolgt die Streichung aus der Liste der Studierenden. Beispiel einer Zeittafel für Rückmeldung:

| | |
|---|---|
| Für das Wintersemester | jeweils vom 01.6 bis 30.6 |
| Für das Sommersemester | jeweils vom 15.1 bis 15.2 |

Bei der Rückmeldung sind normalerweise vorzulegen:

1 Rückmeldeantrag (d.h. Rückmeldeformular)
2 Nachweis über die Krankenversicherung
3 Nachweis über den eingezahlten Studentenwerksbeitrag für das bevorstehende Semester

# Exmatrikulation

Wer die Universität [Mannheim] verlassen will, beantragt die Exmatrikulation unter Vorlage des Studienbuches und des Studentenausweises, der die Entlastungsstempel der Universitätsbibliothek und aller Fakultäts- und Fachbereichsbibliotheken, von denen er belastet war, tragen muß. Vordrucke sind beim Studienbüro erhältlich. Der Antrag ist dort einzureichen. Voraussetzung für die Exmatrikulation ist, daß der Studierende seine Verpflichtungen gegenüber der Universität erfüllt und den Studentenwerksbeitrag bezahlt hat.

*Aus Personen-/Vorlesungsverzeichnis der Universität Mannheim*

Bevor man Bamberg verläßt, sollte man sich in der Studentenkanzlei exmatrikulieren, d.h. offiziell als Studierender an der Uni [Bamberg] abmelden. Dies ist besonders ratsam für diejenigen, die eventuell planen, erneut an einer Universität in Deutschland zu studieren, da es nicht erlaubt ist, an zwei Hochschulen gleichzeitig eingeschrieben zu sein.

*Aus Willkommen in Bamberg!*

| AUFGABE 25 | *Fragen zum Verständnis* |

1 Erklären Sie kurz den Unterschied zwischen *Rückmeldung* und *Exmatrikulation*.
2 In welchem Falle muß man sich zurückmelden?
3 Bis wann soll man sich für das Sommersemester zurückmelden?
4 Welche Dokumente braucht man zu diesem Zwecke?
5 Was geschieht, wenn man sich nicht rechtzeitig zurückmeldet?
6 In welchem Falle ist die Exmatrikulation besonders ratsam?
7 Nennen Sie zwei praktische Beispiele von *Verpflichtungen*, die der Studierende gegenüber der Universität zu erfüllen hat.

## Kreuzworträtsel

Übersetzen Sie die folgenden Wörter ins Deutsche und setzen Sie die Antworten ins Kreuzworträtsel ein.

**waagerecht = w (*across*)**
 1. *precondition, prerequisite* (13)
 2. *to fall due (e.g. rent, fees)* (8)
 3. *re-registration (for the next semester)* (11)
 4. *rent contract* (11)
 5. *certification (e.g. of health insurance)* (13)
 6. *admission (e.g. to a university)* (9)
 7. *evidence, documentary proof* (8)
 8. *valid* (6)
 9. *to register, to enrol* (4, 12)
10. *deposit* (7)
11. *(bank) account* (5)
12. *to apply for* (10)
13. *to submit at a later date* (11)

**senkrecht = s (*down*)**
 1. *to produce (documents)* (8)
 2. *university refectory* (5)
 3. *initials of university office with special responsibility for foreign students* (3)
 4. *initials of local health insurance office* (3)
 5. *office hours* (12)
 6. *fee* (6)

| 1w 1s | | 3s | | 5s | | | | | | | | |
|---|---|---|---|---|---|---|---|---|---|---|---|---|
| | | | | | 2w | | | | | | | |
| | | | | 3w | | | | | | | | 6s |
| | 2s | | 4w | | | | | | | | | |
| | | 5w | | | | | | | | | | |
| | | | | | | | | | | | | |
| | | | | 6w | | | | | | | | |
| 7w | | | | | | | | 8w | | | | |
| 9w | | | | | | | | | | | | |
| | | 10w | 4s | | | | | | | 11w | | |
| | | | 12w | | | | | | | | | |
| | | | | 13w | | | | | | | | |

## Kultur/Sport/Kontakte zu anderen Studenten

Zu den Aufgaben des Akademischen Auslandsamtes zählt die Aufstellung eines kulturellen Veranstaltungsprogrammes für ausländische Studenten. Ein solches Programm umfaßt z.B. Filme, Theater- und Konzertbesuche, Besichtigungen von Museen, Vorträge, landeskundliche Informationsseminare (manchmal auch in anderen Städten wie etwa Berlin), gesellige Veranstaltungen sowie Exkursionen.

   Lesen Sie die folgenden Auszüge aus einem Informationsblatt für ausländische Studierende an der Universität Bamberg.

## AAA + G.A.St.

### Veranstaltungsprogramm

### Wintersemester

Das Akademische Auslandsamt der Otto-Friedrich-Universität Bamberg (AAA) und die Gruppe ausländischer Studenten (G.A.St.) haben für das Wintersemester eine Reihe von Veranstaltungen und Exkursionen geplant, für die man sich im Auslandsamt anmelden kann.

### Stammtisch

Während der Vorlesungszeit findet jeden Donnerstag um 20.00 Uhr der G.A.St.-Stammtisch statt, bei dem sich ausländische und deutsche Studierende näher kennenlernen können. Wir treffen uns in der Gaststätte Zum Reichelbräu.

### Wer kann mitmachen?

Natürlich sind beim Stammtisch wie bei allen anderen Veranstaltungen und Exkursionen neben den ausländischen Studierenden auch alle deutschen Kommilitonen/Innen herzlich willkommen. Wer weitere Informationen zu G.A.St. und/oder den Veranstaltungen haben möchte, sollte die Aushänge an den G.A.St.-Brettern im Akademischen Auslandsamt und in der Feldkirchenstraße (Foyer vor der Mensa) beachten.

### Hinweis

Die Exkursionen werden dankenswerterweise finanziell vom Deutschen Akademischen Austauschdienst (DAAD), Bonn, und der Gruppe ausländischer Studierender (G.A.St.), Bamberg unterstützt.

**Anmeldung und Bezahlung für alle Exkursionen und Fahrten ab 6. November im Akademischen Auslandsamt. Begrenztes Platzangebot!!!**

**NOVEMBER**

| | | |
|---|---|---|
| 03.11 | G.A.St.-Semestereröffnungsfete | Eintritt: DM 4,– |
| 18.11 | Tagesfahrt nach Würzburg | Preis: DM 15,– |

**DEZEMBER**

| | | |
|---|---|---|
| 01.12 bis 03.12 | Wochenendfahrt nach Berlin und Potsdam | Preis: DM 80,– |
| 09.12 | Tagesfahrt zum Christkindlesmarkt nach Nürnberg | Preis: DM 10,– |

**JANUAR**

| | | |
|---|---|---|
| 19.01 bis 21.01 | Skiwochenende in Bad Tölz Preis: | DM 80,– |

**FEBRUAR**

| | | |
|---|---|---|
| 10.02 | G.A.St. Semesterabschlußfete | Eintritt: DM 4,– |
| 17.02 bis 18.02 | Fastnachtswochenende am Bodensee | Preis: DM 40,– |

## AUFGABE 26 | *Einen Brief schreiben*

In vierzehn Tagen kommt Ihr schweizerischer Freund bzw. Ihre schweizerische Freundin nach Bamberg. Inzwischen könnten aber einige Exkursionen voll sein. Schreiben Sie einen Brief an Ihren Freund bzw. Ihre Freundin und geben Sie ihm bzw. ihr die folgenden Informationen:

- **was angeboten wird**
- **wieso die Preise so niedrig sind**
- **wie man sich anmeldet**
- **wie man weitere Auskünfte erhält**

An jeder deutschen Universität gedeihen Studentengruppen und -vereine aller Art. Jede Hochschule verfügt über einen Universitätssportverein. In Potsdam werden z.B. Kurse in Aerobic, Boxen, Callanetics, Karate, Fußball, Handball, Judo, Schwimmen, Segeln, Tennis und Yoga geboten.

An jeder Hochschule findet man auch Musikgruppen, wie etwa das *Collegium Musicum* (Chorgesang und Kammermusik) und die Jazz-Gruppe *College Jazz* der Universität Mannheim. Es blühen auch zahlreiche Theater- und Tanzgruppen, politische und religiöse Vereine, künstlerisch-praktische Zirkel (z.B. Malerei, Fotos, Inszenierung), manchmal auch ein *Internationaler* bzw. *Deutsch-Englischer Club*.

Fragen beantworten in allen Fällen ein Blick auf die Anschlagbretter innerhalb der Universität.

Gesellige Veranstaltungen und Exkursionen

## AUFGABE 27 | *Rollenspiele*

StudentIn A kommt aus den Vereinigten Staaten oder aus Groß-britannien. Student B kommt aus der Türkei. Die gemeinsame Sprache ist Deutsch.

### Dialog 1

Es fällt B schwer, sich an der deutschen Universität zu orientieren. Es gibt ja in den ersten Tagen unheimlich viel zu erledigen. A soll B dabei helfen. Was soll er erledigen? Wohin soll er laufen und welche Dokumente muß er vorlegen?

▷ AAA
▷ Bankkonto
▷ Wohnheim
▷ AOK
▷ Einwohnermeldeamt
▷ Immatrikulation

### Dialog 2

Student B interessiert sich für Sport (oder Musik) und will auch andere Studenten kennenlernen. A soll ihm in dieser Hinsicht einige Tips geben.

▷ AAA-Veranstaltungen
▷ Studentenvereine
▷ Mensa
▷ Anschlagbretter

### Dialog 3

Student B will in Bamberg studieren und auch seine Deutschkenntnisse verbessern. A soll ihm dabei helfen, ein paar Sprachkurse auszuwählen. Wo findet man diese im Vorlesungsverzeichnis und wo finden die Kurse statt?

## Informationsbroschüre verfassen                    Workshop

Bilden Sie Gruppen von 3–5 Studenten. Fassen Sie das Material zusammen, das Sie diesem Kapitel schon entnommen haben. Berufen Sie sich dabei auf Aufgabe 24 und auf die Mini-Broschüren, Briefe, Zusammenfassungen und Rollenspiele, die Sie schon bearbeitet haben. Anschließend verfassen Sie auf deutsch eine ausführliche

*Informationsbroschüre*, die allen ausländischen Studenten dabei helfen soll,
sich an einer deutschen Universität zu orientieren.

## Glossar

AAA = Akademisches Auslandsamt = international student office

die Absatzwirtschaft = marketing

die Absolvierung = successful completion (of e.g. examination)

angewandt = applied (e.g. Mathematik)

der Antrag = application

AOK = Allgemeine Ortskrankenkasse = local health insurance office

Bafög = Bundesausbildungsförderungsgesetz = term commonly applied to financial assistance (grant/loan) given to students who could not otherwise finance their studies

die Betriebswirtschaftslehre = business studies

die Bewerbung = application

DaF = Deutsch als Fremdsprache = German as a foreign language

der Dozent/die Dozentin = lecturer

die Einschreibung = registration/matriculation (on entering a university)

die Erstsemester = freshers/first year students

der Exmatrikulationsvermerk = proof of exmatriculation (formal departure from a university)

das Fach/das Fachgebiet/die Fachrichtung = academic discipline, subject

fakultätsübergreifend = inter-faculty/university-wide (for all students)

das Grundstudium = foundation studies (normally first two years)

das Hauptfach = main subject

das Hauptstudium = main studies (normally from third year)

die Hochschule = university, college

die Informatik = Information Technology, IT

die Kaution = deposit (returnable)

die Klausur = seminar examination

das Lehrstuhlsekretariat = Academic Department office

die Magisterarbeit = M.A. thesis

die Mensa = university refectory

das Nebenfach = subsidiary subject

die Rechtswissenschaft = law

das Referat = seminar paper

die Romanistik = Romance languages

der Schein = certificate of completion of a seminar course

das Schulabschlußzeugnis = school-leaving certificate (e.g. "A" levels)

das Semesterticket = six-month student local travel card

SS = Sommersemester = second half of academic year (Spring/Summer)

der Studienabschluß = degree/diploma

das Studienfach = academic subject

der Studiengang = course of study

die Volkswirtschaftslehre = economics

das Vorlesungsverzeichnis = booklet detailing lecture/ seminar programme and academic staff

WS = Wintersemester = first half of academic year (Autumn/Winter)

die Zulassung = admission

die Zwischenprüfung = exam on completion of foundation studies (*Grundstudium*); admits to main studies (*Hauptstudium*).

# 5

# Der Bericht

## Brainstorming

Die Funktion des Berichtes ist vielseitig, und es gibt verschiedene Anwendungsbereiche. Der Bericht legt Sachverhalte dar. Er kann z.B. Forschungsergebnisse über ein neues Produkt liefern, Geschäftsvorgänge protokollieren, über Nachrichten und neue Erfindungen informieren, Meinungsverschiedenheiten feststellen und vieles mehr.

> Bilden Sie Gruppen von 3–4 Personen und machen Sie Notizen über die folgenden Punkte:
>
> ◊ der Zweck des Berichtes (im Gegensatz zur Erzählung, zum Aufsatz usw.)
> ◊ der Stil des Berichtes.

## Der Geschäftsbericht

# Wie man einen Geschäftsbericht schreibt: Das Format

Die Funktion eines Geschäftsberichtes liegt in den meisten Fällen darin, daß man dem Vorgesetzten Sachverhalte präsentiert und eventuell eine Empfehlung macht. Zweck des Berichtes ist, der Person, die den Bericht liest, die Tatsachen so kurz, klar und objektiv wie möglich mitzuteilen, so daß informierte Entscheidungen getroffen werden können.

Die Fakten sollen logisch geordnet dargestellt werden. Zusätzliche Einzelheiten und Details können separat angefügt werden, damit sie nicht von den Hauptpunkten ablenken, aber trotzdem notwendige Tatsachen und Fakten zur Verfügung stellen. Zuviele Details machen den Hauptbericht unklar und sind zeitraubend.

Eine logische Begründung sollte der Empfehlung am Schluß des Berichtes vorangehen. Die Bezugsfakten müssen ebenfalls klar dargestellt werden. Verschiedene Organisationen haben die eigenen Versionen von Berichten und Reporten, je nach Firmenkultur. Im allgemeinen kann man jedoch folgendes Format befolgen:

◊ Ein klarer Titel
◊ Ein klar aufgeführter Betreff
◊ Empfehlungen

Empfehlungen können am Anfang oder am Ende aufgeführt werden oder auch am Ende jedes Absatzes. Wenn man sie am Anfang nennt, weiß der Leser gleich, worum es geht und was das Endergebnis sein soll. Die Erklärung darüber, wie man zu diesem Schluß gekommen ist, kommt dann nachher.

▷ **Der Hauptteil**: Der Hauptteil des Berichtes soll klar dargestellt werden. Er soll numeriert, in Absätze eingeteilt und mit Untertiteln versehen werden.
▷ **Datum und Unterschrift**: Jeder Bericht muß datiert und unterschrieben werden, damit genaue Verweise gemacht werden können.
▷ **Anlagen**: Anlagen, Verweise und eine Inhaltsübersicht können bei langen Berichten notwendig sein.

| AUFGABE 1 | *Textinhalt einordnen* |
|---|---|

Bitte lesen Sie Text A: Das Ei. Bei der ersten Lesung sollten Sie schnell lesen, den Inhalt nur ungefähr zu verstehen versuchen und ihn grob in verschiedene Themen einordnen. Sie sollten folgende allgemeine Fragen beantworten können:

▷ **Was ist das Thema des Artikels?**
Ist es eine Geschichte, eine Tatsache, eine Untersuchung, von wem gemacht?
▷ **Welches sind die Hauptargumente?**
Wie kann man die Punkte einteilen, in Vorteile/Nachteile, in Positives/Negatives?
▷ **Wer sind die Hauptpersonen, was sind ihre Meinungen oder Stellungen?**
Sind es Personen, die ihre Meinung vertreten, oder sind es Tatsachen, Forschungsresultate?
▷ **Was ist der Zweck des Artikels?**
Wollen die Autoren etwas verkaufen, worin liegt der Vorteil des Artikels für die Autoren?

## Das Ei                                          Text A

nach einem Artikel von Barbara Kiesewetter

**Im Eier-Essen sind die Bundesdeutschen Weltklasse. Die Hühner müssen dafür Spitzenleistungen bringen. Mit Antibiotika gedopt,**

**fristen sie in engen Käfigen ihr Dasein. Was taugen die Eier, die sie legen?**

Einmal im Jahr hat es Hochkonjunktur: Zu Ostern dreht sich alles ums Ei. Hartgekocht und bunt gefärbt schmücken Hühnereier den festlichen Tisch, leergeblasen und kustvoll verziert baumeln sie an Frühlingszweigen. Bis um 40 Prozent schnellt im Frühjahr die Nachfrage nach Eiern in die Höhe. Die Verbraucher schätzen das Ei als wichtiges Naturprodukt, und billig ist es oberdrein. Gemessen an der Preissteigerung der letzten 35 Jahre ist das Ei das preiswerteste Lebensmittel überhaupt. In mittlerer Größe kostet es heute etwa 25 Pfennige, nur drei Pfennige mehr als 1950.

16,6 Milliarden Hühnereier wanderten 1986 in die Mägen der Bundesbürger. 12,8 Milliarden davon legten deutsche Hennen, der Rest wurde vor allem aus den Niederlanden, Belgien, England und Frankreich importiert. Dieser gewaltige Appetit auf Eier zu Billigpreisen läßt sich schon lange nicht mehr allein mit Hennen im Bauernhofidyll stillen. Die Ei-Produktion ist heute industrialisiert, das Huhn nichts weiter als eine Legemaschine. Etwa 300 Eier hat es zu liefern, bevor es nach 14 Monaten ausgemergelt in der Tiefkühltruhe oder im Suppentopf endet.

Für die 272 Eier, die jeder Deutsche gekocht, gebraten und in Kuchen, Nudeln und Mayonnaisen versteckt gegessen hat, müssen 42 Millionen Hennen fast jeden Tag ein Ei legen. Neun von zehn Hühnern fristen ihr Dasein eingesperrt in engen Käfigen, ohne je einen frischen Wind um die Schnäbel gespürt und einen Funken Sonnenlicht gesehen zu haben. Welche Qualen mit der Intensivhaltung der Geflügelzucht verbunden sind für die Tiere, ahnt niemand. In einer Geflügelfarm werden 14 536 Hühner in zehn langen Käfigen mit je drei Stockwerken zusammenge-pfercht. Beißender Ammoniakgestank liegt in der Luft. In jeder „Zelle" stehen drei Flattertiere dicht und dicht auf einem schrägen Gitterboden. Weder zum Herumstolzieren noch zum Flügelschlagen gibt es Platz. Nähert sich jemand, so bricht Panik aus. Die aufgeschreckten Hühner ver-suchen zu flüchten und drängen sich an die hintere Käfigwand. Herrscht wieder Ruhe im dämmrigen Stall, dann schieben sich unzählige weiße Hälse bis zum Futtertrog. Schon haben die Stäbe Spuren hinterlassen. Einige Federn sind zerzaust, manche abgebrochen. Erst seit vier Wochen sitzen diese Hennen hinter Gittern. Ein ganzes Jahr in drangvoller Enge steht ihnen noch bevor.

Jahrelang kämpften Tierschützer für ein Verbot der Käfighaltung – allerdings nur in der Schweiz mit Erfolg. Dort sind seit 1991 Legebatterien nicht mehr erlaubt. In der EG gibt es seit 1988 Hennen, die, wenn sie freigelassen werden, sich genau so verhalten wie ihre Vorfahren aus dem süd-ostasiatischen Dschungel, die Bankiva-Hennen. Freier gehaltene Hennen, die zu hunderten in den Ställen herumlaufen können, die schar-ren, flattern und ihre Eier in weiche Nester legen, unterdrücken ihre Aggressionen gegeneinander weniger als ihre eingepferchten Artge-nossen, die notgedrungen Frieden halten und sich nur selten hacken.

Deswegen wird den Kückchen schon oft der Schnabel geschnitten, was natürlich keine artgerechte Tierhaltung ist. Tierhalter mit Erfahrung setzen darum nie mehr als fünf Hühner auf einen Quadratmeter. Das bringt wesentliche Vorteile. Einerseits nimmt die Neigung zum Kannibalismus deutlich ab, andererseits stecken sich die Hennen nicht mit Krankheiten an. Wenn die Kückchen richtig aufgezogen werden, gewöhnen sie sich an den Boden und werden immun gegen Infektionen.

Bodengehaltene Hühner haben viele Vorteile gegenüber den Batterie-Hennen, aber richtig glücklich und zufrieden sind die Tiere nur bei Freiland oder Auslaufhaltung. Beim Gedanken an das Leiden von Millionen eingesperrter Hühner könnte manchem das Frühstück im Hals stecken bleiben. Auch finden viele, daß Eier von zufriedenen Hennen besser schmecken. Testesser denken jedoch, daß allein die Frische über den Geschmack entscheidet.

Alle Hennen bekommen das gleiche Futter, egal wo sie leben. Das besteht aus Getreide, Mais, Soja, Tiermehl und Fett. Das Gelbe vom Ei ist kein Naturprodukt mehr, da der fertige Nährstoff kaum noch natürliche Carotinoide enthält, und die gelbe Farbe synthetisch hergestellt wird. Von kräftigem Orange bis zu zartem Gelb gehen die Farbtöne, die dem Kunden die Illusion von blauem Himmel und frischem Gras geben. Für den Ernährungswert ist die Farbe des Dotters ohne Bedeutung. Bei natürlicher Haltung hingegen ist der Dotter dunkel im Sommer, heller im Winter, je nach dem carotinreichen Grünzeug, das von den Hennen gefressen wird.

Wie wichtig es ist, daß die Hennen so wenig Pestizide wie möglich fressen, zeigt ein Bericht der deutschen Forschungsgesellschaft (DFG), wo gezeigt wird, daß Spuren der in den Körper gelangenden Pflanzenschutzmittel mit dem Ei ausgeschieden werden. Vor allem chlorierte Kohlenwasserstoffe wie Lindan, Hexachlorbenzöl, Heptachlor, Aldrin, Dieldrin, DDT und DDE tauchen immer wieder in Eiern auf, wo sie sich vor allem im fettreichen Dotter ansammeln. Schwermetalle wie Blei, Cadmium und Quecksilber reichern sich dagegen hauptsächlich im Eiklar an. Bedenkliche Konzentrationen erreichen sich laut dem DFG allerdings nur selten.

Pestizid-Rückstände aus der Landwirtschaft und überall vorkommende Umweltchemikalien sind nicht die einzigen Problemstoffe im Hühnerfutter. Zu ihnen zählen auch die Antibiotika, die die heutigen Geflügelhalter absichtlich in die Freßnäpfe kippen, damit die Tiere ihre Nahrung besser verwerten. Ein skrupelloses Doping, das allein der Umsatzsteigerung und keineswegs der Volksgesundheit dient. Denn beim Einsatz von Antibiotika besteht immer die Gefahr, daß sie jenen hartnäckigen Bakterien einen Wachstumsvorsprung ermöglichen, gegen die sie nichts ausrichten können. Das Risiko, sich mit solchen Erregern anzustecken, steigt dann.

Während die zugelassenen Antibiotika gar nicht bis zum Ei vordringen, hinterlassen einige verschreibungspflichtige Tierarzneimittel deutliche Spuren in diesem Lebensmittel. Je nach Medikament sind deshalb Wartezeiten von 5 bis 60 Tagen vorgeschrieben, in denen die Eier wegen der gesundheitsgefährdenden Rückstände nicht verkauft werden dürfen. Diese Vorschrift ist oft das Papier nicht wert, auf dem es geschrieben ist. Denn würden sich die Großbetriebe daran halten, bedeutete das in den meisten Fällen den wirtschaftlichen Ruin. Die illegale Anwendung der Tierarzneimittel ist damit programmiert. Große Angst ertappt zu werden, braucht kein Hühnerfarmer zu haben. Denn in der Überwachung der gesetzlichen Bestimmungen klaffen große Lücken. Die Wartezeit wird nicht eingehalten, weil es schwierig ist, praktikable Nachweisverfahren anzuwenden. Trotzdem wurde entdeckt, daß in Baden-Württemberg bis zu 66 Milligramm Nicarbazin pro Kilo Hennen gemessen wurde, ein den Legehennen verbotenes Mittel gegen Darminfektionen, weil es als krebsverdächtig gilt. Dann wurden auch Nudeln mit chloramphenicolhaltigem Eigehalt entdeckt. Dieses Mittel führt bei Menschen zu Blutkrankheiten.

Welche Alternativen bleiben uns? Letztlich nur die Eier aus den Betrieben, die nach den Richtlinien des ökologischen Landbaus wirtschaften. Ihnen wird nicht nur artgerechte Tierhaltung und biologische Fütterung vorgeschrieben, sie dürfen auch nicht mit Antibiotika und Tierarzneimitteln herumpfuschen.

Aus *Natur*, 4/88

---

## AUFGABE 2 | *Einen Bericht schreiben*

Sie arbeiten für eine Tierfutterfirma und sollen für Ihren Chef alle neuesten Artikel lesen. Schreiben Sie einen Bericht über Eier im folgenden Format:

---

### BERICHT

Von:                                    An:

Titel:

Betreff:
*Definieren Sie die Hauptthemen des Berichtes.*
Quellen:
*Geben Sie an, woher Sie die Informationen haben.*
Bericht:
*Stellen Sie Fakten, Ergebnisse usw. in klaren Abschnitten dar, zum Beispiel:*

1  *Nachfrage bei den Deutschen*
2  *Kosten*
3

4
5
6
7
8

**Empfehlungen:**
*Ihre Schlußfolgerungen und die Verfahrensweisen, die Sie empfehlen.*

**Datum und Unterschrift:**

**Anlagen:**
*Etwaige Grafiken, Statistiken, zusätzliche Fakten, wofür im Bericht kein Platz war, die aber Ihre Schlußfolgerungen begründen und unterstützen.*

## Die Zeitungsreportage

In den beiden nachfolgenden Texten lesen Sie einen ganz anderen Schreibstil als im vorigen Artikel.

## AUFGABE 3 | *Stil analysieren*

Lesen Sie Texte B und C und analysieren Sie kurz den Stil beider Texte. Welche Unterschiede bestehen zwischen Text A und Texten B und C?

## Familie ist wieder „in"  Text B

Nachwuchs? Na klar! neun von zehn jungen Paaren, die heiraten, wünschen sich Kinder. Möglichst zwei. Und wenn sich's denn so ergibt, auch mehr. Familie – das heißt auch für die jungen Leute von heute Liebe, Vertrauen, Geborgenheit, Familie ist „in".

Das sind die Ergebnisse einer Studie im Auftrag des Bundesfamilienministeriums. Danach wollen lediglich 3 Prozent der jungen Paare gar keine Kinder, nur 6 Prozent planen von vornherein ein Einzelkind. Woran liegt es also, daß sich das Familienleben in Deutschland dann doch ganz anders entwickelt?

Familie ist wieder „in"

▷ Jeder 3. Haushalt ist heute ein Singlehaushalt.
▷ In über der Hälfte aller Haushalte mit Kindern lebt nur ein einziges
   Kind unter 18 Jahren.
▷ Dreifacher Nachwuchs ist fast schon eine Seltenheit, vier und mehr
   Kinder haben nur 2,7% der Familien."

Antworten, neue Ideen, Anstöße sind gefragt, damit Wünsche und
Wirklichkeit nicht mehr so weit auseinanderklaffen müssen.

„Familie ist und bleibt das Fundament unserer Gesellschaft – bei allem Wandel der sozialen Lebensformen. Vermieter zum Beispiel, die keine Kinder akzeptieren oder Alleinerziehende zurückweisen, verhalten sich unsozial. Nachbarn, die spielende Kinder als Belästigung betrachten, sind nicht viel besser."

*Ein Zitat von Bundeskanzler Helmut Kohl zum 40. Jubiläum des Bundesfamilienministeriums.*

Aus *Journal für Deutschland*, Feb/März 1994

---

| **AUFGABE 4** | *Informationen zusammenfassen* |
|---|---|

Fassen Sie die in Text B angegebenen Informationen in tabellarischer Form zusammen.

| **Menschenskinder – sieben auf einen Streich** | **Text C** |
|---|---|

Die Nummer eins ist häuslich. Die Nummer zwei ein kleiner Charmeur. Die drei ein bißchen weltfremd. Die vier eine ganz Liebe. Die fünf: Naturbursche, macht mit viel Gefühl aus dem Bauch heraus. Die sechs: Ein Wirbelwind, macht fast alles nur mit Köpfchen. Die sieben ist noch Schmusekatze pur. Vier Jungen, drei Mädchen. Der Älteste 17, das Nesthäkchen drei.

„Oh, Gott – sieben Kinder! Wie schaffen Sie das bloß?" sagen die einen. „Aha", die anderen. Mehr nicht. Und die Eltern selbst? Vater Christian (40): „Das bringt so unglaublich viel Spaß, ist aufregend und spannend und viel unkomplizierter, als sich das alle so vorstellen können."

Mutter Erika (40): „Organisation ist alles, improvisieren können, schnell reagieren."

Zehn Hosen, elf Hemden und Blusen, rund ein Dutzend T-Shirts. Montags und donnerstags hat Erika Bügelstunden. Sie sitzt auf der Couch, vor sich das Brett, erzählt, lacht fröhlich: „Ob Sie's nun glauben oder nicht – für mich ist das Bügel relaxen, ich tu' das wahnsinnig gerne."

Die beiden Hunde dösen auf dem Teppich. Kasimir und Lissy, die Katzen, sind auf Achse, fünf der sieben Kinder in der Schule. Erst gegen halb zwei werden die ersten eintrudeln, kurz nach drei dann der letzte.

**Essen aufwärmen. Einmal, zweimal, dreimal.** „Mama, darf ich lieber einen Joghurt nehmen?" Finja (11) hält zur Zeit nicht viel davon, „so 'ne große Familie zu haben. Das ist doof". Geradezu „ekelerregend blöd – denn immer muß ich das Katzenklo machen". Und außerdem: „Wenn man nicht so viele wär', würde man auch mehr kriegen. An Weihnachten zum Beispiel."

**Dirk (14) dagegen findet seine große „Firma" super. „Man ist nie allein. Da ist immer jemand, mit dem du spielen oder dich unterhalten kannst."** Als nervig entpuppt sich dann doch noch etwas: im Haushalt mithelfen zu müssen. Was ist denn für ihn besonders blöd? „Weiß ich nicht, ich hab' mich ja jetzt an alles gewöhnt." Der nächste kommt rein, läßt sich fallen – ein leises Stöhnen von Mutter und Tochter. „Du Trottel", sagt die Schwester zu Lasse (13), „du hast dich auf die frischgebügelten Hemden gesetzt."

**Sie ärgern und vertragen sich, halten zusammen. „Nicht immer geschieht alles freiwillig und gern. Man hat als Mutter doch schon ein bißchen zu steuern. Müll, Kompost, ihre Zimmer aufräumen und mal mit dem Staubsauger durchlaufen. Diese kleinen Aufgaben muß jeder übernehmen. Dafür leben wir in einer Großgemeinschaft. Jeder muß sein Teil dazu beitragen – und ich bin nicht die Sklavin und Putzfrau meiner Kinder."**

Halb vier. Der erste verschwindet schon wieder. Leistungsturnen, Englisch, Musikschule, Schwimmen, Konfirmationsunterricht, Fußball, Tischtennis, Freunde: Spätestens wenn auch noch die vielen Verpflichtungen der Kinder auf die Reihe gebracht werden müssen, zeigt Mutter wahre Management-Qualitäten.

**Die 40jährige: „Männer haben's da immer einfach. Die gehen morgens aus dem Haus und kommen abends heim. In der Zwischenzeit ist die Hauptsache gelaufen."** Zwar packt ihr Mann, lobt Erika, „ganz gut mit an, aber manchmal mault er halt doch. Ich sag' dann, wir können ja mal vier Wochen tauschen, am liebsten drei Monate . . . ".

Waschpulver für sechs Maschinen voll Schmutzwäsche pro Woche. Sechs Pfund Kartoffeln schälen auf einen Schlag, rund 90 Liter Milch einkaufen im Monat. „Allein die Zahnpasta für neun Personen – also, so was haut schon ins Geld. Aber wir sind weit über dem, was uns zusteht, um irgendwelche Ansprüche geltend zu machen. Nicht mal, wenn unsere Masse Menschen in drei verschiedenen Schulen auf Klassenreise geht, kriegen wir was dazu. Und so sparen wir eben an anderer Stelle. Bei uns gibt's zum Beispiel keine teuren Möbel. Und tapeziert oder gestrichen wird auch nicht alle Jahre."

Vater Christian ist Computerfachmann, Mutter Erika Krankenschwester. Zwei bis drei Mal in der Woche übernimmt sie in ihrer Klinik noch Spätdienst. Keineswegs nur, weil das Geld gut gebraucht wird. Sie sieht ihre (Halbtags-)Arbeit auch als Ausgleich zur Familie: „Ich brauch' das. Zumal die Kinder jetzt selbständiger sind, abgenabelt, nicht mehr ständig an Mutters Rockzipfel hängen."

Die Tür fliegt auf. Jütte stürmt rein. Dreht Musik auf volle Pulle. Mutters Stimme dröhnt noch lauter: „Machst du das bitte aus! Weil, wir unterhalten uns hier." Musik Ende. Mutter sagt „Vielen Dank". Jütte (5) tritt ab. „Solche Einspielungen erlebst du doch unter Erwachsenen gar nicht."

Klar gibt's auch Ärger und Streß und Streit. „Und manches Mal möchtest du sagen, mach doch bloß die Tür von außen zu und bleib draußen. Aber dann siehst du im Türspalt ein kleines freches Gesicht und ein strahlendes Grinsen. Und dann muß ich lachen." Wenn sie wild durcheinanderreden, erzählen, versuchen zu diskutieren. „Also, dann freu' ich mich, bin glücklich. Das ist für mich etwas, was ich als Kind überhaupt nicht kannte. Wir genießen unsere Kinder. Wir wollten von Anfang an viele. Mindestens ein halbes Dutzend. Sie zögert, denkt noch einmal an früher: „Ich war ein Einzelkind. Alle Probleme wurden immer auf dieses eine Kind abgeladen. Ich hatte keine sehr gute Kindheit."

Aus *Journal für Deutschland*, Feb/März 1994.

| AUFGABE 5 | *Synonyme finden* |
|---|---|

Finden Sie in Text C die umgangssprachlichen Synonyme für die folgenden Ausdrücke:

1   ein später geborenes Kind
2   ein Kind, das gerne liebkost
3   kommen hergetrabt
4   die Katzentoilette säubern
5   irritierend
6   bekommen
7   die Musik laut einstellen

| AUFGABE 6 | *Text analysieren* |
|---|---|

1   Finden Sie 5 Abkürzungen und ersetzen Sie die Wörter, die fehlen oder abgekürzt sind.
Beispiele:
ob Sie's nun glauben oder nicht = ob Sie es nun glauben oder nicht
so 'ne große Familie = so eine große Familie

_____

_____

_____

_____

_____

**2**   Finden Sie 3 verschiedene Aufrufe im Text.
       Beispiele: aha, alles klar

_____

_____

_____

**3**   Finden Sie 5 unvollkommene Sätze.
       Beispiel: Die vier eine ganze Liebe.

_____

_____

_____

_____

_____

**4**   Finden Sie 5 Adjektive, welche das Erlebnis einer kinderreichen
       Familie als **positiv** und 3, welche das Erlebnis als **negativ** darstellen.
       Beispiel: aufregend.

_____

_____

**5**   Finden Sie 4 Sätze mit Aufzählungen.
       Beispiel: Vier Jungen, drei Mädchen.

_____

_____

_____

_____

## AUFGABE 7 | *Nebensätze analysieren*

Lesen Sie Texte B und C nochmals durch und machen Sie eine Liste von 4 verschiedenen Konjunktionen.
Beispiel: *aber* manchmal mault er doch

_____

_____

_____

_____

## Rollenspiel

## AUFGABE 8 | *Ein Interview machen*

Machen Sie ein Interview mit einem Partner oder einer Partnerin. Obwohl dies eine mündliche Übung ist, können Sie faktische Notizen vom Inhalt des Interviews machen. Thema des Interviews:

▷ **Was für eine Familie haben Sie?**

▷ **Was halten Sie von kinderreichen Familien?**

▷ **Wie wird in Ihrer Familie die Hausarbeit aufgeteilt?**

## AUFGABE 9 | *Eine informelle Reportage schreiben*

Schreiben Sie eine informelle Reportage über Ihr Interview im Stil von Text C. Die Reportage soll so sprechnah wie möglich sein. Sie soll die folgenden Stileigenheiten enthalten:

> ◊ **sehr viel direkte Rede**
>
> ◊ **mündliche Abkürzungen**
>
> ◊ **Aufzählungen**
>
> ◊ **Sie soll in ganz kurzen, teilweise unvollständigen Sätzen geschrieben sein.**

## AUFGABE 10 | *Einen Bericht schreiben*

Bilden Sie eine Gruppe von 4 Interviewpaaren (s. Aufgabe 8). Studieren Sie die faktischen Notizen der 4 Interviews. Anschließend schreibt jeder Student einen Bericht zum Thema: Kinderreiche Familien. Der Bericht soll anders geschrieben sein als die informelle Reportage in Aufgabe 9. Er soll längere Sätze enthalten, soviele Nebensätze wie möglich und eine Vielfalt von Zeitformen und Adjektiven.

> Der Bericht soll ca. 250 Wörter lang sein und folgende Stileigenschaften aufzeigen:
>
> ◊ in jedem Satz wo möglich ein anderes Verb
>
> ◊ verschiedene Zeitformen
>
> ◊ vor jedem Nomen wo möglich ein Adjektiv
>
> ◊ keine Wiederholungen
>
> ◊ viele Nebensätze

Am Ende können die verschiedenen Berichte miteinander verglichen werden.

## Der Werbebericht

Lesen Sie den folgenden Text über CASH. Beachten Sie dabei den sachlichen Stil und die klare Ausdrucksweise.

# Die CASH-Karte – das elektronische Portemonnaie   **Text D**

CASH, die neue Wertkarte ermöglicht bargeldloses Bezahlen von Kleinbeträgen. Ein konfettigroßer Chip macht ec-Karte und Postcard vollends zum elektronischen Portemonnaie.

Die Karte in den Schlitz gesteckt – und der Kaffee ist in Sekundenschnelle bezahlt, ohne daß mühsam nach dem passenden Kleingeld gesucht werden muß. Die elektronisch aufladbare Chip-Karte bildet eine Alternative zum Münzgeld und soll ab nächstem Jahr den Schweizer Hartgeld-Markt erobern.

Während sich größere und mittlere Käufe bereits mit Debit- und Kreditkarten elektronisch tätigen lassen, deckt die von den Schweizer Banken und der Post lancierte Wertkarte CASH Kleinbeträge ab. Ebenso wie der Konsument bisher sein Portemonnaie am Banco- oder Postomaten mit Bargeld „nachfüllte", so lädt er demnächst seine CASH-Karte am selben Gerät elektronisch wieder auf. Anschließend kann der Kunde Waren und Dienstleistungen in der Höhe des auf der CASH-Karte gespeicherten Betrages beziehen – und dies ohne PIN-Code. Die entsprechenden Kaufbeträge werden off-line von der Karte auf das Terminal des Verkaufspunktes umgebucht und dort gesammelt. Der Verkäufer übermittelt die gebündelten Guthaben periodisch an die Telekurs (*Payserv*), welche ihm den Betrag im Namen der EUROPAY auf sein Konto vergütet.

Die kleinen Datenträger werden schon seit einiger Zeit eingesetzt bei der Telefonkarte, beim Mobilfunk, für Zugangskontrollen und Zeiterfassung, bei Pay-TV u.a. Die Idee vom Mikroprozessor auf der Karte wurde bereits vor fast 30 Jahren geboren. In den 80er Jahren führte die französische Bankenorganisation *Carte Bancaire* den Chip für Kreditkarten ein. Allmählich folgten die internationalen Telecom-Gesellschaften mit ihren Telefonkarten. Die Postcard der Schweizer Post ist seit mehreren Jahren mit einem Chip ohne CASH-Funktion ausgerüstet. Die britische Firma *Modex* vermarktet ihre Wertkarte seit 1994. In Österreich laufen seit Ende 1994, in Deutschland seit Anfang 1996 Pilotversuche mit der „multifunktionalen Chipkarte". Mittlerweile existieren europaweit 16 Wertkartenprojekte. Diverse Bezeichnungen wie *CASH-Karte*, *Geldkarte*, *Paychip*, *Powercard*, *Smartcard*, *Combicard* u.a. zeugen von der Kartenvielfalt.

Und wie steht es mit der Akzeptanz von elektronischem Geld? Gemäß einer Univox-Studie sind 75% aller Schweizer davon überzeugt, daß der bargeldlose Zahlungsverkehr auch in Zukunft eine noch weitere Verbreitung findet. Ursprünglich nur als Garantie-Karte für das eurocheque-System gedacht, avancierte die ec-Karte seit ihrer Einführung in den 80er Jahren schnell zur Einkaufskarte mit direkter Belastung des Bankkontos.

---

*Vokabelnhilfe*
*abdecken = to cover*
*nachfüllen = to top up*
*vergüten = to credit*
*Belastung (eines Kontos) = debiting from*

## AUFGABE 11 | *Sprachliche Analyse des Texts*

1 Notieren Sie 3 Sätze, die mit einem Adverb beginnen:
Beispiel: **Ebenso** wie der Konsument . . .

_____

_____

_____

2 Finden Sie Synonyme im Text
(a) umständlich _____
(b) elektronisch bearbeiten _____
(c) kleine Summen Geld _____
(d) der Verbraucher _____
(e) ausgestattet _____
(f) unterschiedliche _____

3 Suchen Sie 12 verschiedene Präpositionen im Text
Beispiele: von, zu, in, gemäß

_____

_____

4 Machen Sie eine Liste von 5 Adjektivformulierungen im Dativ
Beispiel: nach dem passenden Kleingeld

_____

_____

_____

_____

5 Machen Sie eine Liste der anderen Adjektivformulierungen im Text
und notieren Sie jeweils den Fall (Nominativ/Akkusativ/Genitiv).

| das elektronische Portemonnaie | Nominativ |
|---|---|
|  |  |
|  |  |
|  |  |
|  |  |
|  |  |
|  |  |
|  |  |
|  |  |
|  |  |
|  |  |
|  |  |
|  |  |
|  |  |
|  |  |
| eine noch . . . |  |

6   Machen Sie eine Liste des spezialisierten Vokabulars.
    Beispiele: der Chip, die ec-Karte, der PIN-Code

_____

_____

_____

## AUFGABE 12 | *Einen Werbebericht schreiben*

Schreiben Sie einen Bericht über Kreditkarten. Machen Sie eine Umfrage unter Ihren Kollegen bzw. Mitstudenten über die Popularität von verschiedenen Kreditkarten und gebrauchen Sie auch andere Informationsquellen, um Nachteile sowie Vorteile herauszufinden. Der Bericht soll mit Ihrer persönlichen Empfehlung über die beste Kreditkarte schließen. Der Bericht soll folgende Tatsachen enthalten und im folgenden Stil geschrieben sein:

**Inhalt**

◊  Wer von Ihren Kollegen eine Kreditkarte hat.

◊  Was sie als die Vorteile/Nachteile der Kreditkarte ansehen.

◊  Welche Kreditkarten sie haben und warum.

◊  Wie die Karten funktionieren.

◊  Ihre persönliche Empfehlung.

**Stil**

◊  geschäftsmäßig und elegant

◊  anspruchsvolle Satzkonstruktionen

◊  Gebrauch von Passivformen anstatt direkter Rede

◊  klare Strukturierung

# Profiteure des Holocausts                    Text E (Hörtext)

*Deutsche Welle, 10.1.97*

## AUFGABE 13 | *Hören und verstehen*

Bilden Sie 4 Gruppen (A, B, C und D). Jede Gruppe hört Text E und bereitet Antworten auf 7 Fragen vor.

## Gruppe A

1  Wann wurden die Gerüchte über das Geld und Gold der Juden in Schweizerbanken zum Skandal?
2  Welche Äußerung machte der schweizerische Bundespräsident?
3  Wie reagierte die israelische Öffentlichkeit?
4  Welche finanzielle Folge brachte die Äußerung mit sich?
5  Was gab die Schweizer Regierung bekannt?
6  Um wieviel Geld handelte es sich?
7  Welche Frage muß beantwortet werden?

## Gruppe B

8  Welche kleine Meldung erschien in der Börsenrubrik der *Neuen Zürcher Zeitung*?
9  Was war am Vortag geschehen?
10  Wer steht sich in diesem Konflikt gegenüber?
11  Was sind die spezifischen Vorwürfe gegen die Schweiz?
12  Welche zwei Faktoren stehen auf dem Spiel für die Schweiz?
13  Was soll der neue Einsatzstab untersuchen?
14  Wie hat der World Jewish Congress die Affäre ins Rollen gebracht?

## Gruppe C

15  Von wem waren die geheimen Dokumente freigegeben worden?
16  Worüber hat der amerikanische Konsul an die State Department in Washington geschrieben?
17  Was hat er über das Vermögen des deutschen Reichs in der Schweiz herausgefunden?
18  Was wurde von dem Bericht von Dr Landwehr erfahren?
19  Worüber berichtete der Rifkind-Report?
20  Wie hat sich der Pries pro Unze Gold verändert?
21  Nennen Sie 3 Quellen des Goldes, das in die Schweiz gebracht wurde.

## Gruppe D

22  Welchen Wert versucht ein amerikanisches Geheimdienstdokument einzuschätzen?
23  Welcher astronomische Anstieg der Preise ist in dieser Hinsicht relevant?
24  Was fordert der World Jewish Congress?
25  In welcher Hinsicht war die Schweiz ein wichtiger Partner für das nationalsozialistische Deutschland?
26  Definieren Sie kurz das Selbstbildnis der Schweizer während der Zeit des kalten Krieges.
27  Was wird mit den „schwarzen Flecken aus der Vergangenheit" gemeint?
28  Geben Sie ein Beispiel vom Guten, das die Schweizer Bevölkerung während des Zweiten Weltkriegs getan hat.

---

| **AUFGABE 14** | *Eine Zusammenfassung vortragen* |

Anschließend trägt jede Gruppe eine kurze Zusammenfassung der jeweiligen Antworten vor, damit die ganze Seminargruppe den Inhalt des Hörtexts versteht.

---

| **AUFGABE 15** | *Eine Tabelle aufstellen* |

Stellen Sie eine Tabelle auf, welche darstellen soll, wie der Goldskandal allmählich an den Tag gekommen ist.

## Entwicklung des Goldskandals

| DATUM | EREIGNIS/BERICHT/ BEKANNTGEBUNG | VERANLAßT BZW. BERICHTET VON |
|---|---|---|
| im Frühjahr vergangenen Jahres | die Veröffentlichung von Geheimdokumenten | |
| letzten Sommer | | |
| im Oktober vergangenen Jahres | | |
| am Sylvestertag dieses Jahres | | |
| am 6. Januar dieses Jahres | | |
| am 7. Januar dieses Jahres | | |
| am Dienstag dieser Woche | | |

| AUFGABE 16 | Einen Bericht schreiben |
|---|---|

Schreiben Sie einen **Bericht** über diese Informationen. Der Bericht soll etwa 350 Wörter lang sein. Er soll folgendes einschließen:

**Tatsachen**

◊ die Schweiz und das nationalsozialistische Deutschland
◊ die Schweiz als Zufluchtsort während des Zweiten Weltkriegs
◊ die Entwicklung des Goldskandals
◊ Statistiken über die Vermögenswerte von Naziopfern

**Standpunkte**

◊ die Schweizer Banken, heute und früher
◊ die Schweizer Regierung, heute und früher
◊ die jüdischen Organisationen

**Ihre Empfehlung**

◊ welche Maßnahmen sollten getroffen werden?

## Grammar practice: subjunctive, modal and passive

| AUFGABE 17 | *Subjunctive, modal and passive* |

*Practise the following construction, combining subjunctive, modal and passive to express 'ought to have been', 'could have been', 'would have been allowed to' etc.*

| | |
|---|---|
| Man sammelt das Geld (*sollen*). | Das Geld hätte gesammelt werden sollen. |
| Man verliert die Dokumente (*können*). | |
| Man hindert die Nachforschungen (*können*). | |
| Man verwischt die Spuren (*müssen*). | |
| Man lagert den Schmuck und die Bilder (*müssen*). | |
| Man versteckt das Gold (*sollen*). | |
| Man händigt das Geld aus (*dürfen*). | |

## AUFGABE 18 | *Wortsuche*

Hören Sie Text E nochmals und finden Sie die folgenden deutschen Nomina und Verben.

| NOUNS | NOMINA | VERBS (INFINITIVE) | VERBEN (INFINITIV) |
|---|---|---|---|
| *rumours* | | *research* | |
| *matter/issue* | | *extend beyond* | |
| *ransom* | | *announce* | |
| *blackmail* | | *oppose each other* | |
| *compensation fund* | | *become rich* | |
| *victims* | | *admit* | |
| *shares* | | *make public* | |
| *announcement* | | *suspect* | |
| *threat* | | *amount to* | |
| *accusation, charge* | | *estimate* | |
| *self-image* | | *originate from* | |
| *proof, evidence* | | *confiscate* | |
| *deposits* | | *compel* | |
| *scope, extent* | | *melt down* | |
| *total value* | | *take into account* | |
| *origin* | | *demand* | |

## Umfrage

*Sie können entweder allein oder in einer Gruppe arbeiten.*

Verfassen Sie einen Umfragebogen über die ethischen und praktischen Probleme, die in Text E aufgeworfen werden. Führen Sie diese Umfrage

bei Ihren Kollegen durch und schreiben Sie anschließend einen Bericht
über die Umfrageergebnisse.

**Der Bericht soll sich unter anderem mit den folgenden Fragen befassen:**

◊ Sollten alle Sieger ihre Kriegsbeute nach einer gewissen Zeit zurückgeben?
   Nennen Sie Argumente dafür und dagegen.

◊ Können Sie andere Beispiele in der Weltgeschichte zitieren, wo Kriegsbeute auf
   unfaire Weise genommen wurde?

◊ Welche Zeitspanne sollte vergehen, bis eine Angelegenheit verjährt ist? Wie lange
   sollten Kriegsverbrecher gejagt werden?

◊ Hat die Schweiz während des Zweiten Weltkriegs im großen und ganzen eine
   positive oder eine negative Rolle gespielt?

# 6

# *Statistik und Umfrage*

In jedem Bereich des Lebens (und des Studiums) entsteht laufend eine Fülle von grafischen Darstellungen, die Sachinformationen über die Ergebnisse von Meinungsumfragen und über die wirtschaftliche bzw. soziale Entwicklung bringen.

Wenn man also eine Fremdsprache richtig beherrschen will, muß man auch mit der sprachlichen Erläuterung von statistischen Tabellen, Abbildungen und Grafiken umgehen können. Man muß lernen, wie man diese wichtigen Informationsquellen benutzt und wie man die Statistik mit Leben füllt.

In diesem Kapitel werden Sie anhand von Grafiken schrittweise lernen, wie man das macht. Lassen Sie sich keine Angst einjagen! Für das Bewerten von Grafiken und Tabellen sind dieselben sprachlichen Fähigkeiten erforderlich wie für das Bewerten von Texten.

---

Quellenhinweis der Grafiken: Sämtliche Grafiken berufen sich auf Angaben der Publikation: *Unser Land verändert sich, Deutschland 1990-1995*, Presse- und Informationsamt der Bundesregierung.

---

## Die europäische Währungs-, Wirtschafts- und Sozialunion — Grafik A

Über die europäische Währungs-, Wirtschafts- und Sozialunion haben sich die Ostdeutschen . . .

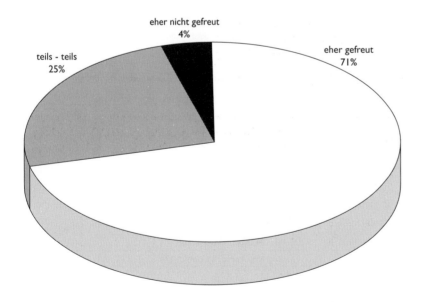

eher nicht gefreut
4%

teils - teils
25%

eher gefreut
71%

Stand: 1995. Quelle: Presse- und Informationsamt der Bundesregierung

Grafik A stellt die Ergebnisse einer Meinungsumfrage unter der ostdeutschen Bevölkerung dar. Der Staatsvertrag über die Währungs-, Wirtschafts- und Sozialunion wurde am 18. Mai 1990 durch die beiden deutschen Finanzminister (BRD und DDR) unterzeichnet. Die Union war wichtiger Bestandteil der deutschen Wiedervereinigung und trat am 1. Juli 1990 in Kraft.

Die Grafik zeigt folgende Daten:

> Über die Union haben sich . . .
>
> ◊ 71 Prozent der Ostdeutschen eher gefreut
> ◊ 25 Prozent teils gefreut, teils nicht gefreut
> ◊ 4 Prozent eher nicht gefreut.

Man hätte dieselben Ergebnisse auch anders formulieren können:

| | |
|---|---|
| ◊ Die überwiegende Mehrheit (71%) der ostdeutschen Bevölkerung hat sich | über die Union gefreut |
| ◊ Bei den Bürgern in den neuen Bundesländern ist die Union für fast drei Viertel der Befragten | Anlaß zur Freude |
| ◊ Von einer kleinen Minderheit wurde die Union | als Problemfeld empfunden |

Man könnte die Sätze auch aneinander knüpfen:

> **Nach** ihrer Auffassung über die Union **gefragt**, antworteten die Ostdeutschen **mehrheitlich**, daß sie sich eher gefreut haben. **Demgegenüber** war eine Minderheit anderer Meinung.

## Grammar and vocabulary notes: graph data, opinions, proportions

# Graph data

*The statistical table or graph will normally indicate its* **date** (**Stand**), *and its* **source** (**Quelle**). *Example:* Stand: Dezember 1997, Quelle: Statistisches Bundesamt.

*It may also indicate how its* **data** (**Angaben**) *is being given (e.g. in millions of marks). Example:* Angaben in Mio. (= Millionen).

# Reporting opinions

*A variety of formulations is used to report opinions expressed:*

1 Sie meinten/erklärten/vertraten die Meinung/waren der Auffassung, daß . . .
*They were of the opinion that . . .*

2 Sie waren anderer Meinung/anderer Auffassung.
*They were of a different opinion.*

3 Sie stimmten nicht überein.
*They did not agree.*

4 Sie stimmten dafür/dagegen.
*They agreed/disagreed.*

5 Sie betrachteten/fühlten sich als beleidigt.
*They regarded themselves as/felt insulted.*

6 Sie forderten/verlangten/beurteilten . . .
*They demanded/judged . . .*

7 Sie gaben an, zufrieden zu sein.
*They stated that they were satisfied/declared themselves satisfied.*

8 Nach ihrer Meinung gefragt, antworteten sie, daß . . .
*Asked about their opinion, they replied that . . .*

9 Nach Auffassung vieler Studenten sind die Hochschulen überfüllt.
*In the opinion of many students, the universities are overcrowded.*

*The following terms are often used:*

**survey/questionnaire** = die Umfrage, die Befragung, die
Meinungsumfrage, die Erhebung.
*those surveyed/target group/sample* = die Befragten

1 Eine Umfrage unter jungen Leuten macht deutlich, daß . . .
*A survey amongst young people reveals that . . .*

2 Das gilt für 60 Prozent der Befragten.
*That is true of 60 percent of those in the survey.*

3 Nach einer Befragung betrachten sich 70 Prozent der Älteren als gefährdet.
*According to a survey, 70 percent of the elderly feel under threat.*

4 Eine Erhebung zeigt, daß . . .
*A survey shows that . . .*

5 Eine Meinungsumfrage weist erhebliche Unruhe unter den Unternehmern aus.
*An opinion survey indicates serious concern amongst entrepreneurs.*

# Proportion, percentage, fraction

▷ *percentage* = der Prozentsatz
Note that **Prozent** (except for **ein Prozent**) *takes a plural verb.*
*Example:* 30 Prozent haben zugestimmt. *30 percent have agreed.*

▷ *majority* = die Mehrheit; *minority* = die Minderheit
*Example:* Diese Meinung vertritt die überwiegende Mehrheit. *The overwhelming majority are of this opinion.*

▷ *proportion* = der Anteil, der Teil
*Example:* Der Anteil an Arbeitslosen beträgt 20 Prozent. *The proportion of unemployed is 20 percent.*
*This can be qualified; e.g.* ein beträchtlicher Teil = *a considerable proportion;* der überwiegende Teil = *the largest proportion;* ein hoher Anteil = *a high proportion.*

# Fractions

*Fractions* are normally nouns and require a singular verb for ein *and a plural for* zwei *and above.*

1 Ein Drittel ist der Auffassung, daß . . .
*A third are of the opinion that . . .*

2 Drei Viertel geben an, unzufrieden zu sein.
*Three quarters state that they are dissatisfied.*

3 Die Hälfte stimmt nicht damit überein.
*Half of them do not agree with that.*

| AUFGABE 1 | *Grafik kurz erläutern* |
|---|---|

Schreiben Sie Sätze als Erläuterung für Grafik A. Benutzen Sie die folgenden Satzanfänge:

1   Rund 70 Prozent _____

2   Bei einer Umfrage hat sich der überwiegende Teil _____

3   Ein Viertel _____

4   Unentschlossen waren _____

5   Eine Minderheit stimmte _____

6   Anderer Meinung _____

7   Eine Mehrheit gab an, _____

8   Während 71 Prozent der Ostdeutschen Vertrauen in die Union
     setzten, _____

9   Der Anteil an Unentschlossenen

     _____

| AUFGABE 2 | *Ins Englische übersetzen* |
|---|---|

Im Sommer des Jahres 1997 wurden die Österreicher in einer Meinungsumfrage über ihre Auffassung gegenüber dem Euro befragt. Übersetzen Sie den folgenden Kurzbericht ins Englische:

---

### MEINUNGSFORSCHUNG: ÖSTERREICHER AKZEPTIEREN DEN EURO

Eine im Juni 1997 durchgeführte Studie des Marktforschungsunternehmens *Ökokonsult* ergab eine grundsätzliche Zustimmung der Österreicher zum Euro. 49,5% der Befragten sprachen sich grundsätzlich für die Aufgabe des Schillings zugunsten des Euro aus, 33.1% ohne Vorbehalte. 49,1% waren dagegen, 31% entschieden dagegen. Die Feststellung „Ich selbst trete für die Beibehaltung des österreichischen Schilling ein" verneinten 51,7%, 46,9% befürworteten diese Aussage.

Aus *Informationen aus Österreich*, Nr. 13/97, S.3, Wien: Bundeskanzleramt.

---

| Vor- und Nachteile der Union aus Sicht der Ostdeutschen (zunächst) | Grafik B |
| --- | --- |

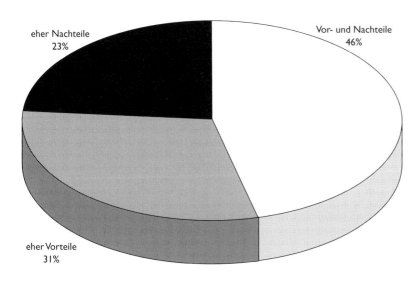

- eher Nachteile 23%
- Vor- und Nachteile 46%
- eher Vorteile 31%

Stand: 1995. Quelle: Presse- und Informationsamt der Bundesregierung

| AUFGABE 3 | *Einen Text ergänzen* |
| --- | --- |

Ergänzen Sie diesen Text mit Hilfe der Grafik B.

> Die _____ macht deutlich, daß fast _____ _____ der Ostdeutschen von
> der Union sowohl Vor- als Nachteile erwartet. Zunächst erwarten _____
> _____ eher Vorteile, aber _____ Prozent _____ _____
> _____ .

## Grammar and vocabulary notes: graph terms, increase, decrease

*Where there is a time interval either between two graphs (e.g. Grafiken B and C) or shown as a time curve on the same graph, this can be expressed in terms of increase/decrease. The degree of change (**increase/decrease**) is indicated by the following prepositions:*

> von (+ Dat) = *from*
> auf (+ Acc) = *to*
> um (+ Acc) = *by (how much)*

# Examples

1 Der Prozentsatz ist von 39 auf 43 gestiegen.
   *The percentage has increased from 39 to 43.*

2 Der Prozentsatz ist um 4 auf 43 gestiegen.
   *The percentage has risen by 4 to 43.*

*The following table gives vocabulary used commonly to express increase/ decrease. Look up in a dictionary any words you do not know in order to familiarise yourself with the different shades of meaning.*

| INCREASE/RISE/GROWTH | DECREASE/DECLINE/REDUCTION |
|---|---|
| steigen, der Aufstieg/Anstieg | zurückgehen, der Rückgang |
| zunehmen, die Zunahme | abnehmen, die Abnahme |
| sich erhöhen, die Erhöhung | sinken, fallen |
| wachsen, das Wachstum, der Zuwachs | schrumpfen |
| der Aufschwung, der Aufwärtstrend | die Flaute, der Abwärtstrend, |
| die Stärkung | die Schwächung |
| die positive Entwicklung | die negative Entwicklung |
| sich verdoppeln/sich verdreifachen/sich vervierfachen | sich halbieren/um ein Drittel/um ein Viertel abnehmen |
| aufbauen, der Aufbau | abbauen, der Abbau |
| ankurbeln, erhöhen | senken, reduzieren |
| erweitern, die Erweiterung | einschränken, die Einschränkung |

| AUFGABE 4 | *Den Trend erläutern (von, um, auf)* |
|---|---|

Sehen Sie an den unten angeführten Beispielen, wie ein Trend z.B. in bezug auf den Anteil der Arbeitslosigkeit erläutert wird:

> ▷ **13% > 30%**
>
> Der Anteil ist von 13 auf 30 Prozent gestiegen.
>
> Der Anteil hat sich um 17 Prozent auf 30 Prozent erhöht.
>
> Der Anteil hat sich mehr als verdoppelt.
>
> ▷ **34% > 20%**
>
> Der Anteil ist von 34 auf 20 Prozent gefallen.
>
> Der Anteil ist um 14 Prozent auf 20 Prozent gesunken.

Nun versuchen Sie, die folgenden Beispiele eines Trends zu erläutern:

> ▷ **52% > 74%**
>
> 1    Der Anteil _____
>
> 2    Der Anteil _____
>
> ▷ **31% > 25%**
>
> 3    Der Anteil _____
>
> 4    Der Anteil _____
>
> ▷ **10% > 32%**
>
> 5    Der Anteil _____
>
> 6    Der Anteil _____

| AUFGABE 5 | *Ins Deutsche übersetzen* |
|---|---|

Übersetzen Sie ins Deutsche:

1    The production has risen by one fifth.
2    The data show a 30 per cent reduction (= *a reduction by 30%*) in the standard of living.
3    The expenditure on pensions (*Rentenausgaben*) in the new federal states (= *die neuen Bundesländer*) rose from 16.7 billion marks in 1989 to 59.5 billion in 1993.

## Freie Wahlen in Ostdeutschland — Text A (Hörtext)

### AUFGABE 6 | Hören und verstehen

Die *Deutsche Welle* bringt am 18. März 1990 Nachrichten über dieses historische Ereignis. Hören Sie den Bericht über die ersten freien demokratischen Wahlen in Ostdeutschland nach dem Mauerfall. Dann wählen Sie in jedem Fall die richtige Antwort auf die Fragen in der Tabelle:

| | |
|---|---|
| 1 Jeder zweite Wähler stimmte für | (a) die **CDU**.<br>(b) die **Konservative Allianz**.<br>(c) die **PDS**. |
| 2 Die Konservative Allianz hat | (a) die absolute Mehrheit nicht erreicht.<br>(b) die absolute Mehrheit knapp erreicht. |
| 3 Die Sozialdemokraten sind als Ergebnis dieser Wahlen | (a) stärker geworden.<br>(b) schwächer geworden. |
| 4 Die Wahlergebnisse für die PDS waren | (a) besser als erwartet.<br>(b) schlechter als erwartet. |
| 5 Der Stimmenanteil der CDU beträgt ca. | (a) 4 Prozent.<br>(b) 40 Prozent.<br>(c) 14 Prozent. |
| 6 Der Stimmenanteil der SPD beträgt ca. | (a) 22 Prozent.<br>(b) 23 Prozent.<br>(c) 32 Prozent. |
| 7 In der Volkskammer bekamen die Sozialdemokraten | (a) weniger Mandate als die **PDS**.<br>(b) mehr Mandate als die Liberalen. |
| 8 Von den Ostdeutschen haben | (a) zwei Drittel gewählt.<br>(b) 34 Prozent gewählt.<br>(c) etwa 90 Prozent gewählt. |

| **Deutsche Bundestagswahlen 1998** | **Text B (Hörtext)** |

| **AUFGABE 7** | *Hören und verstehen* |

Fast neun Jahre nach dem Fall der Mauer bringt die *Deutsche Welle* wieder Nachrichten über ein neues historisches Ereignis: die letzten Bundestagswahlen der Bonner Regierung. Hören Sie den Bericht über die Niederlage Helmut Kohls, dann ergänzen Sie diese zweite Tabelle nach dem Muster der ersten.

| | |
|---|---|
| **I Die SPD hat** | **(a) die absolute Mehrheit gewonnen.**<br>**(b) eine klare Mehrheit gewonnen.** |
| **2 Die CDU/CSU ist** | **(a) schwächer geworden.**<br>**(b) stärker geworden.** |
| **3 Welche Minderheitspartei bildete vor diesen Wahlen eine Koalition mit der CDU/CSU?** | _____ |
| **4 Bestimmen Sie als Prozentsatz die Differenz zwischen dem Stimmenanteil der Grünen und dem der FDP.** | _____ % |
| **5 Mit welchem Naturereignis hat der Berichterstatter die Verluste der CDU/CSU verglichen?** | **Mit** _____ |
| **6 Wie heißt der abtretende Vorsitzende der CDU/CSU?** | _____ |
| **7 Wie lange hat der ehemalige Bundeskanzler regiert?** | _____ |

## Vor- und Nachteile der Union aus Sicht der Ostdeutschen (langfristig) | Grafik C

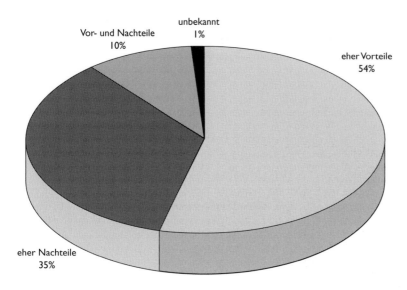

unbekannt
1%

Vor- und Nachteile
10%

eher Vorteile
54%

eher Nachteile
35%

Stand: 1995. Quelle: Presse- und Informationsamt der Bundesregierung

## AUFGABE 8 | *Einen Text ergänzen*

Ergänzen Sie den folgenden Text anhand der Grafik C.

Eine Umfrage über die langfristigen Erwartungen der Union _____ erhebliche
Abweichungen von den Ergebnissen von Grafik B. Der _____ der positiven
Stimmen ist _____ 31 Prozent _____ 54 Prozent _____ ; aber auch die nega-
tiven Stimmen haben sich _____ 12 Prozent _____ 35 Prozent deutlich _____ .
Nur noch _____ _____ der _____ erwarten sowohl Vor- als Nachteile.
Damit ist ein starker _____ eingetreten: dieser Anteil ist _____ volle 36
Prozent _____ .

# Die Europäische Währungsunion

## AUFGABE 9 | *Ins Englische übersetzen*

Übersetzen Sie ins Englische den folgenden Text aus dem Vertrag von Maastricht über die Konvergenzkriterien der Europäischen Währungsunion.

**Inflationsrate**
Die Inflationsrate darf nicht mehr als 1,5 Prozent über der durchschnittlichen Inflation der drei Länder mit der niedrigsten Teuerung (*rise in prices*) liegen.

**Budgetdefizit**
Das Budgetdefizit der öffentlichen Haushalte (*the national budget deficit*) darf nicht mehr als 3 Prozent des Bruttoinlandsproduktes betragen.

**Staatsverschuldung**
Die gesamte Staatsschuld darf nicht mehr als 60 Prozent des Bruttoinlandsproduktes betragen.

**Zinsniveau**
Der nominelle langfristige Zinssatz (*interest rate*) darf den Durchschnitt der drei Länder mit den tiefsten Inflationsraten um nicht mehr als zwei Prozentpunkte übersteigen.

## Grammar and vocabulary notes: level, quantity, comparative position

# Level and quantity

Examples of how to express level:

◊ *to be at a level* = bei 70 Prozent liegen, bei rund 590 DM liegen

◊ *to be within a range of levels* = zwischen 7 und 12 Prozent liegen

◊ *to amount to* = betragen
Der Zinssatz beträgt 14 Prozent.
*The rate of interest is/amounts to 14 per cent.*

◊ *to correspond to* = entsprechen
Das entspricht einem Prozentsatz von 8.
*That corresponds to a percentage rate of 8.*

◊ *to be in the region of* = in Höhe von . . . liegen

◊ *to be on a scale of* = im Umfang von . . . liegen
Die Staatsausgaben liegen im Umfang von 61,9 Mrd. DM.
*Government/state expenditure is on a scale of 61.9 billion marks.*

◊ *level* = das Niveau
ein hohes/niedriges Niveau, das Lohnniveau, das Produktivitätsniveau, das Einkommensniveau
*a high/low level, the level of wages, the level of productivity, the level of income*

◊ *level, figure* = der Wert
Werte von 10 Mrd. DM sind heute nicht ungewöhnlich.
*Nowadays, a figure of 10 billion marks is not unusual.*

◊ level, volume = das Volumen
Die Exporte haben ein neues Rekordvolumen von 5,6 Mrd. Autos erreicht.
*Exports have reached a new record level of 5.6 billion cars.*

◊ *quota* = die Quote

◊ *unemployment rate* = die Arbeitslosenquote

◊ *rate* = die Rate
die Inflationsrate, die Wachstumsrate, die Geburtenrate, die Zuwachsrate
*rate of inflation, rate of growth, birth rate, rate of increase*

# Breakdown of quantity/amount

◊ **entfallen auf (+ Acc)** *may be used to indicate constituent elements of a given quantity/amount.*
Von den rund 590 Werkstätten für Behinderte **entfallen** 170 auf die neuen Bundesländer.
*Of the approximately 590 workshops for the disabled, 170 are (located) in the former East German states.*

◊ **Anteil haben an (+ Dat), beteiligt sein an (+ Dat)** *are useful constructions for indicating proportions within a given quantity/amount.*
Fahrzeuge **hatten** mit 42,2 Prozent **den größten Anteil an** den ostdeutschen Ausfuhren.
*At 42.2 per cent, vehicles made up the largest share of East German exports.*

**Am** Arbeitsmarkt **sind** die Frauen mit 25 Prozent **beteiligt.**
*Women make up 25 percent/have a 25 percent share of the labour market.*

# Comparative position

*Many graphs consist of a kind of 'league table' showing the comparative position of a number of elements (e.g. countries, industries, population groups). Grafik D is one example of this type.*

*Examples of how to express top, bottom, second/third place, above/below average:*

◊ *to be in first place/to top the league table* = an der Spitze stehen

◊ *to come last/second/third* = an letzter/zweiter/dritter Stelle stehen
Mit 30 Prozent steht die Schweiz an vierter Stelle.
*Switzerland comes fourth/ is in fourth place with 30 per cent.*

◊ *to be above average, below average* = über dem Durchschnitt/überdurchschnittlich liegen, unter dem Durchschnitt liegen

◊ *to have the highest/lowest rate* = die höchste/niedrigste Quote aufweisen

*Examples of how to express comparison/contrast:*

---

◊ *in comparison with, compared to* = im Vergleich mit (+ Dat), gegenüber (+ Dat)

◊ *there is a large gap between* = es besteht eine starke Differenzierung zwischen

◊ *to lag behind* = zurückliegen (hinter)

◊ *twice as high as, higher/lower than* = doppelt so hoch wie, höher/niedriger als

◊ *by far the highest* = der mit Abstand höchste

◊ *to estimate as* = einschätzen

◊ *to be lower/higher than the set limit* = den Grenzwert unterschreiten/überschreiten

◊ *measured by* = gemessen an (+ Dat)

◊ *the comparable figure* = der Vergleichswert
  Im Osten liegt der Vergleichswert bei 18 Prozent.
  *In the East, the comparable figure is around 18 percent.*

◊ *in the comparable month of the previous year* = im Vorjahresmonat

---

## AUFGABE 10 | *Verben einsetzen*

Welche Verben gehören zu welchem Satz? Benutzen Sie jedes Verb nur einmal:

| unterschritten | reduziert | gemessen an | lag . . . zurück |
|---|---|---|---|
| gingen . . . zurück | beträgt | entfallen | schrumpfte |
| senkten | eingeschätzt | | |

1 _____ _____ 40 Jahren Teilung sind 5 Jahre Einheit eine relativ kurze Zeit.

2 Der Kulturetat des Bundes für Ostdeutschland _____ rund 300 Millionen DM.

3 Die Auswirkungen sind schwerwiegender als bisher _____ .

4 Davon _____ 20 Prozent auf die alten und 10 Prozent auf die neuen Bundesländer.

5 Die Anzahl der Erwerbstätigen _____ von 8,8 Millionen im Jahr 1990 auf 6,2 Millionen im Jahr 1993.

6 Umweltschutzmaßnahmen _____ den Ausstoß von Schwefeldioxid um 90 Prozent.

7 In Dresden _____ die Belastungen mit Schwefeldioxid um fast zwei Drittel _____.

8 Hochgiftige Substanzen in den Flüssen konnten inzwischen bis zu 80 Prozent _____ werden.

9 Bei Staub und Blei werden die Emissionsgrenzwerte um mehr als 50 Prozent _____.

10 Vor der Vereinigung _____ im internationalen Vergleich der Arbeitsproduktivität die ehemalige DDR um 40 Prozent hinter der BRD _____ .

## Österreichs wichtigster Wirtschaftspartner: Deutschland

| AUFGABE 11 | *Wörter einsetzen* |

Setzen Sie die fehlenden deutschen Stichwörter in den folgenden Text ein.

Der _____ *<by far>* wichtigste Handelspartner Österreichs ist Deutschland. Laut vorläufigen Angaben des Österreichischen Statistischen Zentralamtes (ÖSTAT) stammten _____ *<in the previous year>* rund 42,5% aller österreichischen Einfuhren (302 Mrd S) aus Deutschland, rund 37,5% der _____ *<total exports>* (227,5 Mrd S) hatten das Nachbarland zum Ziel. In diesen Zahlen sind Lieferungen _____ *<below a level>* von 1,4 Mio. S nicht erfaßt. Österreich ist auch für Deutschland ein wichtiger Handelspartner. Als Abnehmer deutscher Waren _____ *<it lies>* weltweit _____ *<in seventh place>*, als Lieferland _____ *<in ninth>*.

Aus *Informationen aus Österreich*, Nr. 11/97, S.4, Wien: Bundeskanzleramt.

## Arbeitslosigkeit in der EU — Grafik D

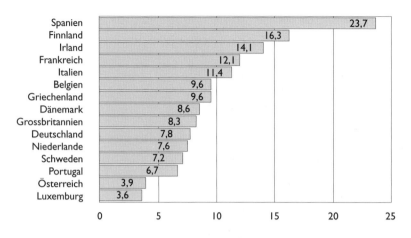

Die Arbeitslosenquoten = Arbeitslose in % der zivilen Erwerbsbevölkerung.

Stand: 1995. Quelle: Presse- und Informationsamt der Bundesregierung

Grafik D stellt die Verhältnisse in bezug auf die Arbeitslosigkeit in der Europäischen Union dar.

## AUFGABE 12 | *Einen Text ergänzen*

Ergänzen Sie den folgenden Text anhand der Grafik D.

**Arbeitslosigkeit in der EU**

_____ _____ _____ steht Spanien, das mit _____ Prozent die _____ Arbeitslosenquote in der EU _____ . An _____ _____ steht Finnland mit einer Quote von _____ _____ . Die Arbeitslosenquote in _____ ist mehr als _____ so hoch wie der _____ in der Bundesrepublik Deutschland. Die deutsche Quote _____ nämlich _____ Prozent und ist damit _____ 0,5 Prozent _____ als der Vergleichswert in Großbritannien. Mit 7,6 Prozent _____ die Quote in den Niederlanden nur geringfügig _____ der in der BRD. _____ 7,2 Prozent liegt die Quote in Schweden _____ _____ EU-Durchschnitt, während _____ mit einem _____ Vergleichswert von 14 Prozent die _____ _____ einnimmt. _____ _____ _____ steht Luxemburg mit der _____ Arbeitslosenquote in Europa.

| AUFGABE 13 | *Lesen und verstehen* |
|---|---|

Lesen Sie den folgenden Textabschnitt über die Arbeitslosenrate in Österreich. Dann korrigieren Sie etwaige Fehler in der anschließenden englischen Zusammenfassung.

---

**Arbeitslosigkeit in Österreich leicht rückläufig**

Nach Expertenberechnungen des Instituts für Höhere Studien (HS) ist die Zahl der Arbeitslosen in Österreich Ende Juni d.J. mit einem Wert von 193.796 wie erwartet unter die Marke von 200.000 gefallen. Im Vergleich zum Vorjahresmonat (188.750) war jedoch eine Zunahme um 2,7% zu verzeichnen. Ende Mai d.J. waren 210.993 Personen als arbeitslos vorgemerkt. In Gewerbe und Industrie lag die Arbeitslosigkeit etwas niedriger als im Vorjahr. Den stärksten Rückgang verzeichneten die Metall- und Elektroberufe (−7,9%). Am Bau hingegen, der die relativ günstige Entwicklung im Frühjahr getragen hatte, überschritt die Zahl der Arbeitslosen im Juni d.J. das Niveau des Vorjahresmonats um 12%.

Aus *Informationen aus Österreich*, Nr. 14/97, S.4, Wien: Bundeskanzleramt.

---

*Slight Decrease in Unemployment Rate in Austria*

*As expected, the unemployment figure for Austria for the end of June this year fell below the 200,000 mark. This represented an increase of 2.7% on the previous month. The worst figures were in the electrical and metal-working industries. The construction industry had 12% more unemployed than in the same month last year.*

---

## Arbeitslosenquoten in Deutschland

| AUFGABE 14 | *Daten vortragen* |
|---|---|

Bilden Sie zwei Gruppen (A und B). Gruppe A studiert Grafik E (*siehe Lehrerbuch*) und die darauf bezogenen Daten. Anschließend faßt Gruppe A mit Hilfe der folgenden Redewendungen diese Daten zusammen und trägt sie Gruppe B vor.

---

◊  einige Auffälligkeiten aufweisen

◊  die Situation (sich verschärfen)

◊  die Steigerungsrate

◊  einen Höhepunkt erreichen

◊  eine Trendwende

◊  das Tempo (sich verlangsamen)

◊  der Prozentsatz (zurückgehen)

◊  derselbe Wert wie . . . wurde erzielt

---

| AUFGABE 15 | *Grafik zusammenstellen* |
|---|---|

Anhand der von Gruppe A angegebenen Daten stellt Gruppe B die eigene Grafik zusammen. Am Ende wird die von Gruppe B zusammengestellte Grafik mit Grafik E verglichen.

## Grammar and vocabulary notes: more prepositions and adverbs, and phrases of time

# More prepositions and adverbs

**Von** (*of*), **davon** (*of which/including*), and **zu** (*portion of/at the rate of*) can be used to indicate a **sub-category**. *For example:*

1  **Von** diesen Anträgen sind etwa 65 Prozent erledigt.
*Approximately 65 per cent of these applications have been dealt with.*

2  In der historischen Altstadt leben heute noch 2.400 Menschen, **davon** ca. 350 Studenten.
*Today, 2,400 people, of whom approximately 350 are students, still live in the historic Old Town.*

3  Diese Bauleistungen werden **zu** 90 Prozent von einheimischen Bauunternehmen erbracht.
*These new buildings are being completed at the rate of 90 per cent by domestic construction companies. OR 90 per cent of these new buildings are being completed by domestic construction companies.*

⬦ mit *indicates level*

Mit 40 Prozent blieb der Prozentsatz etwa gleich.

*At 40 per cent, the rate/level is approximately the same.*

⬦ bei = *in the case of*

Ende 1994 lag die Arbeitslosenquote **bei** den Frauen mit 19,2 Prozent doppelt so hoch wie **bei** den Männern.

*At the end of 1994, the 19.2 per cent unemployment rate for women was twice as high as for men.*

⬦ je = *in each case*

Die Mittel betragen **je** 200 Millionen DM in den Jahren 1999 und 2000.

*In each of the years 1999 and 2000, the funds amount to 200 million marks.*

⬦ knapp = *just under*

⬦ rund/etwa/ca. = *approximately*

⬦ pro = *per* (*e.g.* **pro** Erwerbstätigen, **pro** Person, **pro** Betrieb, **pro** Jahr)

⬦ nahezu/fast = *almost*

⬦ vorwiegend = *predominantly*

⬦ gesamt = *in total*

⬦ einschließlich (einschl.)/ausschließlich (ausschl.) = *including/excluding*

⬦ saisonbereinigt = *seasonally adjusted*

# Phrases of time

⬦ nach wie vor = *still/now as before*

⬦ im ersten/zweiten Halbjahr = *in the first/second half-year*

⬦ im ersten/zweiten/dritten/letzten Quartal = *in the first/second/third/last quarter*

⬦ innerhalb von 8 Jahren = *within 8 years*

⬦ bis zum 1. Juli 2001 = *up to 1 July 2001*

⬦ derzeit = *currently/at present*

⬦ für die Jahre 1998–2002 = *(planned) for 1998–2002*

⬦ im Jahre 2000 *or* 2000 = *in 2000*

⬦ im Zeitraum von 1998–2008 = *during the period 1998-2008*

⬦ im Vergleichszeitraum = *in the comparable period*

---

**AUFGABE 16** | *Präpositionen und Adverbien einsetzen*

---

Ergänzen Sie:

1. Die Einnahmen \_\_\_\_\_ <*per*> Betrieb sind mit 4,3 Prozent jährlich schneller gewachsen als der Warenfonds \_\_\_\_\_ <*at*> 4 Prozent.

2. Die Zahl der fertiggestellten Wohnungen hat sich von \_\_\_\_\_ <*approximately*> 11.500 \_\_\_\_\_ <*in 1998*> auf etwa 70.000 \_\_\_\_\_ <*in 2000*> mehr als versechsfacht.

3. \_\_\_\_\_ <*of*> den _____ <*in total*> 13.181 Kilometern Fernstraßen, \_\_\_\_\_ <*of which/including*> 1.855 Kilometer Autobahnen, waren etwa 45 Prozent nur bedingt befahrbar.

4. Zum Zeitpunkt der Wiedervereinigung flossen etwa 90 Prozent der Industrieabwässer ungeklärt in Flüsse und Seen, \_\_\_\_\_ <*in the case of*> den Abwässern der DDR-Haushalte waren es \_\_\_\_\_ <*approximately*> 65 Prozent.

5. Die Gelder werden \_\_\_\_\_ <*at the rate of*> 60 Prozent vom Bund und \_\_\_\_\_ <*at the rate of*> 40 Prozent vom jeweiligen Land getragen.

6. _____ <*compared to*> dem Vorjahr stieg der Außenhandelsumsatz um 8 Prozent auf 22,3 Milliarden DM.

7. Wichtigster Handelspartner der neuen Bundesländer ist _____ <*now as before*> Rußland mit einem Anteil von 18,8 Prozent \_\_\_\_\_ <*in the case of*> den Einfuhren und 19,4 Prozent \_\_\_\_\_ <*in the case of*> den Ausfuhren.

---

## Die Auto-Konjunktur in Deutschland

---

**AUFGABE 17** | *Daten vortragen*

---

Bilden Sie zwei Gruppen (A und B). Gruppe B studiert Grafik F (*siehe Lehrerbuch*) und die darauf bezogenen Daten. Grafik F stellt die Auto-Konjunktur in Deutschland dar. Links wird die Zahl der produzierten Pkw (= *Privatkraftwagen*) in Deutschland in Mio. (= *Millionen*) angegeben. Rechts wird als Prozentsatz angezeigt, wieviele davon exportiert wurden. Anschließend faßt Gruppe B mit Hilfe der folgenden Redewendungen diese Daten zusammen und trägt sie Gruppe A vor.

◊ ein Rückgang

◊ eine Trendwende

◊ die positive Entwicklung (anhalten)

◊ mit . . . Mio. Fahrzeugen

◊ vor Jahresfrist

◊ damit lag die Autoproduktion

◊ der Vergleichswert

## AUFGABE 18 | *Grafik zusammenstellen*

Anhand der von Gruppe B angegebenen Daten stellt Gruppe A die eigene Grafik zusammen. Am Ende wird die von Gruppe A zusammengestellte Grafik mit Grafik F verglichen.

## AUFGABE 19 | *Grafik erläutern*

Studieren Sie den rechtsstehenden Teil von Grafik F (*siehe Lehrerbuch*). In den Jahren 1991–1996 haben die Exporterfolge einen kräftigen Wachstumsschub gebracht. Nun verfassen Sie 6–8 Sätze über den Pkw-Export. Halten Sie sich an die folgenden Stichworte:

◊ . . . Prozent der produzierten Pkw

◊ eine Aufwärtsentwicklung

◊ der Trend hält an

◊ mit . . . Prozent

◊ im Vergleich zum Vorjahr

◊ der Vergleichswert betrug

## AUFGABE 20 | *Redewendungen üben*

Diese Übersetzungen erscheinen in falscher Ordnung. Identifizieren Sie in jedem Fall die richtige Übersetzung und setzen Sie jemals die entsprechende Nummer 1–18 in die mittlere Spalte ein:

| 1 | Hinzu kommt, daß | The situation will continue to worsen |
|---|---|---|
| 2 | Der Aufwärtstrend verlangsamt sich | This is demonstrated by |
| 3 | Darin enthalten sind | It is estimated that |
| 4 | Im Ergebnis | The upward trend is slowing down |
| 5 | macht hier eine Ausnahme | The figures in this sector show an upward movement |
| 6 | Das gilt auch für | Compared with the equivalent period |
| 7 | Das zeigt sich an | This includes |
| 8 | Gegenüber dem Vergleichszeitraum | has developed by leaps and bounds |
| 9 | ein sicheres Indiz dafür, daß | This sector has achieved strong growth rates |
| 10 | Die Lage wird durch . . . gekennzeichnet | This area of the economy is booming |
| 11 | Die Lage wird sich weiter verschärfen | As a result |
| 12 | Die Angaben zeigen einen Anstieg | In addition |
| 13 | Dieser Bereich der Wirtschaft boomt | The figure was already |
| 14 | Diese Branche hat kräftige Zuwachsraten erzielt | An exception here is |
| 15 | In dieser Branche weisen die Zahlen nach oben | The situation is characterised by |
| 16 | Es wird eingeschätzt, daß | A sure sign that |
| 17 | hat sich sprunghaft entwickelt | This also applies to |
| 18 | es waren bereits | The statistics show a rise |

## Inflationsrate in Österreich    Text C (Hörtext)

| AUFGABE 21 | *Hören und verstehen* |

Im Frühling 1997 berichtete *Radio Österreich International* über die österreichische Inflationsrate im Vorjahr (1996). Hören Sie zu und dann beantworten Sie die folgenden Fragen:

1  Wieviel Prozent betrug die durchschnittliche Inflationsrate im Jahre 1996?
2  Zu welcher Jahreszeit war die Inflationsrate auf ihrem niedrigsten Niveau?
3  Um wieviel Prozent betrug die durchschnittliche Teuerung der Waren im Jahre 1996?
4  Welche Kosten trugen insbesondere zur Teuerung bei?
5  Was wurde im Vergleich zum Vorjahr etwas billiger?
6  Was wurde im Vergleich zum Vorjahr etwas teurer?
7  Ist die österreichische Inflationsrate eher günstig oder ungünstig im Vergleich zu anderen Staaten?
8  Welche Abgaben trugen entscheidend zur Teuerung bei?

## Durchschnittlicher monatlicher Bruttoverdienst in Ostdeutschland    Grafik G

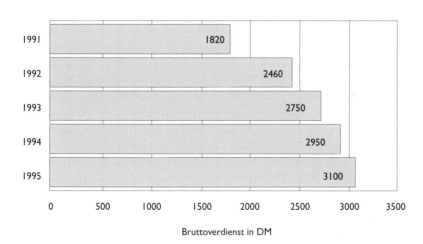

Bruttoverdienst in DM

Stand: 1995. Quelle: Presse- und Informationsamt der Bundesregierung

| AUFGABE 22 | *Ins Deutsche übersetzen* |
|---|---|

Studieren Sie Grafik G. Dann ergänzen Sie den folgenden Text sinngemäß und übersetzen Sie ihn ins Deutsche:

> *In 1991, an East German wage-earner (= Arbeitnehmer) received average gross monthly earnings of _____ , in _____ the figure was already 3,100 DM. The statistics show a substantial rise in gross earnings in the period _____ . They rose by leaps and bounds in 1992 and in comparison with the previous year they _____ by 640 DM from _____ to _____ . This also applies to the following years. The _____ trend is continuing, but is slowing down. In _____ , the increase in gross earnings amounted to 290 DM, in 1994 it was _____ and in _____ it was 150 DM. As a result, gross earnings have nearly _____ in the last five years.*

## Das Budget für die Freizeit                          Grafik H

Seit der Wende (d.h. seit der Wiedervereinigung Deutschlands) hat sich die materielle Lage für die überwiegende Mehrheit der ostdeutschen Bevölkerung verbessert. Die Einkommen und Renten sind beträchtlich gestiegen.

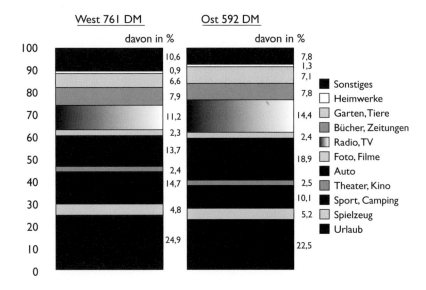

## Grafik selbständig erläutern | Workshop

Bilden Sie Gruppen von jeweils 3 bis 5 Personen und verfassen Sie eine Erläuterung von Grafik H. Benutzen Sie dabei möglichst viele unterschiedliche Redewendungen. Der Anfang könnte folgendermaßen lauten: „Die monatlichen Ausgaben eines Vier-Personen-Haushalts (zwei Erwachsene, zwei Kinder) mit mittlerem Einkommen liegen . . . " Wenn es mehrere Gruppen gibt, dann sollte jede Gruppe die Erläuterung mündlich vortragen und diese anschließend mit den Erläuterungen anderer Gruppen vergleichen.

## Kreuzworträtsel

Übersetzen Sie die folgenden Wörter ins Deutsche und setzen Sie die Antworten ins Kreuzworträtsel ein. Sie finden die Vokabeln in den Texten und Aufgaben, die Sie in diesem Kapitel gerade geübt haben.

## waagerecht = w (across)

1. *to continue/persist* (8)
2. *indicator* (5)
3. *to display/show* (9)
4. *is falling/sinking* (5)
5. *graph* (6)
6. *<siehe 8 waagerecht>*
7. *decline/decrease* (8)
8/6. *included in this* (5, 9)
9. *contrasted with* (9)
10. *result* (8)
11. *downward trend/curve* (12)
12. *amounted to* (6)
13. *applies* (4)

## senkrecht = s (down)

1. *rate of increase* (15)
2. *in each case* (2)
3. *level/figure* (4)
4. *by (how much)* (2)
5. *rose* (7)
6. *proportion, share* (6)
7. *per* (3)
8. *to lag behind* (12)
9. *statistics/data* (7)

# 7

# Die Pressemeldung und die Nachrichten

## Brainstorming

Die deutsche Presse ist vielfältig

WOCHENZEITUNG FÜR POLITIK · WIRTSCHAFT · HANDEL UND KULTUR

Bilden Sie Gruppen von 3–5 Personen und besprechen Sie die folgenden Fragen:

- ◊ Welche Medienarten gibt es? (z.B. Presse, . . . )
- ◊ Worin liegt die Funktion der Medien?
- ◊ Welche Zeitungen oder Magazine lesen Sie persönlich?
- ◊ Welche Radio- und Fernsehsendungen gefallen Ihnen?

Die wichtigsten Kategorien der deutschsprachigen Presse sind die überregionale Tageszeitung, die regionale Tageszeitung/die Lokalzeitung, die überregionale Wochenzeitung, die Zeitschrift und das Magazin, das politische Magazin und die Boulevardzeitung.

Sehen Sie sich in der Klasse oder beim Zeitungshändler einige deutschsprachige Zeitungen und Zeitschriften an. Ordnen Sie jede Zeitung einer der oben erwähnten Kategorien zu.

## Kripo gräbt Koffer voller Schecks aus | Text A

von Martina Liedtke

Der brutale Überfall auf den Geldtransporter der Firma ADS, bei dem die Täter 1,38 Millionen Mark, 32 000 Euroschecks, 3000 Euroscheck-Karten sowie einen Revolver erbeutet hatten, ist weitgehend aufgeklärt . . .

Maskierte Täter hatten bei dem Überfall auf der Leipziger Straße in Taucha die beiden Wachmänner niedergeschlagen und gefesselt. Beide Männer wurden schwer verletzt. Sie hatten gerade einen Transporter beladen. Das Fluchtfahrzeug der Räuber wurde einen Tag später in Engelsdorf aufgefunden, es war als gestohlen gemeldet. Bundesweit wurde nach den Tätern und dem Diebesgut gefahndet. Einen ersten Erfolg erzielte die Kripo im März dieses Jahres: Auf der Autobahn A 4, an der Abfahrt Herleshausen, nahm sie vier Männer fest. Die Beamten stellten 1021 Schecks aus dem Raub sowie 5000 Tabletten Ecstasy sicher.

Im Mai schnappte die Polizei in Oberhausen weitere vier Tatverdächtige und stellte 500 der gestohlenen Schecks sicher. Am 19. Juni schließlich gingen dem mobilen Einsatz-Kommando in Bremen drei Männer ins Netz. Sie hatten 3314 Schecks sowie Scheckkarten aus dem Überfall bei sich. Nur einen Tag später wurden im spanischen Marbella die beiden Leipziger Mike W. und Gunter K. festgenommen. Sie wurden mit internationalem Haftbefehl gesucht und sitzen nun in Untersuchungshaft. Die Auslieferung nach Deutschland sei bereits beantragt worden, sagte der Leipziger Oberstaatsanwalt Norbert Röger.

Gestern morgen gab es einen weiteren Erfolg: Die Ermittler gruben auf einem Feld nahe der A 14 direkt an einem Windrad einen schwarzen Koffer aus, nachdem sie einen Hinweis auf das Versteck erhalten hatten. „Damit haben wir fast alle Schecks und Scheckkarten sichergestellt, einige befinden sich allerdings bereits im Umlauf", sagte Kripo-Chef Matthias. Von den 1,38 Millionen Mark fehlt derzeit noch jede Spur.

Aus *Leipziger Volkszeitung*, 26.6.97.

## AUFGABE 1 | Notizen machen

Sie sind Journalist bzw. Journalistin und wollen eventuell über diese Kripo-Geschichte weiter berichten. Machen Sie sich Notizen:

1   Verbrechen: _____

2   Tatort: _____

3  Verletzte: _____

4  Diebesgut: _____

5  Die Kripo hat die Tatverdächtigen in vier verschiedenen Gruppen festgenommen. Geben Sie jeweils Monat und Ort der Festnahme an:

| WIEVIELE | MONAT | ORT |
|----------|-------|-----|
| 4 | | bei _____ |
| | | |
| | | |
| | | |

6  Wo wurde gestern morgen ein Teil der Beute entdeckt?

7  Welcher Teil der Beute fehlt noch?

| AUFGABE 2 | *Vokabeln suchen* |
|-----------|-------------------|

Finden Sie in Text A die entsprechenden deutschen Wörter bzw. Redewendungen:

| | | |
|---|---|---|
| 1 | **loot/booty** | **die Beute** |
| 2 | **task force** | **das Einsatzkommando** |
| 3 | **stolen goods** | |
| 4 | **there is no trace of** | |
| 5 | **to secure/to seize** | |
| 6 | **to hunt for (a wanted person)** | |
| 7 | **to clear up (a case)** | |
| 8 | **suspects** | |
| 9 | **hiding-place** | |

| | |
|---|---|
| 10 *to apply for* | |
| 11 *perpetrator (of a crime)* | |
| 12 *a tip/clue concerning* | |
| 13 *extradition* | |
| 14 *hold-up/raid* | |
| 15 *in circulation (of money)* | |
| 16 *to arrest* | |
| 17 *escape vehicle* | |

---

**AUFGABE 3** | *Zeitungsstil analysieren*

Lesen Sie die folgenden kurzen Artikel. Beide behandeln dasselbe Thema: die Trennung von dem deutschen Fernseh-Star Michael Schanze von seiner Frau. Der erste Artikel (Text B) erschien in der Lokalzeitung *Mannheimer Morgen*, und der zweite (Text C) in der Boulevardzeitung B.Z.

---

## Auch zu Hause die Flitterabende vorbei | Text B

**Mannheimer MORGEN**

Unabhängige Tageszeitung

---

Auf Händen trug Michael Schanze die Braut zuletzt nur noch in seiner ARD-Hochzeitsshow *Flitterabend* – privat scheint der langjährige Moderator dieser Sendung schon länger vor den Trümmern seiner Ehe gestanden zu haben. „Nach über 20 Jahren Zusammenleben und 13 Jahren Ehe haben meine Frau Monika und ich beschlossen, bis auf weiteres getrennte Wege zu gehen", ließ er gestern die Presse wissen. Über die Gründe schwieg sich Schanze allerdings aus. Der 49jährige Entertainer ist seit 1983 verheiratet und hat drei Söhne. Er lebte bislang mit seiner

*Vokabelnhilfe*
*jemanden auf Händen tragen = to cherish someone*
*ARD: Arbeitsgemeinschaft der Rundfunkanstalten Deutschlands*
*Flitterabend: cf. Flitterwochen = honeymoon*
*der Moderator = presenter (of a TV programme)*
*der Starnberger See: a lake in Bavaria*

Familie am Starnberger See. „Unsere Söhne wissen von unserer Entscheidung und werden nun – wie wir beide – mit der Erkenntnis zu leben haben, daß auch Dinge zerbrechen, die man für unzerstörbar gehalten hat", sagte Schanze.

Aus *Mannheimer Morgen*, 24.4.96

## Scheidung, weil er sie betrog?
## Michael Schanze: Sex als Frühsport?

**Text C**

Sie galten als Bilderbuch-Paar der Show-Branche. Doch der Schein trog. Michael Schanze (49) und seine Frau Moni (46) haben sich nach 13 Ehe-Jahren getrennt. Weil er sie betrog? Ein Mitarbeiter des ehemaligen Flitterabend-Moderators: „Seitensprünge waren für ihn eine Art Selbstbestätigung."

Ein schöner Sonnentag, strahlend blauer Himmel. Es ist 8.30 Uhr, Frühstückszeit. Michael Schanze und die Film-Crew sitzen im Hotel. Da sagt der TV-Star zu seinem langjährigen Chauffeur „Fliesi": „Hol mich um 10 Uhr hier im Hotel ab, ich gehe noch joggen." Die Mitarbeiter können nur mühsam ein Grinsen unterdrücken. Denn alle wissen: Schanzes „Frühsport" wird nicht auf hartem Asphalt, sondern in einem weichen Bett stattfinden – er hat am Drehort eine Freundin!

Eine einmalige Sex-Affäre des TV-Stars, der nächstes Jahr 50 wird? Oder eine von vielen, die jetzt zur Trennung von Ehefrau Moni (46) führten?

Aus *B.Z.*, 24.4.96 (abgekürzt)

*Vokabelnhilfe*
*Seitensprünge = a bit on the side (informal),*
    *extra-marital affairs*
*der Drehort = (film) shooting location.*

Machen Sie Notizen über die Stilunterschiede zwischen den beiden
Texten (B und C):

| STIL | TEXT B | TEXT C |
|---|---|---|
| **Wie wird die Neugierde des Lesers erweckt?** | | |
| **Sind die Sätze vorwiegend lang oder kurz?** | | |
| **Ist die Satzstruktur vorwiegend einfach oder kompliziert?** | | |
| **Welche Aspekte der Geschichte werden betont? (z.B. Tatsachen, Gerüchte, Sensationswirkung . . . )** | | |

## Grammar notes: style analysis

---

**AUFGABE 4** | *Practising style analysis*

---

*The following are extracts from two articles about preparations for Expo 2000, the world trade exhibition in Hanover. The first extract is from the popular magazine* Stern *and the second extract is from one of the leading national newspapers,* Frankfurter Allgemeine Zeitung (FAZ). *Read the two extracts and accompanying vocabulary notes carefully and then answer the questions.*

## PLEITEN UND PANNEN IN DER EXPO-ZENTRALE VON HANNOVER

Statt über die Expo zu staunen, könnte sich die Welt demnächst über ihre Macher schlapplachen. . . . Möglich, daß nun auch fest eingeplante Sponsoren aus der Industrie kalte Füße bekommen, um ihren guten Ruf nicht zu gefährden. Von den bis Juni geplanten zehn Weltpartnern sind gerade mal fünf im Boot. Vergangenen Freitag reiste Birgit Breuel persönlich zu Daimler-Benz nach Stuttgart, um den Vertrag zu unterzeichnen. Eine Jubelmeldung für die Presse war bereits formuliert – und konnte in letzter Minute gestoppt werden. Die Schwaben hatten in dem Vertragswerk noch „offene Fragen" entdeckt, die man erst ausräumen müsse. „Ob und wann es einen Vertragsabschluß geben wird", so ein Daimler-Manager, „ist noch nicht sicher".

In der Expo-Zentrale wird die Kritik an Birgit Breuel lauter. Sie mache es wie ihr Mentor Helmut Kohl: „Probleme einfach aussitzen". Intern wird deshalb schon diskutiert, ob nicht lieber die erfahrenen Macher der Hannover-Messe die Planung der Weltausstellung übernehmen sollten, „um die Expo nicht vollends gegen die Wand fahren zu lassen".

Aus *Stern*, 6.8.98 (abgekürzt)

### *Vokabelnhilfe*

*sich schlapplachen* = to laugh oneself silly
*die Weltpartner* = those companies which sign up for world partnership
*im Boot* = (in this context): aboard, i.e. committed to the project
*Birgit Breuel*: the chief organiser of Expo 2000
*die Schwaben* = the Swabians, i.e. the management of Daimler-Benz, whose headquarters are in Stuttgart, south-west Germany
*Helmut Kohl*: German Bundeskanzler at the time the article was written
*Probleme aussitzen* = to sit out problems, i.e. hope they will resolve themselves
*gegen die Wand fahren* = to go to the wall, come up against a brick wall

# Frankfurter Allgemeine
ZEITUNG FÜR DEUTSCHLAND

**Deutsche Unternehmen gegenüber**
**Expo 2000 noch zurückhaltend**

Die Betreibergesellschaft für die Weltausstellung, Expo 2000 GmbH, hat bis jetzt Verträge mit Förderern der Veranstaltung über rund 340 Millionen DM abgeschlossen . . . Die Beteiligung von Unternehmen ist in verschiedenen Stufen möglich. Die am weitesten gehende Form ist die Weltpartnerschaft, für die mindestens 30 Millionen DM zu bezahlen sind. Der Weltpartner kann die offiziellen Symbole der Weltausstellung international unbeschränkt nutzen, erhält eine Exklusivstellung für sein Produkt und kann sich in der sogenannten „Presentation Area", im Themenpark und im Deutschen Pavillon präsentieren. Weltpartner sind bis jetzt die Baan Deutschland GmbH, die Deutsche Bahn AG, die Deutsche Telekom AG, die Preussag AG, die Duales System Deutschland GmbH, die Siemens AG und die deutsche Sparkassenorganisation. Mit der Daimler-Benz AG werden dem Vernehmen nach aussichtsreiche Verhandlungen

### *Vokabelnhilfe*

*die Betreibergesellschaft* = the company organising (the event)
*der Förderer* = promoter
*die Veranstaltung* = the event
*dem Vernehmen nach* = from what we hear
*die Renommierunternehmen* = prestigious companies
*langwierig* = long drawn-out

geführt. Es fällt dennoch auf, daß weitere deutsche Renommierunternehmen wie etwa Volkswagen, große Misch- oder Handelskonzerne ebensowenig beteiligt sind wie internationale Gesellschaften wie etwa Coca-Cola oder McDonalds. Ohnehin gestalten sich viele Verhandlungen langwierig und zäh, und Klagen über unprofessionelles Verhalten sind nicht selten.

Aus *Frankfurter Allgemeine Zeitung*, 10.8.98 (abgekürzt)

1 Which extract contains idioms or informal language? Find 3 examples.
2 Which extract has on average the longer sentences?
3 Which extract uses on average the more sophisticated vocabulary?
4 Which extract contains direct speech?
5 Which extract has the better story-line?
6 Both articles mention negotiations between the Expo 2000 organisers and companies which may wish to participate as promoters or partners. Some, for example, Daimler-Benz, are hesitating to sign up. How do the two extracts differ in the way they convey this lack of enthusiasm? What do you deduce about the main focus of interest of on the one hand FAZ and on the other hand *Stern* readers?

Complete the following table:

| READERS *MOST* INTERESTED IN: | *FAZ* READERS OR *STERN* READERS? |
| --- | --- |
| *personalities* | |
| *facts* | |
| *impartiality* | |
| *a good story* | |

## Einen Artikel neuschreiben  Workshop I

1 Die Seminargruppe analysiert die Struktur mehrerer Zeitungen.
  ▷ In wieviele Teile gliedert sich eine typische Zeitung? (z.B. Politik, . . . )
  ▷ Wie unterscheidet sich der Stil der verschiedenen Teile? (Vokabeln? Satzlänge? Formell/informell? Länge der Artikel? Gezielter Leserkreis?)

2   Zwei Gruppen (A und B) suchen sich einen anderen Zeitungsartikel
    aus und fassen die wichtigsten Informationen in Stichworten zusammen:
    ▷  Was? _____
    ▷  Wer? _____
    ▷  Wann und wo? _____
    ▷  Wie? _____
    ▷  Sonstiges? _____

Weitere zwei Gruppen (C und D) erhalten diese Stichworte von A und B
(*ohne den ursprünglichen Zeitungsartikel gelesen zu haben!*). Mit Hilfe der
Stichworte verfassen C und D selber einen Zeitungsartikel mit eigenen
Worten. Am Ende werden die beiden Artikel miteinander verglichen.

Anschließend werden die Rollen getauscht: C und D finden einen anderen Zeitungsartikel und schreiben Stichworte dazu. A und B verfassen
selber einen Zeitungsartikel.

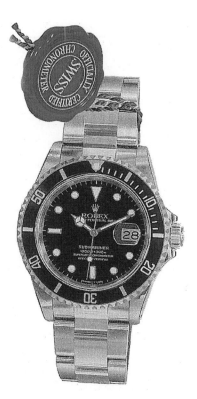

## Keine Rolex am Handgelenk des Kanzlers          Text D

### von Richard Meng (Bonn)

Diese Reaktion kam schnell: Kaum wurde aus Washington gemeldet, daß beim Weltwirtschaftsgipfel in Denver auch der deutsche Kanzler eine knapp 30 000 Mark teure Uhr des Schweizer Herstellers Rolex als Geschenk angenommen habe, wurde das in Bonn abgestritten. Kohl werde die Luxusuhr umgehend an die Firma zurückschicken, sagte am Mittwoch sein Sprecher Andreas Fritzenkötter. Der Kanzler habe sie auch nie persönlich angenommen, so die eilige Erklärung. Vielmehr habe die Firma das Päckchen im deutschen Delegationsbüro abgegeben, wo die anwesenden Mitarbeiter keine Entscheidungsbefugnis in solchen Fragen gehabt hätten. Nur deshalb sei die Uhr von den Deutschen entgegengenommen worden und gehe nun auf dem Umweg über Bonn zurück in die Schweiz. Rolex, laut Fritzenkötter, „Hauptsponsor" des Denver-Gipfels und auch Ausrüster des Pressezentrums, hatte am Dienstag US-Berichte bestätigt, wonach neben Kohl auch US-Präsident Bill Clinton, Rußlands Boris Jelzin, der Franzose Jacques Chirac und der Kanadier Jean Cretien das Geschenk akzeptiert hätten. Der britische Premierminister Tony Blair habe das Präsent aus 18karätigem Weißgold mit den persönlichen Initialen und dem Eintrag „Denver Summit of the Eight"

*Vokabelnhilfe*
*abstreiten* = to deny
*Kohl* = Helmut Kohl: German Bundeskanzler
    at time when article was written
*die Entscheidungsbefugnis* = decision-making
    powers
*der Ausrüster des Pressezentrums* = firm that
    equipped the press centre
*der Eintrag* = inscription
*ein Gesetz sieht vor, daß . . .* = a law lays
    down that . . .

abgelehnt, weil er nichts annehmen dürfe, was mehr als 150 US-Dollar wert ist. In Deutschland sieht das Ministergesetz vor, daß Mitglieder der Bundesregierung den Chef des Bundeskanzleramts schriftlich von Geschenken im Wert von mehr als 300 Mark unterrichten müssen, die sie von Amts wegen erhalten. Die Bundes-regierung entscheidet dann, was damit geschehen soll. Der Wert der meisten Geschenke liege aber darunter, hatte die Regierung vor vier Jahren erklärt.

Aus *Frankfurter Rundschau*, 26.6.97

## AUFGABE 5 | *Lesen und analysieren*

Beantworten Sie die Fragen auf deutsch:

1   Was wurde in Bonn abgestritten?
2   Wer ist Andreas Fritzenkötter?
3   Warum haben die Deutschen die Uhr vorerst entgegengenommen?
4   Welche Rolle spielte die Firma Rolex in Denver?
5   Wie haben die anderen Regierungs- und Staatschefs auf das Geschenk reagiert?
6   Muß ein britischer Premierminister jedes Geschenk ablehnen, das er von Amts wegen erhält?
7   In welchem Fall darf ein Mitglied der Bundesregierung ein Geschenk von Amts wegen annehmen?

## AUFGABE 6 | *Einen Kurzartikel schreiben*

Fassen Sie Text D als Kurzartikel für eine Boulevardzeitung zusammen (ca. 100 Wörter). Fangen Sie so an: „Eine Rolex für Bill, doch keine für Helmut! Ist das unfair? . . . "

## Grammar notes: the subjunctive

*In newspaper articles you will meet many examples of the subjunctive because one of its uses is to express **reported speech and opinion**.*

# How to form the subjunctive

## Present (part of Konjunktiv I)

*Simply take the infinitive stem of the verb (i.e. the infinitive minus -en/n) and add the endings set out below. For example:*

▷ *infinitive* = machen; *infinitive stem* = mach-
▷ *infinitive* = dürfen; *infinitive stem* = dürf-

## Present subjunctive of six verbs as examples

|           | MACHEN  | WERDEN  | SEIN   | HABEN  | DÜRFEN  | KÖNNEN   |
|-----------|---------|---------|--------|--------|---------|----------|
| **ich**       | mache   | werde   | sei    | habe   | dürfe   | könne    |
| **du**        | machest | werdest | seiest | habest | dürfest | könnest  |
| **er/sie/es** | mache   | werde   | sei    | habe   | dürfe   | könne    |
| **wir**       | machen  | werden  | seien  | haben  | dürfen  | können   |
| **ihr**       | machet  | werdet  | seiet  | habet  | dürfet  | könnet   |
| **sie/Sie**   | machen  | werden  | seien  | haben  | dürfen  | können   |

Note: sein *drops the 'e' ending for 1st and 3rd person singular.*

## Imperfect (part of Konjunktiv II)

*Take the imperfect stem and add the same endings as for the present subjunctive. N.B. strong verbs usually add 'umlaut' if the stem vowel is a, o or u. For example:*

• *imperfect* = machte; *imperfect stem* = macht-
• *imperfect* = trug; *imperfect stem* = trug-; *add umlaut* = trüg-

## Imperfect subjunctive of six verbs as examples

|  | MACHEN | TRAGEN | HABEN | SEIN | WERDEN | TUN |
|---|---|---|---|---|---|---|
| **ich** | machte | trüge | hätte | wäre | würde | täte |
| **du** | machtest | trügest | hättest | wärest | würdest | tätest |
| **er/sie/es** | machte | trüge | hätte | wäre | würde | täte |
| **wir** | machten | trügen | hätten | wären | würden | täten |
| **ihr** | machtet | trüget | hättet | wäret | würdet | tätet |
| **sie/Sie** | machten | trügen | hätten | wären | würden | täten |

*Note: There are a few exceptions to the regular formation of subjunctive. The main one is modal verbs (können, sollen etc.) which only take umlaut in the subjunctive if there is already an umlaut in the infinitive.*

# Reported speech

*In English, reported speech is frequently indicated by moving the verb one tense further back into the past. For example:*

▷ *The spokesman said: 'The Chancellor **has** already **left** Berlin.' (= Perfect)*
▷ *The spokesman reported that the Chancellor **had** already **left** Berlin. (= Pluperfect)*

*In German, reported speech is frequently indicated by using the subjunctive and* **keeping** *the tense of the original, direct statement. For example:*

▷ Der Sprecher sagte: „Der Kanzler **hat** Berlin schon **verlassen.**“
   *(= Perfect)*
▷ Der Sprecher bestätigte, der Kanzler **habe** Berlin schon **verlassen.**
   *(= Perfect Subjunctive)*

*Note: For full information about other aspects and uses of the subjunctive, you should refer to your German grammar book.*

## AUFGABE 7 — *The subjunctive*

*Find the eleven examples of the subjunctive in Text D. Write out each example in the left-hand column together with any participle, infinitive or separable prefix that goes with it. In the right-hand column, convert it back into the indicative. The first example is done for you.*

| EXAMPLE OF SUBJUNCTIVE | INDICATIVE FORM |
|---|---|
| I angenommen habe | angenommen hat |
| 2 werde zurückschicken | |
| 3 | |
| 4 | |
| 5 | |
| 6 | |
| 7 | |
| 8 | |
| 9 | |
| 10 | |
| II liege darunter | |

## Kurznachrichten der Deutschen Welle — Text E (Hörtext)

## AUFGABE 8 — *Hören und verstehen*

Hören Sie auf der beiliegenden Kassette die Kurznachrichten der *Deutschen Welle* für den 28. Januar 1997. Ihr englischer Kollege versteht ein wenig Deutsch und hat versucht, eine Zusammenfassung der wichtigsten Meldungen zu machen. Sagen Sie ihm Bescheid, was richtig und was falsch ist:

**Bonn**

1 Chancellor Kohl will make a statement in parliament on Thursday.

2 The statement will concern the state of the German export market.

3 The Chancellor will probably also talk about the tax and pension reforms.

4 A debate on the statement will be excluded.

**Iran**

5 Iran is considering the purchase of long- and medium-range airbuses.

6 The USA fears the role of its airbus partner Great Britain in this.

**Sofia**

7 The President of Bulgaria has called on the socialists to form a government.

8 The anti-communist opposition has failed to reach a compromise with the socialists.

**Athens**

9 A German woman has been arrested for a bomb attack on a discotheque in Greece.

10 The Minister of Justice has now informed the Athens police about the case.

11 The German is 31 years old and was arrested in October.

---

| AUFGABE 9 | *Schlagzeilen schreiben* |
|---|---|

Die Kurznachrichten im Text E haben Schlagzeilen gemacht! Setzen Sie mit diesen Nachrichten die erste Seite einer Zeitung zusammen und schreiben Sie die dazu gehörenden Schlagzeilen. Die erste Seite einer deutschen Zeitung kann Ihnen als Vorbild dienen.

---

## Das Geschäft mit der Schönheit | Text F

*Mit zudringlichem Blick* beäugt der Mittdreißiger, der durch die Hallen des Pariser Flughafens streift, jedes Mädchen, das ihm entgegenkommt – sofern es über ein ebenmäßiges Gesicht und Nonstop-Beine verfügt. „Ich bin ein Jäger", sagt er, „und *meine Beute* sind brauchbare Girls."

Am liebsten sind ihm die 15jährigen mit Oberweiten von 80 Zentimetern und mehr; dazu sollen sie groß sein, so um die 1,80 Meter, und ideale Proportionen haben.

Nur eine von Hunderten, die er auf Airports, in Diskotheken oder *an den Stränden* in aller Welt ins Auge faßt, besteht die Musterung. „Die spreche ich

*Vokabelnhilfe*
die Oberweite = bust measurement
der Nachschub = supplies, i.e. new recruits
umsetzen = to have a turnover of
erbarmungsarm = (in this context) ruthless
der Tratsch = gossip, scandal
die Riege = a squad
die Physis = physique
in seinem Mutterlaut = in seiner Muttersprache
der Laufsteg = catwalk

dann an", sagt Pierre Champoux, „und meistens kriege ich sie dann auch."

„Scouter" nennen sich die Männer und Frauen, die für den Nachschub in einem Gewerbe sorgen, das jährlich 1000 neue Mädchen braucht – und ebenso viele als zu alt, zu dick, zu häßlich *aussortiert.*

Kaum ein Geschäftszweig ist weniger berechenbar als das Model-Business, keiner derart global vernetzt, und nur wenige sind wichtiger für *das wirtschaftliche Wohlergehen* zumindest der westlichen Welt.

Die Agenturen zwischen New York, Paris und Tokio setzen viele hundert Millionen Dollar um. Top-models wie Claudia Schiffer oder Linda Evangelista verdienen bis zu 25 000 Dollar am Tag – niemals zuvor war *der Handel mit fotogenem Liebreiz* so profitabel, so voller Glanz und Glitz, aber auch so hart und erbarmungsarm.

Die Models haben die Filmdiven von den Titelseiten der Illustrierten *verdrängt.* Sie sind geworden, was Soziologen als „role models", Vorbilder, bezeichnen – nicht mehr nur *eine Randerscheinung,* sondern das Epizentrum der transkontinentalen Society: Als beliebteste Berichterstattungsobjekte der Tratsch-Presse stets im Mittelpunkt der Aufmerksamkeit, beherrschen sie die Phantasie des Publikums, vor allem die des weiblichen.

Achtzig Prozent aller Frauen gleich welchen Alters halten, wie *eine Erhebung* ergab, die Modelei für einen Traumjob. Fast alle Mädchen (92 Prozent) zwischen 14 und 17 Jahren möchten Model werden.

Jedenfalls geht es um eine Mischung aus Image und Prestige, um jenes flatterhafte Phänomen, das in der Branche „The Look" heißt. Da keiner so richtig weiß, was das ist, ändern sich die Standards von Saison zu Saison, von Laune zu Laune – wobei die jeweils letztgültige von den gerade gefragten *In-Fotografen* und einer Riege cleverer *Frauen mittleren Alters* bestimmt wird, die meist *komische Hütchen* tragen und den Redaktionen der großen Modemagazine vorstehen.

Welche Art der Physis die Agenten von ihren Models in Wirklichkeit erwarten, zeigte sich in diesem Frühjahr beim großen „Cattle Call" in New York. Bei diesem „Kälbertreffen", wie das Gewerbe die alljährliche Inspektion amerikanischer *Nachwuchsmodels* im Waldorf-Astoria-Hotel nennt, war nur ein Grundtyp gefragt: „Keine unter fünf Fuß neun (180 Zentimeter), keine unter 18", riefen die Vertreter der großen Agenturen den in langen Schlangen vor ihren Tischen wartenden Mädchen zu.

Größer, schöner und perfekter, so will es eben des Menschen Eigenart, hatten die Models schon zu Zeiten zu sein, als sie noch Mannequins hießen und, jawohl, Männer waren.

Die prächtigsten Jünglinge, die Paris Mitte des letzten Jahrhunderts aufzubieten hatte, liefen damals im Auftrag des aus Holland stammenden Schneiders Humann durch die Straßen – gewandet in Maître Humanns vielgerühmte Anzüge, auf deren Jacken sein Firmenschild deutlich zu sehen war. *In seinem Mutterlaut* bezeichnete der Meister die Promenierpioniere als „Mannekes" – die Berufsbezeichnung war geboren. Entsprechend hießen später dann auch die jungen Mädchen, meist die schönsten Grisetten der Couturiers, welche den reichen Kundinnen im Atelier der Meister die neuesten Modelle präsentierten – bis der Laufsteg erfunden wurde, der manchen ihrer *Nachfahrinnen* als *Sprungbrett zum Sozialaufstieg* diente: Das Mannequin Yvette, Miß France 1930, schnappte sich Aga Khan, ihre Kollegin Eliette den Herrn von Karajan.

Aus *Der Spiegel,* Nr.45/93

| AUFGABE 10 | *Lesen und verstehen* |
|---|---|

Beantworten Sie die Fragen:

1  Was für Mädchen sucht Pierre Champoux?
2  Identifizieren Sie in diesem ersten Absatz des Textes die Wörter, die mit Absicht den Leser am Anfang schockieren sollen.
3  Was ist Pierre Champoux von Beruf?
4  Nennen Sie drei Merkmale des Model-Geschäfts.
5  Was für eine Rolle spielen die Models in der heutigen Gesellschaft?
6  Wer entscheidet über „The Look"?
7  Was ist der „Cattle Call" und warum wird er so genannt, meinen Sie?
8  Woher kommt der Name „Mannequin"?
9  Wozu konnte der Laufsteg manchmal führen?

Kölnerinnen aus jeder Epoche: Schönheit ohne Zwang

| AUFGABE 11 | *Redewendungen* |
|---|---|

Übersetzen Sie ins Englische die im Text kursiv gedruckten Wörter und Redewendungen:

| | |
|---|---|
| 1  mit zudringlichem Blick | |
| 2  an den Stränden | |
| 3  besteht die Musterung | |
| 4  aussortiert | |
| 5  das wirtschaftliche Wohlergehen | |
| 6  der Handel mit fotogenem Liebreiz | |

| | |
|---|---|
| 7 verdrängt | |
| 8 eine Randerscheinung | |
| 9 eine Erhebung | |
| 10 gerade gefragten In-Fotografen | |
| 11 Frauen mittleren Alters | |
| 12 komische Hütchen | |
| 13 Nachwuchsmodels | |
| 14 in seinem Mutterlaut | |
| 15 Nachfahrinnen | |
| 16 Sprungbrett zum Sozialaufstieg | |

## AUFGABE 12 | *Mini-Rede und Kurzmeldung*

1 Machen Sie sich Notizen über Text F. Dann tragen Sie der
Seminargruppe eine Mini-Rede (3–4 Minuten) über das Geschäft mit
der Schönheit vor.
2 Schreiben Sie die Mini-Rede als Kurzmeldung für den Rundfunk um.
Diese soll nicht mehr als 3 Minute lang dauern.

## Moderne Motoren vertragen jeden Sprit — Text G

**Die Fachzeitung *Auto Bild* hat jetzt getestet, welche Auswirkungen die
Spritqualität auf Verbrauch, Emission und Leistung hat.**

Jeder Autofahrer weiß, daß es für den Motor gefährlich wird, wenn der
Sprit zu wenig Oktan hat, seine Klopffestigkeit zu niedrig ist: Das
Treibstoff-Luft-Gemisch zündet von allein, der Motor klingelt oder klopft.
Das kann ihn zerstören. Deshalb darf für ältere Motoren nur Treibstoff mit
der jeweils vorgeschriebenen Oktanzahl (Normal 91, Super 95, Super Plus
98) getankt werden.

Für moderne „klopfgeregelte" Motoren stimmt das nicht mehr. Sie sind
weniger wählerisch: Ohne Schaden zu nehmen, verkraften sie jede
Spritqualität. Sensoren erkennen die Klopf- und Klingelsignale aus dem
Brennraum, melden sie dem zentralen Bordrechner, der umgehend das so-
genannte Zündkennfeld der Spritqualität anpaßt: Je niedriger die
Oktanzahl, desto weiter wird der Zündpunkt zurückgenommen. Die Folge:

*Vokabelnhilfe*
*der Sprit = juice, petrol*
*klopfen = (of an engine) to knock, to pink*
*die Oktanzahl = octane rating*
*„klopfgeregelt" = anti-knock adjusted*
*der Brennraum = combustion chamber*
*der Bordrechner = inbuilt computer.*

Die Leistung sinkt bei steigendem Verbrauch. Umgekehrt: Je höher die Oktanzahl, desto weiter steuert die Bordelektronik den Zündzeitpunkt in Richtung früh. Folgen: Leistung steigt, der Verbrauch sinkt.

Weil die Spritqualität auf die Haltbarkeit des Motors keinen Einfluß mehr hat, der Preisunterschied zwischen Normal und Super Plus aber bis zu 9 Pfennigen beträgt, tanken immer mehr Autofahrer flexibel: Super Plus für die eilige Fahrt werktags auf der Autobahn, und Normal für die beschauliche Kaffeefahrt am Wochende.

*Auto Bild, Aus Rhein-Zeitung, 25.6.97*

| AUFGABE 13 | *Vokabeln unterscheiden* |
|---|---|

Unterstreichen Sie in Text G mit Hilfe eines Wörterbuchs alle Wörter, die sich auf **Auto** und auf **Benzin** beziehen.

| AUFGABE 14 | *Lesen und verstehen* |
|---|---|

Richtig? Falsch?

1    Older car engines 'knock' if the octane rating of the petrol is too low.
2    Modern engines are still choosy about the kind of petrol they require.

3    The inbuilt computer in the modern engine advances the ignition for lower octane petrol.
4    Consumption rises with higher octane petrol.
5    Performance increases with lower octane petrol.
6    More and more motorists now use the lowest octane petrol (Normal = 91) all the time.

---

## AUFGABE 15 | *Einen Artikel schreiben*

1    Bilden Sie Gruppen und erklären Sie sich gegenseitig den technischen Inhalt von Text G. Inwiefern müßte der Stil von Text G vereinfacht werden, damit ihn auch diejenigen Leser, die über keine technischen Kenntnisse verfügen, verstehen können?

2    Schreiben Sie mit Hilfe von Text G einen Artikel (250–300 Wörter) für eine Lokalzeitung. Er soll die autofahrenden Leser über Benzinqualität und moderne Motoren aufklären, ohne auf komplizierte technische Einzelheiten einzugehen.

---

## Mitternachtsjournal                                    Text H (Hörtext)

---

## AUFGABE 16 | *Hören und verstehen*

Hören Sie diesen kurzen Bericht von *Radio Österreich International* und beantworten Sie die folgenden Fragen.

1    Aus welchem österreichischen Bundesland kommt dieser Bericht?
2    Nach wem fahndet die Polizei?
3    Ist der Mann Österreicher?
4    Was hat der Hüttenwirt im Kaisergebirge gedacht, als der Mann verschwunden ist?
5    Was hat der Mann zurückgelassen?
6    Wie hat er sich in den letzten Tagen durchgeschlagen?
7    Wie alt ist er?
8    Was sollte die Bevölkerung *nicht* tun?
9    Warum?

## Grammar notes: adjective endings (declension)

# What is declension?

*Declension is when the adjective (or noun or article) **changes its endings** in order to give information about gender, case and number (singular/plural). This is essential in order to show the relationship of one word to another within a sentence.*

# What do the terms strong declension and weak declension mean?

*These are grammatical terms which indicate whether the adjective ending is **strongly** differentiated or not. Strong endings convey more information than weak ones about the gender, case and number of the noun to which the adjective is linked.*

# Determining words

*Examples of these are der, jeder, ein, mehrere. Each individual determining word is always either **strong**, conveying **more** information, or **weak**, conveying **less** information about the noun.*

*The underlying grammatical rule is that **one** of these, i.e. adjective or determining word, **must be strong** in order to convey adequate information to the reader or listener. Because, unlike a determining word, an adjective is made strong or weak depending on its ending, it is the **adjective** that has to accommodate itself by becoming strong or weak as necessary.*

*Thus one of the following patterns must be followed:*

1 *weak determining word + **strong** adjective ending + noun*
   *Example:* ein **modernes** Haus
2 *no determining word + **strong** adjective ending + noun*
   *Example:* **bulgarischer** Wein
3 ***strong** determining word + weak adjective ending + noun*
   *Example:* **dieser** polnische Student

*German adjective endings may be learned by using either **two** or **three** declension tables. These notes use the two-table method, but both are equally valid.*

# Strong declension

Add the following endings for strong declension of an adjective:

|  | MASCULINE | FEMININE | NEUTER | PLURAL |
|---|---|---|---|---|
| **nominative**<br>*subject* | -er | -e | -es | -e |
| **accusative**<br>*object* | -en | -e | -es | -e |
| **genitive**<br>*possessive* | -en | -er | -en | -er |
| **dative**<br>*indirect object* | -em | -er | -em | -en |

Note that the **strong** declension is **strongly** characterized with five different endings in the table. It is also very similar (though not identical) to the endings of the strong determining words (e.g. der/die/das).

## Use of strong declension

1   When there is no determining word at all. For example:

| alter Wein | mit großer Eile |
|---|---|
| neue Bücher | bei schönem Wetter |
| frische Butter | durch gute Zeugnisse |
| bares Geld | |

2   When there is a weak determining word (viel, wenig, viele, wenige, einige, mehrere, ein paar). For example:

| viel frisches Gebäck | mehrere alte Freunde |
|---|---|
| wenige chinesische Restaurants | ein paar schlechte Witze |
| einige deutsche Denkmäler | |

Also after ein, kein, mein, sein, dein, unser, euer, Ihr, ihr *when uninflected (i.e. when they have no ending). For example:*

| ihr feines Hotel | dein nächster Job |
|---|---|
| kein ausführlicher Bericht | sein blaues Buch |
| ein kleines Auto | unser kleiner Garten |

3   When there is only a cardinal number (zwei, drei etc.) in front of the adjective. For example:

| zwei teure Jacken | sechs ehrgeizige Manager |
|---|---|
| vier ausgezeichnete<br>    Studentinnen | mit Hilfe von sieben starken<br>    Jungen |

# Weak declension

*Add the following endings for weak declension of an adjective.*

*Note that the **weak** declension is only **weakly** differentiated with only two different endings in the whole table.*

|  | MASCULINE | FEMININE | NEUTER | PLURAL |
|---|---|---|---|---|
| **nominative** *subject* | -e | -e | -e | -en |
| **accusative** *object* | -en | -e | -e | -en |
| **genitive** *possessive* | -en | -en | -en | -en |
| **dative** *indirect object* | -en | -en | -en | -en |

## Use of weak declension

1 *After a strong determining word* (der, dieser, jeder, jener, aller, derjenige, derselbe, mancher, solcher, welcher, beide, sämtliche).
*For example:*

der hohe Baum
in diesem neuen Haus
trotz jener schweren Einwände
jenes schnelle Auto
derjenige junge Mann
derselben klugen Managerin
   (*genitive or dative*)

dieselben technischen Bücher
welche berühmten
   Persönlichkeiten
welcher teure Anzug
alle deutschen Studenten

2 *After* ein, kein, mein, dein, sein, unser, euer, Ihr, ihr *when inflected* (*i.e. when they have an ending*). *For example:*

keine guten Symptome
meine alten Kleider
in seiner ehemaligen Wohnung
bei einem großen Betrieb
mit eurem jungen Bekannten

durch ihre nahen Verwandten
wegen Ihrer guten Sprachkenntnisse
mit deiner schönen Stimme

## Skijäger aus aller Welt diskutieren in Leipzig | Text I

| AUFGABE 17 | *Endungen einsetzen* |

*Schlagen Sie unbekannte Vokabeln im Wörterbuch nach.* Welche Endungen
fehlen? Setzen Sie die richtigen ein:

**Internationales Trainer-Symposium an der Sportwissenschaftlichen
Fakultät.**
**Leipzig:** Auf ungewohntem Leipziger Flachland-Terrain gehen die
weltbest_____ Biathlon-Trainer daran, sich für das nächst_____
Jahrtausend fitzumachen. An dem Internationalen Trainer-Symposium,
das von der Sportwissenschaftlich_____ Fakultät der Universität Leipzig
ausgerichtet wurde, nehmen 41 Trainer aus 29 Nationen teil. „Ein über-
wältigend_____ Meldeergebnis", wie Cheforganisator Prof. Klaus
Nitzsche vom Uni-Fachgebiet Wintersport erklärt.
   Hintergrund des reg_____ Interesses an der wissenschaftlich_____
Aufarbeitung der Skijäger-Szene sind natürlich die groß_____ Erfolge
der deutschen Asse, die bei der Weltmeisterschaft 1997 immerhin drei der
zehn Titelträger stellten. „Natürlich wollen die ander_____ Nationen
von unseren Erkenntnissen in der Wettkampfanalyse und Trainings-
methodik profitieren. Wir werden damit auch nicht hinter dem Berg
halten", kündigt Nitzsche an. Die Zeiten der absolut_____
Geheimniskrämerei sind ohnehin auch im Biathlon vorbei. Spätestens
seit sich andere Spitzenteams wie Österreich und Italien die Dienste
deutsch_____ Trainer gesichert haben.

Den Organisatoren ist vor allem auch daran gelegen, kleiner_____ Biathlon-Nationen mit den neust_____ wissenschaftlich_____ Erkenntnissen (u.a. im Bereich von Schießtechnik, Biomechanik, Wettkampfanalyse, Kraftausdauertraining, Höhentraining, Leistungsdiagnostik, Mentales Training und Ernährung) vertraut zu machen. „Es nutzt doch dem Sport gar nichts, wenn nur zwei, drei Nationen gut_____ Athleten hätten. Biathlon lebt von der Leistungsdichte", argumentiert Nitzsche.

Aus *Leipziger Volkszeitung*, 26.6.97 (bearbeitet)

| AUFGABE 18 | *Kurznachricht schreiben* |

Machen Sie sich Notizen über den Inhalt von Text I:

▷  Was geschieht?
▷  Wo?
▷  Wer?
▷  Warum?

Dann verfassen Sie mit Hilfe der Notizen eine Kurznachricht (80–100 Wörter) für den Rundfunk.

## Harte Linse — Text J

Steht die Solarenergie vor dem Durchbruch? US-Forscher entwickelten eine Sonnenzelle, die erstmals preiswerten Strom liefert. Die Deutschen, einst Weltmeister im Kartoffelverzehr und derzeit im Alkoholverbrauch, haben inzwischen fast unbemerkt einen weiteren Spitzenplatz erobert: In keinem anderen Land der Erde wird mehr Energie mit Hilfe bläulich schimmernder Solarzellen erzeugt. Sechs Megawatt beträgt allein die Kapazität der 2250 Anlagen, die in den letzten vier Jahren auf den Ziegel- und Flachdächern bundesdeutscher Wohnhäuser installiert wurden.

Der beispiellose Kraftakt des 1000-Dächer-Programms, das vor vier Jahren vom damaligen Forschungsminister Heinz Riesenhuber ins Werk gesetzt wurde, hat allerdings nur ideellen Wert. Denn jede Kilowattstunde der durch Sonnenlicht erzeugten Energie ist mit rund zwei Mark fast zehnmal so teuer wie der Strom aus den Generatoren herkömmlicher Kraftwerke.

Diese Kluft glauben amerikanische Techniker nun überbrückt zu haben. Ende letzten Monats wurde bei Atlanta (Georgia) ein Forschungsprojekt mit einer neuartigen Solarzellenanlage abgeschlossen. Das auf 2000 Watt ausgelegte Sonnenkraftwerk, das ein Einfamilienhaus mit Strom versorgen kann, arbeitet weitaus wirtschaftlicher als die bisherigen Solaranlagen.

Während die derzeit nutzbaren Solarzellen rund zehn Prozent der in Licht- und Sonnenstrahlen enthaltenen Energie in

*Vokabelnhilfe*
*die Anlage = installation, plant*
*der Kraftakt = show of strength. (In German, this is also a play on words, as Kraft may also mean generated power, e.g. Kraftwerk = power station.)*
*nur ideellen Wert haben = to be of only theoretical value*
*der Gleichstrom = direct (electrical) current*
*austüfteln = to invent*
*die Grenzwerte = limits, levels*
*der Wirkungsgrad = (degree of) effectiveness*
*die Lichtteilchen = particles of light*

elektrischen Gleichstrom umwandeln, lag dieser Faktor bei der in Georgia getesteten Anlage doppelt so hoch.

Nun stehe dem „Bau und Betrieb kommerzieller Solarkraftwerke nichts mehr im Weg", erklärte Vahan Gaboushian, Präsident des Anlagenherstellers *Amonix;* die neue Technik, die in den vergangenen 15 Jahren entwickelt wurde, repräsentiere einen „Meilenstein" in der Solarzellenforschung.

Nicht nur in Georgia haben Forscher und Ingenieure während der letzten Jahre photovoltaische Zellen und Herstellungsverfahren ausgetüftelt, mit denen die bisher geltenden Grenzwerte bei der Umwandlung von Licht in Strom übertroffen und die Produktionskosten verringert werden konnten; so entwickelten beispielsweise

◊ Wissenschaftler des japanischen Multikonzerns *Mitsubishi* eine Dünnfilm-Solarzelle mit einem Wirkungsgrad von 14,2 Prozent;

◊ Mitarbeiter des Max-Planck-Instituts für Festkörperforschung in Stuttgart eine Solarzelle, die auch bisher nicht genutzte Lichtteilchen (aus dem violetten Spektrum) in elektrischen Strom umwandelt, erzielter Wirkungsgrad: 23,5 Prozent;

◊ Forscher an der University of New South Wales im australischen Kensington ein Verfahren zur Herstellung mehrglasiger Dünnschichtzellen, mit dem die Produktionskosten von Solarmodulen auf ein Zwanzigstel der bisherigen Kosten gesenkt werden können.

Doch während diese und ähnliche Verfahren sich zumeist noch im Laborstadium befinden, ist die *Amonix*-Anlage nach Ansicht ihrer Entwickler „praktisch einsatzbereit". Die Generalprobe startet derzeit in Tempe im amerikanischen Sonnenstaat Arizona.

Aus *Der Spiegel,* 52/94

---

| AUFGABE 19 | *Notizen machen* |
| --- | --- |

Setzen Sie in die rechte Spalte Notizen über Text J ein:

| | | |
| --- | --- | --- |
| 1 | Die Deutschen liegen an der Spitze in bezug auf | |
| 2 | Anzahl und Kapazität der deutschen Anlagen | |
| 3 | Kosten der Solarenergie | |
| 4 | Kostenvergleich mit herkömmlichen Energiequellen | |
| 5 | Wo in der Welt ist ein technischer Durchbruch zu erwarten? | |

| 6 Worin liegt dieser Durchbruch? | |
|---|---|
| 7 Wo sonst in der Welt wird diese Solarenergieforschung getrieben? | |
| 8 Welche Forschungsgruppe hat die größten Fortschritte gemacht? | |

## AUFGABE 20 | *Einen Zeitungsartikel verfassen*

Schreiben Sie für eine Lokalzeitung einen kurzen Artikel (ca. 250 Wörter) über neue Fortschritte im Bereich der Solarenergie. Achten Sie darauf, daß Ihre Leser keine Fachleute sind! Technische Einzelheiten müssen Sie so klar wie möglich beschreiben.

## Kurznachrichten der *Deutschen Welle* — Text K (Hörtext)

## AUFGABE 21 | *Hören und verstehen*

Sie hören zwei kurze Meldungen: die erste aus Berlin und die zweite aus Tirana in Albanien. Beantworten Sie die folgenden Fragen:

1 Welche Arbeiter haben in Berlin ihre Proteste fortgesetzt?
2 War es nur ein kleiner, lokaler Protest?
3 Welche Aktion haben Hunderte von Menschen in der albanischen Hauptstadt durchgeführt?
4 Wie haben die Regierungstruppen auf diese Aktion reagiert?
5 Woher kamen möglicherweise die Angreifer?

## Der Überlebenskampf der deutschen Binnenschiffer — Text L

### von *Spiegel*-Redakteur Michael Schmidt-Klingenberg

Sein Leben ist ein langer, enger Kanal. Dieter Ackermann, 45, kennt jeden Poller, jeden Pier zwischen Hannover und Hörstel. Jeder Kilometer Mittellandkanal hat für ihn eine Geschichte.

Dort, wo der Mittellandkanal in den Dortmund-Ems-Kanal mündet, ist für den Binnenschiffer „sozusagen meine Heimat". Die elf Jahre im Schifferkinderheim Hörstel waren für Dieter

Ackermann die einzige Zeit seines Lebens, in der er fest an Land gelebt hat. Die Kinderjahre bis zur Schule verbrachte er auf der *Rheingold*.

Seit drei Generationen wohnen und fahren die Ackermanns auf dem Schiff. Der Großvater ließ es 1929 in Lobith jenseits der holländischen Grenze bauen. Im Krieg transportierte die *Rheingold* Munition. 1945 hätten Briten und Amerikaner den Kahn in der Lübecker Bucht beinahe in die Luft gejagt.

Fast 30 Jahre ist Dieter Ackermann nun schon auf der *Rheingold*, hat als Matrose beim Vater angefangen. Seit zehn Jahren ist Ackermann selbst Eigner und Schiffsführer der *Rheingold*, einer von rund tausend deutschen „Partikulieren".

Bald könnte es aus sein mit diesem eigentümlichen Stand der Binnenschiffer. Ackermann zeigt auf die *Detelina*, die der Gerichtsvollzieher kurz hinter Hannover an die Kette gelegt hat: „Pleite". Er zeigt auf die *Atlantis* in Minden, die verlassen am Ufer liegt: „Der mochte nicht mehr." Grimmig sagt der Schiffer: „Der Minister Wissmann will uns ausrotten."

Die *Adriana* aus Zwolle zieht backbord an der *Rheingold* vorbei. „Das ist die Zukunft", sagt Ackermann. Die Holländer fahren kostengünstiger als die deutschen Partikuliere, und seit dem 1. Januar 1995 dürfen sie auch zwischen innerdeutschen Häfen jede Ladung transportieren. Die Kabotage, wie solche Inlandsfahrten von Ausländern in der Fachsprache heißen, hat der deutsche Verkehrsminister ebensowenig verhindert wie 1994 die Aufhebung der festen Frachttarife.

Für Dieter Ackermann und seine Frau geht es nicht nur um den Beruf. „Wir haben unsere ganze Existenz auf dieses Schiff ausgerichtet", sagt Frau Dietburg Ackermann, 43, die seit 18 Ehejahren auf der *Rheingold* fährt. „Das ist unser Leben."

Versonnen blickt der Schiffer über die 80 Meter von Bug bis Heck. Da liegen knapp tausend Tonnen Gips in den beiden Laderäumen. Die weißen Brocken bringen rund 5000 Mark Fracht für zwei und einen halben Tag Fahrt, über 220 Kilometer von Hildesheim bis Ladbergen bei Osnabrück. Mit Leerfahrten, Lade- und Liegezeiten bis zur nächsten Reise muß das Geld die festen Kosten der *Rheingold* für acht Tage decken. Das sind 370 Mark täglich, dazu 1200 Mark für den Diesel-Kraftstoff. Pro Tag bleibt da etwa ein Hunderter übrig. Nicht viel für zwei Leute und bis zu 14 Stunden Arbeit.

Vor fünf Jahren haben die Ackermanns ihren Matrosen entlassen, weil die Frachteinnahmen einen Angestellten nicht mehr trugen. Seitdem packt die Schiffsfrau überall mit an. Mit zehn Kilometern in der Stunde schiebt der 795-PS-Dieselmotor die *Rheingold* durch den Mittellandkanal. Frau Ackermann hat alle notwendigen Patente, außer für die Fahrt unter Radar. So gilt das Ehepaar nach der Binnenschiffsuntersuchungsordnung als eine Mannschaft, die durchgehend von 6 bis 22 Uhr fahren darf, Wochenenden und Feiertage eingeschlossen.

Der Kapitän läßt die Maschine langsamer laufen. Ein Schiff kommt entgegen, und voraus ist eine Baustelle. Der Kanal wird auf 54 Meter verbreitert. „Und die Holländer wer-

*Vokabelnhilfe*

*der Binnenschiffer = bargeman, sailor on inland waterways*
*der Poller = bollard*
*der Kahn = boat*
*die Partikuliere (plural) = small boat-owners*
*der Gerichtsvollzieher = bailiff*
*an die Kette legen = to chain up*
*die Pleite = bankruptcy*
*backbord = on the port side*
*die Kabotage: technical term for foreign freighting on inland waterways*
*von Bug bis Heck = from bows to stern*
*der Gips = gypsum*
*mit anpacken = to lend a hand*
*die Staatsbürgschaften = state sureties*
*unter den Werten liegen = to be below the levels*
*verschrottet werden = to be scrapped*
*das Internat = boarding-school*

den den Vorteil vom Ausbau haben", ärgert sich Ackermann. Dann können die ihre modernen Großschiffe mit 9 Meter 50 Breite und 110 Meter Länge hier fahren.

„Ich bin ja gern bereit, im europäischen Wettbewerb mitzumachen", sagt Ackermann, „aber die Bedingungen müssen für alle gleich sein." Die niederländischen Konkurrenten haben im Jahr rund 80 000 Mark weniger Kosten. Es sind viele kleine Vorteile, die den großen Vorsprung ausmachen: Staatsbürgschaften für Kredite, niedrigere Versicherungssteuern und Dieselpreise, keine Beiträge zur Berufsgenossenschaft, weniger Bürokratie bei den Sicherheitsvorschriften oder auch hohe Subventionen für die Schifferkinderheime. Vielleicht, gibt Ackermann aber zu, sind die niederländischen Binnenschiffer auch bessere Kaufleute: „Der Deutsche ist nicht so wendig."

Nach außen konnten die deutschen Binnenschiffer nie richtig deutlich machen, daß ihre Schiffe von allen Transportmitteln am wenigsten die Umwelt belasten. Energieverbrauch, Kohlendioxidausstoß und Unfallhäufigkeit liegen noch erheblich unter den Werten der Eisenbahn.

Seit den sechziger Jahren ging ihr Anteil an den Transporten fast um die Hälfte zurück. Die großen Kunden der Binnenschiffer waren schrumpfende Branchen wie Kohle und Stahl. Einige öko-bewußte Unternehmen haben inzwischen das Binnenschiff wiederentdeckt. Ford läßt seine Neuwagen auf Spezialschiffen von Köln nach Vlissingen bringen. Neckermann transportiert Container mit Textilien rheinaufwärts nach Frankfurt. Doch das sind Ausnahmen.

Wenn die *Rheingold* verschrottet würde, wären die Ackermanns nicht nur arbeitslos, sondern auch obdachlos. Ihr Haus ist ihr Schiff.

Mit Polstersofa, Couchtisch und Schrankwand haben sie es sich in ihrer Kajüte unter dem Steuerhaus

gemütlich gemacht wie im Eigenheim an Land. Nur, zwischen den Möbeln ist kaum noch Platz. Die Kinder Ingo, 17, und Melanie, 15, sind nun im Internat bei Osnabrück und kommen nur in den Ferien an Bord oder für ein Wochenende, wenn die *Rheingold* nicht zu weit entfernt unterwegs ist. Binnenschiffer wollen sie nicht werden.

Aus *Der Spiegel*, 52/1994

Die Niederländer machen den deutschen Binnenschiffern Konkurrenz

| AUFGABE 22 | *Notizen machen* |

Machen Sie Notizen über den Text:

| | |
|---|---|
| 1 Beruf von Dieter Ackermann | |
| 2 Einzige Lebenszeit an Land | |
| 3 Bau des Schiffes *Rheingold* | |
| 4 Dieters Karriere | |
| 5 Wie steht es mit vielen deutschen Binnenschiffern? | |
| 6 Wer macht den Deutschen Konkurrenz? | |
| 7 Wieso? | |
| 8 Worum geht es für die Ackermanns? | |
| 9 Frachtpreis für Gips | |
| 10 Die festen Kosten der *Rheingold* pro Tag | |
| 11 „Lohn" für die Ackermanns pro Tag | |
| 12 Kein Matrose mehr – wieso? | |
| 13 Der Motor der *Rheingold*: Geschwindigkeit und Pferdestärke | |
| 14 Die Ackermanns sind eine *Mannschaft*. Was bedeutet das? | |
| 15 Wie kommt die Verbreiterung der Kanäle den Holländern zugute? | |
| 16 Vorteile der Holländer? | |
| 17 Sind sie besser als die Deutschen? | |
| 18 Die Binnenschiffahrt und die Umwelt | |
| 19 Die ehemaligen Kunden | |
| 20 Neue Kunden? | |
| 21 Ihr Haus ist ihr Schiff – kurze Beschreibung | |
| 22 Einzelheiten über die Kinder: Namen, Alter, Schule, Berufswünsche? | |

---

| **AUFGABE 23** | *Mini-Rede* |
| --- | --- |

Tragen Sie der Seminargruppe eine Mini-Rede (3–4 Minuten) über die gegenwärtige Lage und zukünftigen Aussichten der deutschen Binnenschiffer vor. Beachten Sie die folgenden Punkte:

- ◊ Überlebenskampf
- ◊ die ausländische Konkurrenz
- ◊ der niedrige Lohn
- ◊ die Binnenschiffahrt und die Umwelt

---

| **Nachrichten der *Deutschen Welle*** | **Text M (Hörtext)** |
| --- | --- |

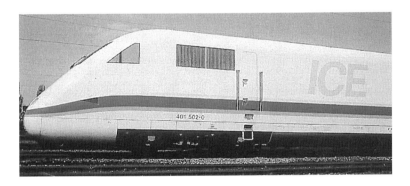

Sie hören zwei kurze Nachrichten. Der erste betrifft ein Eisenbahnunglück und der zweite berichtet über die deutsche Wirtschaftslage im Jahre 1998.

| **AUFGABE 24** | *Rollenspiel* |
| --- | --- |

Machen Sie Notizen über den Inhalt der Nachrichten. Dann machen Sie mit einem Partner bzw. einer Partnerin zwei kurze Rollenspiele, eins für jeden Bericht. Eine Person spielt den Journalisten und die andere spielt den Sprecher (z.B. der Bahn AG oder der Regierung), der alle offiziellen Angaben machen kann.

*Vokabelnhilfe: 1 Eisenbahnunglück*
*auf Hochtouren = in full swing*
*Eschede: eine Stadt in Niedersachsen*
*die Bergungsmannschaft = rescue team*
*der ICE-Zug = Intercity Europe train*
*die Betonteile = blocks of concrete*
*die Einsatzleitung = those directing operations*
*Kohl = Helmut Kohl: German Bundeskanzler at the time of the news report*
*Schröder = Gerhard Schröder: Prime Minister of Lower Saxony at the time of the news report*
*würdigen = (in this context): to praise*
*die Bahn AG = the railway company*
*verfügen, daß . . . = (in this context): to lay down a rule that . . .*
*entgleisen = to become derailed*

*Vokabelnhilfe: 2 Wirtschaftslage*
*das Quartal = quarter (of year)*
*das Bruttoinlandsprodukt = gross domestic product*
*der Vergleichszeitraum = comparable period*
*das Vorjahr = previous year*
*das Statistische Bundesamt = the German Statistics Office*
*der Anstieg = rise*
*ankurbeln = to boost*
*zurückgehen = to decline*
*die Erwerbstätigen = those in employment*

## Eisenbahnunglück

Der Journalist will Bescheid wissen:

◊ Was ist geschehen?

◊ Wo?

◊ Wieviele getötet, wieviele verletzt?

◊ Klärung der Ursache des Unglücks?

◊ Tempo von ICE-Zügen?

## Wirtschaftslage

Der Journalist will Bescheid wissen:

◊ Lage im ersten Quartel 1998?

◊ Bruttoinlandsprodukt?

◊ Exporte?

◊ Zahl der Erwerbstätigen?

# FrankfurterRundschau

Unabhängige Tageszeitung

## Das Rheintal gehört am Sonntag den Fahrradfahrern  Text N

von Dirk Altbürger

Einmal im Jahr kann die vielbesungene Dame mit dem goldenen Haar aufatmen: Dann umwabern sie einmal nicht die Abgasschwaden Tausender Auto-Ausflügler, dann sind in dem nach ihr benannten Tal nur das Tuckern der Dieselschiffe auf dem Rhein und die Freudenrufe der strampelnden Radfahrer zu hören. Zum sechsten Mal ist das Rheintal zwischen Bingen und Koblenz auf der linken und Rüdesheim und Lahnstein auf der rechten Seite des Stroms am kommenden Sonntag für Radfahrer, Fußgänger, Inline-Skater reserviert.

Frau Loreley dürfte das allerdings kalt lassen: Wahrscheinlich wird sie nur wieder stoisch auf den Rhein schauen, wenn die erwarteten 300 000 Pedalritter an ihr vorbeiradeln, von Attraktion zu Attraktion hetzen oder es einfach nur genießen, 120 Kilometer der Bundesstraßen 9 und 42 wenigstens einmal im Jahr ganz für sich allein zu haben.

Von 9 bis 19 Uhr ist an diesem Tag das Rheintal für Autos tabu, was allerdings nicht heißt, daß die Radfahrer freie Bahn haben. In den vergangenen Jahren nutzten so viele die Gelegenheit, daß es zumindest in den Mittagsstunden auf den beiden Straßen so aussah wie zur Rush-hour in großen Städten.

Wem es einmal auf der Straße zu voll werden sollte, bieten entlang der Strecke zahlreiche Stände in allen Orten am Weg und die geöffneten Läden willkommenen Anlaß zu einer Rast. Schließlich liegen, abgesehen von Rüdesheim, so bekannte Weinorte wie Assmannshausen, Bacharach und Oberwesel an der Strecke, locken Lorch mit dem ältesten Renaissancebau am Rhein, dem Hilchenhaus, das Tor zur Rheingoldstraße, Rheindiebach und Kaub mit seiner Kaiserpfalz.

Schon am Vorabend bieten die Städte und Gemeinden für die angereisten Besucher Programm: In Boppard spielt das Burgtheater die Komödie *Die deutschen Kleinstädter*, in Bad Salzig steigt ein Straßenfest, in Oberwesel ein Rheinuferfest der örtlichen Winzer, Braubach lädt zum Stadtrundgang ein und in St Goarshausen ist die Freilicht-bühne auf der Loreley Ort eines Schlager-Festivals.

Damit die Radler problemlos zwischen den beiden Uferseiten wechseln können, verkehren die Fähren in Rüdesheim, Kaub und St Goar pausenlos. Wer sich ein paar Kilometer den Rhein hinauf- oder hinunterfahren lassen will, kann sich auf den Booten der *Köln-Düsseldorfer* einschiffen, die an allen Orten der Strecke halten oder das Angebot der Deutschen Bahn nutzen, die an diesem Tag zwischen Koblenz und Wiesbaden Sonderzüge einsetzt.

Aus *Frankfurter Rundschau*, 26.6.1997

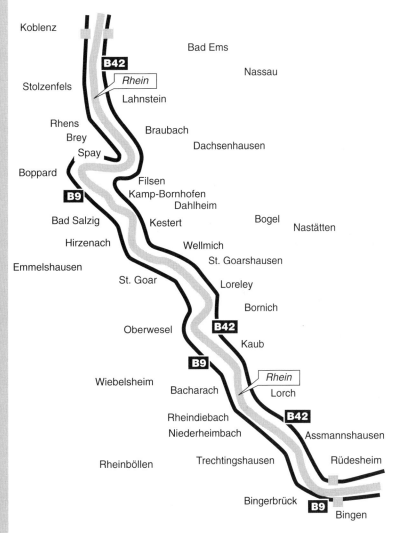

Das Tal der Loreley

| AUFGABE 25 | *Vokabeln suchen* |
|---|---|

Finden Sie im Text die entsprechenden deutschen Wörter bzw. Redewendungen für:

| | | |
|---|---|---|
| 1 | *ferries* | |
| 2 | *for those who find the roads too crowded* | |
| 3 | *the golden-haired lady, famous in song* | |
| 4 | *to cross over from side to side of the river* | |
| 5 | *on the evening before* | |
| 6 | *the local wine-growers* | |
| 7 | *cyclists* | (a)<br>(b)<br>(c) |
| 8 | *the exhaust clouds* | |
| 9 | *the open-air stage* | |
| 10 | *welcome opportunity for a rest* | |

## Einen Zeitungsartikel verfassen                                    Workshop II

*Das können Sie entweder allein oder in einer Gruppe machen.* Sie sind Journalist bzw. Journalistin und wollen einen kurzen Artikel für eine Lokalzeitung verfassen. Machen Sie sich zuerst Notizen und schreiben Sie anschließend 300–500 Wörter über ein Thema wie etwa:

- ◊ ein politisches Ereignis auf der Weltbühne
- ◊ ein Verbrechen (z.B. Raubüberfall)
- ◊ ein Umweltproblem (z.B. Flugverkehrslärm, Autoabgase, Müllbeseitigung)
- ◊ eine Straßendemonstration
- ◊ ein Bürgerprotest
- ◊ ein Film/ein Theaterstück/ein Musikfest
- ◊ ein technischer Fortschritt
- ◊ Hungernot in der dritten Welt
- ◊ ein Sport-Wettkampf
- ◊ eine Freizeitbeschäftigung

## Brainstorming

Bilden Sie Gruppen von 4–5 Personen. Bereiten Sie Antworten auf die folgenden Fragen vor und präsentieren Sie diese der ganzen Seminargruppe:

◊ Wer von Ihnen benutzt das Internet?

◊ Wozu?

◊ Wie funktioniert das Internet? Erklären Sie das einem Freund/einer Freundin, der/die es nicht versteht.

◊ Was für eine Wirkung hat das Internet schon auf das tägliche Leben? (Wie man arbeitet, wo man wohnt usw.)

◊ Und in den nächsten 10 Jahren?

◊ Im Geschäftsleben dient das Internet als wichtiges, aber nicht einziges Kommunikationsmittel. Warum braucht man immer noch das Telefon, das Fax, den Geschäftsbrief und die persönliche Begegnung? Wird das immer der Fall bleiben?

## Die Computervernetzung · Text A

# Das World Wide Web

Eine Einführung in den Zweck der Vernetzung. Der Ursprung des Internet oder des World Wide Web liegt im militärischen Bereich. Es wurde Ende der 60er Jahre als katastrophensicheres System vernetzt. Das Gute am Netz ist, daß man zu jeder erdenklichen Disziplin Informationen und Daten bekommen oder Gesprächspartner finden kann. Es ist kaum möglich zu kontrollieren, was so über das Netz geht, ganze Bücher aber auch unerwünschtes Material wie Pornographie. Wenn man das Netz ausprobieren will, kann man *surfen*.

Von Amerika ausgehend wird eine Datenautobahn geplant, die mit abrufbaren Videos und virtueller *shopping-mall* die Konsumenten befriedigt, und nebenbei ist das Internet auch wissenschaftlich orientiert. Forschungsinstitute, Firmen, Universitäten und Privatpersonen sind an die Infrastruktur angeschlossen. Etwa 3 Millionen Systeme verbinden die Länder der Erde wie ein Telefonnetz.

Die meisten Computernetze sind an das Internet angeschlossen. Der Zweck der Vernetzung ist, daß man

▷ elektronische Briefe schreiben kann
▷ Nachrichten veröffentlichen kann
▷ Informationen bekommen kann
▷ überregional zusammenarbeiten kann.

**Das Gopher** ist ein Verfahren im Internet oder ein Programm, das mit diesem Verfahren arbeitet, um *online*-Datenbanken abzufragen. Mit dem Gopher umzugehen ist ziemlich einfach. Man kann Verzeichnisse durchsuchen, sich von einem Computer zum anderen hangeln und verschiedene Ressourcen *ersurfen*. Mit einem Mausklick kann man die elektronischen Kataloge von zahlreichen Bibliotheken lesen, Lexika durchblättern, *online*-Bücher lesen, Comics und Weltraumgrafiken anschauen. Zuerst muß man einen Gopher-server anwählen, d.h. einen Rechner, der einen mit den verschiedenen Möglichkeiten bedient.

Um Dokumente in den verschiedenen Formaten betrachten zu können, braucht man ein Hilfsprogramm, meist also *shareware*. Dann kann man sich von Menüpunkt zu Menüpunkt vorarbeiten, Ordner öffnen und schließen oder in andere Verzeichnisse abzweigen. Man kann auch durch das Suchprogramm *Veronica*, welches im Gopher integriert ist, die Einträge aller Gopher-Server nach einem bestimmten Begriff bzw. Stichwort durchsuchen.

**Das WWW** oder **World Wide Web** ist einer der neuesten und beliebtesten Dienste im Internet. Es ist ein Hypertext-System, d.h. man kann über markierte Wörter in einem Text zu anderen Texten abzweigen. Das Web besteht nicht nur aus Text, sondern ist multimedial, d.h. es können auch Grafiken integriert werden. Von jeder beliebigen Stelle im Text kann man Verzweigungen zu anderen Texten in anderen Rechnern herstellen.

Die *resources* im Web sind nach Seiten organisiert. Eine solche Seite können Sie über die URL-Adresse (*uniform resource locator*) anrufen. Man kann auch auf eine Verknüpfung (*link*) klicken, und damit auf eine andere Seite umschalten. Um das Web zu erschließen, brauchen Sie einen WWW-*Browser*. Nachdem Sie mit dem Rechner Kontakt gemacht haben, der Ihnen die erwünschten Informationen bringt, werden diese auf Ihren Rechner übertragen und erscheinen auf dem Bildschirm.

Für die elektronische Kommunikation brauchen Sie auch ein **Modem** (*Modulator-Demodulator*). Das Modem *singt* die Bits und Bytes und verwandelt die Information in computerverdauliches Material. Das Prinzip ist ähnlich wie beim Fax, nur überträgt das Fax das Bild des Textes als Hell-Dunkel-Information, während das Modem die Zeichen selber in codierter Form überträgt. Mit einem Fax-Modem kann man direkt aus dem Computer faxen und in Sekunden eine Kommunikation ans andere Ende der Welt schicken. Das Modem kann mit verschiedenen Rechnern funktionieren, z.B. MS-DOS-Rechner (IBM-kompatible Rechner) aber auch mit *Apple*, *Ataris* oder *Amigas*. Man kann über ein Telefonnetz das Modem einer anderen Person anrufen und direkt mit deren Computer kommunizieren.

---

*Vokabelnhilfe*
*hangeln* = move, swing (e.g. from one computer to another)
*anwählen* = dial into
*die Einträge* = input

## AUFGABE 1 | *Lesen und verstehen*

Beantworten Sie die folgenden Fragen mit „Richtig oder Falsch":

| | RICHTIG | FALSCH |
|---|---|---|
| 1 Das **WWW** ist ein einseitiges Einbahnsystem, wobei man nur Informationen bekommt, aber nicht mit Gesprächspartnern reden kann. | | |
| 2 Im **WWW** gibt es strikte Datenkontrollen. | | |
| 3 Die geplante Datenautobahn aus Amerika ist vor allem für Videos und Einkäufe gedacht. | | |
| 4 Das Internet enthält etwa dreitausend Netzwerke. | | |
| 5 Mit dem Gopher-Programm kann man online-Datenbanken nach Informationen befragen. | | |
| 6 Mit dem Gopher-Programm kann man von Verzeichnis zu Verzeichnis surfen. | | |
| 7 Mit dem Gopher-Programm kann man keine Ordner öffnen und schließen. | | |
| 8 Man kann dem Suchprogramm *Veronica* einen Begriff eingeben, z.B. Tierschutz, und es wird dann alle Internet-Gopher-Server unter diesem Begriff nach Daten durchsuchen. | | |
| 9 Mit dem Web kann man nur Text bearbeiten. | | |
| 10 Man kann nicht an allen Stellen im Text Verzweigungen herstellen. | | |
| 11 Die URL-Adressen sind nach Seiten organisiert, ebenso die Einträge. | | |
| 12 Die Informationen aus den anderen Rechnern werden direkt gespeichert, ohne auf dem Bildschirm zu erscheinen. | | |
| 13 Das Modem überträgt seinen Text als Hell-Dunkel-Information. | | |
| 14 Das Fax arbeitet auf gleiche Weise wie das Modem, das Fax mit Hell-Dunkel-Information, das Modem mit codierten Zeichen. | | |
| 15 Mit dem Fax-Modem brauchen Informationen ziemlich lange, um übertragen zu werden. | | |
| 16 Das Modem funktioniert mit IBM-Rechnern, aber auch mit Apple, Ataris und Amigas. | | |

## AUFGABE 2 | *Begriffe definieren*

Bitte definieren Sie mit eigenen Worten, aber mit Hilfe des Textes, die folgenden Begriffe:

| das World Wide Web | Das WWW ist ein Computernetz, das weltweit Rechner miteinander verbindet. Man kann wie bei einer virtuellen Bibliothek auf Informationen zugreifen und auch mit Gesprächspartnern verhandeln. |
|---|---|
| die Datenautobahn | |
| die virtuelle shopping mall | |
| Suchprogramme | |
| die URL-Adresse | |
| das Modem | |

## AUFGABE 3 | *Das Internet ausprobieren*

Probieren Sie das World Wide Web aus. Bilden Sie Gruppen von je 2 Personen. Jede Gruppe soll eine andere Information über Deutschland finden. Beispiele:

▷ aktuelle politische Ereignisse
▷ Hintergrundberichte über Deutschland
▷ Programmvorschau von *Deutsche Welle* radio.

Rufen Sie das Informationsangebot unter der jeweiligen Adresse ab. Sie finden z.B. die Internet-Angebote der Bundesregierung, *Deutschland-Infos Online*, unter http://www.bundesregierung.de und die Programmvorschau von *Deutsche Welle* radio unter http://www.dwell.de

| Die E-Mail, die Mailbox, die schwarzen Bretter | Text B |
|---|---|

## Die E-Mail und die Mailboxen

Eine der wichtigsten Dienstleistungen der elektronischen Kommunikation ist die E-Mail oder die elektronische Post. Eine E-Mail-Übertragung (z.B. eine volle Seite Text) dauert nur einige Sekunden und kostet nur soviel wie ein lokaler Telefonanruf kosten würde. Die E-Mail wird über ein Computernetz verschickt. Man hat die eigene E-Mail-Adresse oder elektronische Anschrift in Form eines elektronischen Postfaches, wo man die eigene Post abholen kann. Um eine E-Mail zu schicken, muß man eine *E-Mailbox* haben. Die Systembetreiber werden im Jargon *SYSOP* genannt, ein Kürzel für *system operator*. Oft steckt ein Sysop-Team, oder auch ein Betrieb oder eine Organisation, hinter den Mailboxen. Eine Mailbox ist noch kein Computernetz, aber man kann sich mit anderen Personen vernetzen.

Kommunikation von Mensch zu Mensch kann heute die Erde umspannen

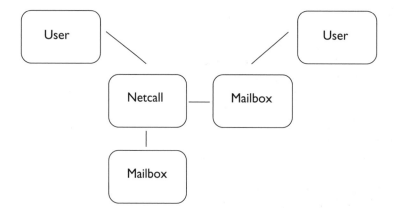

Es gibt viele Mailbox-Netze, z.B. das *Fido*-Netz, das als erstes Mailbox-Computernetz auf PC-Basis in der ganzen Welt verbreitet ist. Es gibt auch ein Maus-Netz zum Austausch von Software, und das deutschsprachige CL-Netz. Die *shareware* sind Softwareprogramme, die ohne Einschränkung kopiert werden können. Nach einer kostenfreien Probezeit muß man dem Autor eine Gebühr überweisen.

## Schwarze Bretter

Nachrichten, die sich nicht an eine bestimmte Person richten, können an ein elektronisches schwarzes Brett gehängt werden. Im Internet werden diese auch *newsgroups* oder *conferences* genannt. Meistens sind die Bretter hierarchisch strukturiert, das heißt in *directories* und *subdirectories* als Verzeichnisse und Unterverzeichnisse in einem Archivsystem. *Online* und *offline* sind Bedienungsmethoden. Mit *online* kann man in einem Brett stöbern, d.h. ein Brett öffnen, sich das Inhaltsverzeichnis anzeigen lassen, einzelne Nachrichten lesen. *Offline* ist eine komfortablere und effizientere Zugriffsmethode, wobei man Zugang auf Informationen hat, ohne über ein Telefon oder Datennetz gehen zu müssen. Das geschieht, indem man die Informationen über einen *online*-Anruf in die Mailbox auf den Rechner überträgt. Dazu braucht man einen *offline message reader*, der *point* genannt wird.

## Die E-Mail-Adresse

Um E-Mail zu bekommen, muß man eine E-Mail-Adresse haben. Die Domainadressierung enthält immer als erstes den *Account-* oder Teilnehmernamen, dahinter ein @ für *at* (bei). Danach folgt das System, bei dem der Teilnehmer den *Account* hat, dann die Region, gefolgt vom Land. Ein Beispiel einer E-Mail-Adresse könnte sein: **marlene_dietrich @fem-f.rhein-main.de**

Die E-Mail findet den Weg durch die Netze, indem die Adresse von hinten nach vorne gelesen wird.

Mailboxen und Datenbanken in Computernetzwerken stellen Post, Tageszeitungen und Archive zur Verfügung. Datenbanken sind stärker strukturiert als Mailboxen und eignen sich besser zur Recherche, während Informationen in Mailboxen inhaltlich chronologisch geordnet in virtuellen Schubladen liegen. Telefongesellschaften bieten zahlreiche Dienste an, z.B. **Telefon, Telefax, Btx (Bildschirmtext) Temex, Telex, Teletex, paketorientierte Datennetze, Videokonferenzen, Fernsehen** und **Rundfunk**. In Zukunft werden sämtliche Dienste in einem gemeinsamen Netz angeboten.

Datenschutz in Mailboxen gibt es, indem man die eigene Adresse und Telefonnummer geheimhält. Die persönlichen Nachrichten sind auch mit einem Paßwort bzw. Kennwort verschlüsselt. Infektionen durch Viren können vorkommen, wenn man Programme aus Mailboxen holt, aber man kann mit einem Virenschutzprogramm im kalten Krieg zwischen Viren und Virentötern mithelfen.

## Die Mailboxen

Dazu braucht man im *online*-Dienst eine Identifikation, die aus einem Benutzernamen (*username*) und einem Paßwort besteht. Man braucht auch einen *account*, den man bei der Systembetreuung beantragen kann. Das Paßwort schützt vor Mißbrauch durch Chaoten. Unbefugte können durch Nutzung der Teilnehmerkennung große Kosten verursachen. Aus diesem Grunde sollten zu leicht knackbare Paßwörter vermieden werden.

Für eine Mailbox braucht man auch ein Benutzerkonto, in dem die kostenpflichtigen Gebühren automatisch verrechnet werden. Der Versand von E-Mail über das Netz ist kostenpflichtig. Das elektronische Porto hängt von der Länge der Nachricht ab. Private Nachrichten über E-Mail werden in das persönliche Fach gesteckt. Die Adressen müssen absolut korrekt geschrieben werden, sonst kommen die Nachrichten nicht an.

Die schwarzen Bretter sind ebensowichtig wie die private E-Mail, denn man kann mit *electronic publishing* einen Text über ein schwarzes Brett an Tausende von Benutzern in der ganzen Welt schicken. Im *Zerberus*-System werden die Bretter durch einen vorangestellten Schrägstrich gekennzeichnet. Zuerst kommt das allgemeine Brett und dann die Unterbretter, zum Beispiel Z/2-Netz (das ursprüngliche breitangelegte Brett), dann das spezifische Unterbrett, z.B: **/fem/projekte/berlin**.

**Routing** ist die Methode, wodurch Informationen über sogenannte *Routwege* weitergegeben werden. Nicht jede Mailbox ruft jede andere an, sondern ein- oder zweimal pro Tag werden die nahegelegenen Mailboxen angerufen; jene geben dann die Nachrichten weiter. Wenn man *eingelogt* ist, kann man E-Mail lesen und versenden. Wenn man Informationen schicken will, muß man das Thema in der Betreffzeile angeben.

*Vokabelnhilfe*
*die Zugriffsmethoden* = methods of access
*der Virentöter* = virus guard
*die Chaoten* = computer hackers
*unbefugt* = unauthorized

| AUFGABE 4 | *Lesen und verstehen* |
|---|---|

Beantworten Sie die folgenden Fragen mit „Richtig oder Falsch":

|  |  | RICHTIG | FALSCH |
|---|---|---|---|
| I | **Die E-Mail ist sehr teuer.** |  |  |
| 2 | **Man braucht keine E-Mailbox für E-Mail-Nachrichten, nur einen Rechner.** |  |  |
| 3 | **Es gibt nur ein einziges Mailbox-System.** |  |  |
| 4 | ***Shareware* ist permanent gratis.** |  |  |
| 5 | **Bretter sind in Verzeichnisse und Unterverzeichnisse geordnet.** |  |  |
| 6 | **Man kann Informationen an Unbekannte verteilen, indem man sie an ein elektronisches Brett hängt.** |  |  |
| 7 | **Sowohl *online* als auch *offline* gehen über ein Telefon oder Datennetz.** |  |  |

| | | |
|---|---|---|
| 8   Die E-Mail-Adresse muß nur ungefähr richtig sein. | | |
| 9   Die E-Mail liest zuerst den Namen des Empfängers und als letztes die Region, gefolgt vom Land. | | |
| 10   Über das Telefonnetz kann man Videokonferenzen veranstalten. | | |
| 11   Man kann die persönlichen Nachrichten mit einem Kennwort verschlüsseln. | | |
| 12   Bei *Routing* ruft jede Mailbox jede andere regelmäßig an. | | |

## AUFGABE 5 | *Begriffe definieren*

Bitte definieren Sie mit eigenen Worten, aber mit Hilfe des Textes, die folgenden Begriffe:

| | |
|---|---|
| die E-Mail | |
| die Mailbox | |
| das schwarze Brett | |
| der Datenschutz | |
| Online . . . Offline | |
| die Betreffzeile | |

| | |
|---|---|
| das Netzsurfen | |
| die Teilnehmerkennung | |
| der Ordner | |

# Beispiele von E-Mails

Subj: „Handbuch der Satelliten-Direktempfangstechnik"
Date: 30/09/98 10:42:57 GMT

Sehr geehrter Herr Burke,
ich schicke Ihnen hiermit eine kurze Empfehlung des Handbuchs
der Satellitenempfangstechnik:

Empfehlenswerte Fachliteratur

Das Handbuch der Satellitenempfangstechnik aus dem Huethig
Buch-Verlag in Heidelberg unterstuetzt den
Kommunikationselektroniker und -praktiker ebenso wie den
Ingenieur und Studierenden, aber auch den interessierten Laien mit
sorgfaeltig ausgewaehltem und aufbereitetem Sachwissen und
ermoeglicht, den Zugang zu der neuen, anspruchsvollen Technik
schnell und qualifiziert zu finden. Mit diesem Buch werden sowohl
Fragen zur Auswahl, Aufstellung und Ausrichtung von
Heimempfangsantennen als auch die meisten technischen und
technologischen Fragen zum dazugehoerigen Satellitensystem
beantwortet. Zur leichteren Lesbarkeit sind die einzelnen Kapitel so
abgefasst, dass sie auch ohne Kenntnis der anderen Kapitel
verstaendlich sind. Ausserdem werden im Anhang die wichtigsten
Fachausdruecke kurz erklaert. Kurzum, wer sich in der modernen
Satellitentechnik zurechtfinden will, sollte dieses Buch besitzen.

Mit freundlichen Gruessen

Waldemar Kraemer

Date sent:   Tue, 2 Jun 1998 00.29:02 +0200 (METDST)
Subject:     Gruesse aus Leipzig

Hallo Andrea,

   vielen Dank fuer die Info ueber die WIGS Konferenz in
Manchester. Das wuerde mich zwar sehr interessieren, aber ich
werde leider nicht kommen koennen. Am 16./18. Juli ist bei uns das
Semester noch nicht zu Ende, und dann kann ich hier nicht so
einfach weg, schon gar nicht, wenn ich selbst keinen Vortrag halte.
Aber vielleicht klappt es ja ein anderes Mal. Gibt es denn vielleicht
mal irgendwo eine Konferenz, die sich speziell mit Ostdeutschland
beschaeftigt?

   Wie lange geht bei Euch denn eigentlich das Sommersemester?
Mir gefaellt es nicht besonders, dass es hier immer erst Ende Juli
Semesterferien sind, denn sobald es warm wird, habe ich weniger
Lust zu arbeiten, und meinen Studenten geht es auch so.

   Viele Gruesse, Margrit

---

| AUFGABE 6 | *Ein schwarzes Brett finden* |

Bilden Sie Gruppen von 2 Personen und finden Sie ein deutsches
schwarzes Brett (auch *newsgroup/conference* genannt) im Internet. Was
haben Sie dabei herausgefunden? Besprechen Sie Ihre Erfahrungen mit
anderen Gruppen. Wozu dienen die sogenannten schwarzen Bretter?
Inwiefern sind sie wirksam?

---

| AUFGABE 7 | *Adjektivformulierungen* |

Beispiel: Verb im Partizip + Adjektiv-Endungen + Nomen im
Akkusativ/Genitiv/Dativ.

| breitanlegen | das Brett | *Akkusativ*: das breitangelegte Brett |
| | | *Genitiv*: des breitangelegten Brettes |
| | | *Dativ*: mit breitangelegtem Brett |
| voranstellen | der Schrägstrich | *Akkusativ*: _____ |
| | | *Genitiv*: _____ |
| | | *Dativ*: mit _____ |
| überweisen | die Gebühr | *Akkusativ*: _____ |
| | | *Genitiv*: _____ |
| | | *Dativ*: mit _____ |
| herbeiziehen | die Shareware | *Akkusativ*: _____ |
| | | *Genitiv*: _____ |
| | | *Dativ*: mit _____ |
| verwandeln | die Informationen | *Akkusativ*: _____ |
| | | *Genitiv*: _____ |
| | | *Dativ*: mit _____ |
| verbreiten | das System | *Akkusativ*: _____ |
| | | *Genitiv*: _____ |
| | | *Dativ*: mit _____ |
| verschlüsseln | das Kennwort | *Akkusativ*: _____ |
| | | *Genitiv*: _____ |
| | | *Dativ*: mit _____ |

| **AUFGABE 8** | *Vokabeln suchen* |

Lesen Sie Texte A und B nochmals durch und setzen Sie die fehlenden Wörter in die Tabelle ein:

| DEUTSCH | ENGLISCH |
| --- | --- |
| 1 abzweigen | to branch out/move (e.g. from one directory to another) |
| 2 | keyword |
| 3 | graphics |
| 4 | directory |
| 5 Einträge | |
| 6 der Rechner | |
| 7 | file |
| 8 die Zugriffsmethode | |
| 9 der Benutzername | |
| 10 das schwarze Brett | |
| 11 | screen |
| 12 vernetzen | |

## Style notes: German e-mail and fax

E-mails and faxes written in German are used for the same purposes as those written in other languages. The style of language used must be appropriate for the specific purpose in each case.

# E-mail

For example, an e-mail between friends can be as informal as a chat on the telephone. If used as a business communication, however, it must be as formal as a (short) business letter.

| AUFGABE 9 | *Ein E-mail schreiben* |
|---|---|

Now have a try at sending an e-mail in German either to a friend in Germany, Austria or Switzerland or to a German-speaking organization. With luck, you may receive a reply!

# Fax

A fax is much more likely to be formal, as it is frequently used for the rapid transmission of written information where a record is to be kept. This could range from a hotel booking to a legal contract and the length can vary from one sentence to many pages of accompanying documents. The skill of fax-writing is therefore virtually identical to that of writing a business letter (see later on in this chapter), but you need to note the German terms for the fax header. Read the following two faxes, one originating in Switzerland and the other in Austria.

SENDER: R.S. KREUZBERG ; 15.8.99 ; 13.21 ; +41 1 171 2981

## R S KREUZBERG & PARTNER
### RECHTSANWÄLTE
HOFSTRASSE 47• POSTFACH 8023 • ZÜRICH •TEL 01 113 1361• FAX 01 171 2981

### TELEFAX

| | |
|---|---|
| An: | Prunk AG, Herrn Dr. Heinz Meier<br>Mainzstr. 45, 9014 St. Gallen |
| Faxnummer: | 071 294 1871 |
| Von: | Irene Fell |
| Sekretärin: | Nicole Traube |
| Datum: | 15. August 1999 |
| Betrifft: | **Hans Bergmann AG** |

Anzahl Seiten (inkl. Deckblatt): 9

*Wenn Sie nicht alle Seiten erhalten haben, rufen Sie uns bitte an.*

Mitteilung:

Sehr geehrter Herr Dr. Meier,

in der Beilage erhalten Sie unser heutiges Schreiben mit den Kopien der Korrespondenz in der obgenannten Angelegenheit.

Mit freundlichen Grüssen

NT

Nicole Traube

Sekretärin

Beilage

## TELEFAX

**BRUNO SCHWARZ AG**, Wolfganggasse 32, A–1121 Wien/Austria
Tel. +43–1–567 52 13 / Fax +43–1–567 52 7

an: Nonnenberg AG
z.Hd. Herrn A. Künzli
Fax: +41–45–76302 12
von: Dr Heinz Voller, Bruno Schwarz AG
Datum: 25.3.2000 Seiten (inkl. dieses Blatt): 3

### Lieferungen von K2r Backofen-Reiniger nach Schweden

Sehr geehrter Herr Künzli,

Ihren Wunsch nach Änderung der Verpackung auf Paletten haben wir am 21. März der Firma Figa mitgeteilt. Gemäß beiliegender Kopie weist Herr Bergmann darauf hin, daß bereits jetzt schon der Backofen-Reiniger im Umkartons à 50 Dosen abgepackt wird. Eine Änderung der Palettengröße kann von Figa nicht akzeptiert werden.
Dies zu Ihrer Information.

Mit freundlichen Grüßen

HV

Dr Heinz Voller

Beilagen

Wenn Sie nicht alle Seiten erhalten haben, rufen Sie uns bitte zurück. Danke!

| AUFGABE 10 | Ein Telefax lesen |
|---|---|

Make a note of the German terms used in the fax headers and complete the table below.

| ENGLISH | GERMAN |
|---|---|
| Fax number | |
| Re/Subject | |
| To | |
| Number of pages | |
| For the attention of | |
| Enclosures | |
| incl. this sheet | |
| incl. top page | |
| From | |

| Vernetztes Arbeiten | Text C |
|---|---|

## IT Informationstechnologie, Computer-Hardware, Software-Anwendung und die Netzwerke, welche diese miteinander verbinden

### von Carl Hoburg

**Die IT ist ein wichtiges Werkzeug** für Wirtschaftsanalysen. Wirtschaftliche Daten können viel effizienter ausgewertet, zu Informationen verarbeitet und schließlich zu Wissen in den Köpfen der Entscheidungsträger gemacht werden, wenn sie, und in der Folge auch die Informationen, auf Computernetzen verfügbar sind.

**IT spielt eine zentrale Rolle** im Finanzdienstleistungsgewerbe, das praktisch ausschließlich mit riesigen Informationsmengen handelt. Bei seinem letzten Jahresbericht hatte der Schweizerische Bankverein ein Vermögen von ungefähr 207 Milliarden Schweizer Franken. Davon waren nur 3% Vermögenswerte in Form von Sachanlagen, wie z.B.

Grundstücken, Gebäuden und Betriebsausstattung. Der größte Teil der restlichen 97% (mit Ausnahme der Edelmetalle) lag nur noch in digitaler Darstellung auf einem Computersystem vor.

**IT verbessert sich weiterhin sehr schnell.** Ein neuer Computer ist heute bereits doppelt so leistungsfähig wie ein vor knapp 18 Monaten gleich teueres Modell. Diese Entwicklung kann schon seit Jahren beobachtet werden und wird wahrscheinlich auch die nächsten Jahre noch anhalten. Die immer leistungsfähigeren Rechner ermöglichen es Finanzdienstleistungsunternehmen, wie z.B. Banken, die IT als verläßliches Arbeitsinstrument auf breiter Front zu nutzen. Einerseits lassen sich komplexe Rechenvorgänge innerhalb von Sekundenbruchteilen abwickeln, so daß Marktverschiebungen laufend berücksichtigt werden können. Andererseits lassen sich die gewaltigen Informa-tionsmengen des Unternehmens selber erst umfassend bewältigen.

**Dank dem Fortschritt in der IT** können Finanzinstitute im weiteren traditionelle Produkte über effizientere Kanäle anbieten. Heute können Kunden eine Vielzahl von Transaktionen über vollautomatisierte Bancomaten sowie über Telefon- und PC-basierte Software tätigen, anstatt dafür zu einer Bankfiliale gehen zu müssen. Die Aufträge werden von Computern ausgeführt und anschliessend die entsprechenden Auswertungen – z.B. Depot-Auszüge oder Saldi – den Kunden zur Verfügung gestellt.

In anderen Dienstleistungsbereichen, wie z.B. im Transportwesen, ermöglichen Computer und Netzwerke eine effizientere Verwendung der Aktiven. Lieferfirmen statten ihre Lkws mit Computern aus, die Informationen über Satellitennetze an zentrale Versandeinheiten schicken. Dadurch können die Lkws einer Firma mehr Fahrten mit vollen Anhängern machen. Zudem ist sichergestellt, daß sich die Fahrer an die Transportrichtlinien, wie z.B. Geschwindigkeitsbeschränkung und gefahrene Stunden pro Tag halten. Das Ergebnis ist ein verbesserter Kundendienst und eine Verminderung der Versicherungs- und Unfallkosten.

Wird eines Tages das Internet sogar den Stammtisch ersetzen?

**Computer, Netzwerke und digitale Informationen werden auch zu Hause immer wichtiger.** In den nächsten paar Jahren werden wir eine Annäherung von Computer, Fernseher und Telefon beobachten können. Fernseh- und Telefonhersteller statten ihre Geräte mit immer leistungsfähigeren Computern aus, während Computerhersteller ihre Geräte mit Sprach- und Videofunktionen ausbauen. Dies wird neue und effizientere Wege eröffnen, Güter und Dienstleistungen direkt nach Hause zu liefern.

Aus *Der Monat*, 1.2.96

## AUFGABE 11 | *Lesen und verstehen*

Bitte beantworten Sie die folgenden Fragen zum Artikel *Vernetztes Arbeiten*.

1   Nennen Sie drei Vorteile der IT.
2   Wie sind 97 % aller Vermögen dargestellt?
3   Wie groß ist die Leistungsfähigkeit eines Computers heute?
4   Nennen Sie zwei Charakteristika von Rechnern, die im Gebrauch von Banken sind.
5   Welchen Vorteil hat die IT für die Bankkunden?
6   Nennen Sie 2 Vorteile der IT im Transportwesen.
7   Welche sind die Innovationen in privaten Häusern?

## AUFGABE 12 | *Eine WWW-Seite verfassen*

Bilden Sie Gruppen von 3–5 Personen. Finden Sie im Internet eine deutsche Web-Seite, die über eine Universität bzw. eine Firma berichtet. Diese Web-Seite soll Ihnen als Vorlage dienen.
   Verfassen Sie selber eine World-Wide-Web-Seite, die Informationen über Ihre Universität bzw. Ihre Firma bringen soll. Schließen Sie folgende Punkte ein:

◊   Universität: Anzahl der Studenten, Kurse, geographische Lage usw.
◊   Firma: Produkte bzw. Dienstleistungen, Umsatz, geographische Lage usw.

## AUFGABE 13 | *Eine Umfrage durchführen*

Verfassen Sie einen Fragebogen über die Rolle der IT im täglichen Leben. Beachten Sie folgende Punkte:

▷   Vorteile und Nachteile der IT.
▷   Hat IT die persönlichen Arbeitsbedingungen verbessert oder verschlechtert?
▷   Wie wird IT in der Zukunft den Lebensstil verändern?

Anschließend führen Sie die Umfrage bei Mitstudenten bzw. Kollegen oder Bekannten durch.

Eine Anzeige der Bundesregierung

## Der Mensch im Netz — Text D (Hörtext)

Deutsche Welle

| AUFGABE 14 | *Zuhören und Fragen beantworten* |

Hören Sie diesen Radiobericht und beantworten Sie die folgenden Fragen.

1　Womit wird am Anfang des Berichts der Mensch im Netz verglichen?
2　Das Netz ist eine ambivalente Metapher. Welche drei Assoziationen vom Stichwort „Netz" werden hier erwähnt?
3　Warum kann man ein Netz nur schwer überblicken?
4　In welcher Form haben sich die frühen Christen die Welt vorgestellt?

5  Welche Struktur hat das Netz?

6  Welche Denkweisen kann man mit dem Netz nicht mehr anwenden?

7  Wie kann im nächsten Jahrtausend die Datenautobahn das Leben verändern?

8  Wie und wo kann man in der Zukunft arbeiten?

9  Was ist der technologische Sprung, den unsere Gesellschaft im Moment macht?

10  Werden Arbeitsplätze infolge des Netzes geschaffen oder vernichtet?

11  Nennen Sie drei große Hindernisse in bezug auf das Geschäft mit den Netzen.

12  Was sind Datenspuren?

13  Warum wollen viele Regierungen Verschlüsselungstechnologien verhindern?

14  Was könnte der Mensch als Autor verlieren, wenn er im Netz arbeitet?

| AUFGABE 15 | *Einen Hörtext zusammenfassen* |
| --- | --- |

Schreiben Sie eine Zusammenfassung des Berichtes *Der Mensch im Netz* (250 Wörter).

**Die folgenden Punkte sollen eingeschlossen werden:**

◊  **der Mensch von früher und der Mensch von heute: Kugel oder Netz?**

◊  **die Zukunftsvision: Wie lernt man? Wie arbeitet man? Wie kauft man ein?**

◊  **die Gefahren: Kein wirksamer Datenschutz? Kein sicheres Autorenrecht?**

## Der Geschäftsbrief: das Format

Ein Geschäftsbrief hat meistens das folgende Format:

(1) Name und Adresse des Senders (Briefkopf)
(2) Adresse des Empfängers
(3) Zeichen und Datum
(4) Betreff
(5) Anrede
(6) Inhalt des Briefes
(7) Grußformel
(8) Unterschrift
(9) Anlagen

(1)

**Mandel GmbH**
**Bahnhofstraße 4**
**Postfach 24 51 91**
**47051 Duisburg**
**Tel: 0203 70 00 63**
**Fax: 0203 70 00 58**

(2)

Herrn Robert Reinhard
Kunzel AG
Waliserweg 55
5010 Salzburg

(3)

Unser Zeichen:    Ihr Zeichen:    23. Juni 2001
76 AM/pg         IT/ol

(4)

Betr.: Lieferbedingungen

(5)

Sehr geehrter Herr Reinhard,

(6)

leider ist auch Ihre letzte Lieferung von Maschinenteilen zu spät bei uns
angekommen, so daß wir unsererseits nicht imstande waren, eine Lieferfrist
für einen unserer Kunden einzuhalten.

Wir haben natürlich für Ihr gegenwärtiges Problem Verständnis, aber wir
wären Ihnen dankbar, wenn Sie uns nächste Woche persönlich besuchen
könnten, um die Lage zu besprechen.

(7)

Mit freundlichen Grüßen

(8)

*Alfred Mandel*

(9)

Anl:
Lieferschein

# Notes

1   The German business letter is quite formal in style and especially in layout.

2   Note that Herrn (2) is in the Accusative (short for An Herrn), but that Herr (5) is in the Nominative case.

3   After the greeting, there is a comma and the first line of the body of the letter continues in the same sentence and therefore does not start with a capital letter.

4   The usual ending is now Mit freundlichen Grüßen rather than the old-fashioned hochachtungsvoll.

5   Any enclosures are indicated by Anl. or Beilagen underneath the signature.

---

| AUFGABE 16 | Einen Geschäftsbrief schreiben |
|------------|--------------------------------|

Beantworten Sie bitte den obigen Geschäftsbrief. Beachten Sie dabei alle Einzelheiten des Geschäftsbriefformats. Schließen Sie die folgenden Punkte ein:

▷  Entschuldigung
▷  Rabatt angesichts der Unannehmlichkeit
▷  Absicht, die Speditionsfirma zu wechseln
▷  Termin für Lagebesprechung (bei Mandel GmbH in Duisburg).

---

## Workshop

Bilden Sie Gruppen von 5–8 Personen. Forschen Sie das deutsche Informationsangebot des Internets.

ᐤ  Welche sind die nützlichsten Web-Verzeichnisse bzw. Web-Seiten für Studierende der deutschen Sprache?

ᐤ  Machen Sie Notizen über Inhalt und Zweck der besten Web-Seiten mitsamt ihren Internet-Adressen.

ᐤ  Verfassen Sie anschließend ein Informationsblatt für Mitstudierende, das ihnen eine gute Einführung in das Internet bieten soll.

# 9

# Die Übersetzung

This chapter concerns translation strategies in moving from German to English.
For this reason, unlike the other chapters, it will use the medium of English.

## Brainstorming

Work in groups of three or four. Ask yourselves the following questions
and write down the group's answers which can then be discussed in an
open forum.

1  What is the purpose of translation?
2  What is actually being translated (e.g. language? meaning? words?)?
3  What are the hallmarks of a good translation?
4  How many kinds of 'text' (e.g. literary, conversational) can you list?

## TASK 1 | Translation

Remaining in groups of three or four, see if you can find the English
equivalent of the following literature and film titles given in German.
Some of them are already translations into German of the original British/
American titles. As a clue, the author, director or a film actor connected
with the work is given in the final column.

| TITLE IN GERMAN | TITLE IN ENGLISH | AUTHOR/ACTOR/DIRECTOR |
|---|---|---|
| *Zeit der Unschuld* | The Age of Innocence | Martin Scorsese |
| *Die Katze auf dem heißen Blechdach* | | Tennessee Williams |
| *Das Imperium schlägt zurück* | | George Lucas |
| *Ein Fisch namens Wanda* | | John Cleese |
| *Der Besuch der alten Dame* | | Friedrich Dürrenmatt |
| *Im Westen nichts Neues* | | E.M. Remarque |
| *Romeo und Julia auf dem Dorfe* | | Gottfried Keller |
| *Die Dreigroschenoper* | | Bertolt Brecht |
| *Der rosarote Panther* | | Peter Sellers |
| *Viel Lärm um nichts* | | William Shakespeare |
| *Der Zauberlehrling (ein Gedicht)* | | J.W. von Goethe |
| *Susi und Strolch* | | Walt Disney |

If you need them, the answers are given on page 258.

Some of the equivalents you will find are literal, word-for-word translations from English or from German. List all those which are not. In each of these cases (e.g. the Walt Disney film), write down what would have been the literal translation of the original. What has been gained by the freer translation?

# Suggested answers for brainstorming questions

1   *Translated* comes from the Latin *trans* = across and *latum* = borne, carried. So, **to translate** is **to carry across** from one language to another.
2   The **meaning**, not necessarily word-for-word, as you will have seen in the examples of book and film titles in Task 1.
3   Accuracy (of meaning), clarity, fluency, appropriate style (= register).
4   The variety is endless, but some of the main categories of text are:

   ▷   **general** (*Alltagsdeutsch*)
   ▷   **technical** (*Fachdeutsch*), including vocabulary specific to a field of knowledge (e.g. law, engineering, politics, chemistry, music, architecture)
   ▷   **literary**
   ▷   **commercial**
   ▷   **colloquial** (*Umgangssprache bzw. Konversation*)

   *Beamtendeutsch* is a special category of German used to describe the kind of bureaucratic language used in forms, regulations, welfare entitlements and so on.

   Many of these categories overlap. For example, business or academic texts can be part technical (e.g. financial or academic report) and part general. Professional translators usually specialize in particular areas of expertise and master the body of technical vocabulary pertaining to it.

This chapter includes some technical and semi-technical texts as well as general texts in order to demonstrate that, although the vocabulary may be specialized, the language structures are not essentially different. However, you will need further training before producing any translation for a fee. One mistranslated technical term could wreak havoc!

Even if you are not a translator by profession, producing a translation for a fee, there are many occasions when you might be called upon to give an informal rendering of a German text for the benefit of someone who does not know the language. If you work your way through this chapter, you will have some practice in all the major categories of text and can use this as a basis for further training and experience.

## Alltagsdeutsch: Romantisches Bamberg | Text A

### TASK 2 | *Translation*

*These are extracts from a brochure produced by the Bamberg Tourist Office. Translate it for an English-speaking visitor. The style should be fluent but informal. Feel free to change the words around in English as necessary. First read the notes on the words italicized in the text.*

### Extract A

> Auf der Treppe zum *Domkranz* finden Sie immer einen Platz. Anders ist's mit Ihrem Auto. Da empfehlen wir Ihnen lieber die nächste Tiefgarage. Vom Dom nur einen *Katzensprung.*
>
> Bambergs Altstadt ist auf sieben Hügel gebaut. Stellen Sie selbst fest, von welchem sich der schönste Blick öffnet.
>
> In der Innenstadt hat der Fußgänger die „Vorfahrt". Ein Bummel über den *Grünen Markt*, wo immer Markttag ist, gehört zum Besuchsprogramm.
>
> Und *mag* der Gast Bambergs *auch* nur zwei oder drei Stunden Zeit haben – die Zeit für einen Besuch im Rosengarten und für den Blick auf „*Klein-Venedig*" am linken *Regnitzarm* sollte er sich nehmen.

*Now try the opening section of the brochure:*

### Extract B

> Ein Jahrtausend hat Bamberg geformt, hat ihm Würde und *Heiterkeit* gegeben, hat es zu einer *Städtepersönlichkeit* und zu einem Gesamtkunstwerk reifen lassen. Zu seinen bekanntesten Bauwerken zählen der *viertürmige* Kaiserdom und das *wie ein Schiff im Fluß ankernde* Alte Rathaus.
>
> Bamberg birgt eine ungeahnte Fülle von Kunstschätzen. Viele sind Meisterwerke von europäischem Rang. *Der Reiter* im Dom ist dafür nur ein Beispiel.
>
> Die Bamberger Symphoniker tragen den Ruf der Stadt hinaus in alle Welt. Ihre Konzerte zählen zu den Höhepunkten des Bamberger Jahres.
>
> *Lucas Cranachs des Älteren* Bild einer sächsischen Dame mag Ihnen Beweis dafür sein, daß sich auch der Besuch der Museen und Sammlungen der Stadt immer lohnt.
>
> Aus *Romantisches Bamberg*, Fremdenverkehrsamt Bamberg

---

Notes

*der Domkranz (literally: rim)* = the pavement around the cathedral. Treat the phrase 'die Treppe zum Domkranz' as a package. Translate the **meaning** of the whole phrase rather than each word; you may not need to use the word 'pavement' at all.

*Katzensprung*: can you think of an equivalent English idiom?

*der Grüne Markt*: it is a good idea to keep German proper names wherever possible. If you wish, you may put the English equivalent in brackets.

*mag*: there is a hidden conditional (= if) here. See the grammar notes on inversion that follow this section.

*auch*: this does not mean 'also'. Look up its other possible meanings in the dictionary.

*Klein-Venedig*: this should be translated into the exact English equivalent.

*Regnitz*: the river running through Bamberg.

---

Notes

*Heiterkeit*: if you look this up in the dictionary, you may find 'cheerfulness, happiness, serenity, brightness.' Which do you judge the most appropriate here?

*Städtepersönlichkeit*: a literal translation ('city personality') sounds ridiculous. Try a phrase using 'character'.

*viertürmig* (literally = four-towered). What English word is more commonly used for the tall towers of cathedrals or large churches?

*wie ein Schiff im Fluß ankernde*: this is an extended adjectival phrase (see grammar notes later in the chapter). Try putting this phrase **after** the noun (das Alte Rathaus) when translating into English. Note also that English tends to use the **past** participle (anchored) rather than the present (anchoring).

*Der Reiter* = The Rider (the famous statue of a horseback rider).

*Lucas Cranach the Elder*: a famous German artist.

## Grammar notes: inversion (conditional)

When a German sentence inverts subject and verb, it is commonly:

▷ a question  = *Fährt dieser Zug nach Innsbruck?*; or it is
▷ a command  = *Stellen Sie den Koffer in die Ecke!*

If it is neither of these, it is usually an inverted conditional. This means that subject and verb are inverted (change places) to render the meaning 'if'. Examples:

▷ (*Und*) **mag** *der Gast auch nur wenig Zeit haben* . . .
And even **if** the visitor has only a little time . . .

▷ **Wäre** *es möglich, so würden wir es tun.*
**If** it *were possible* (= **were** *it* possible), we would do it.

## TASK 3 | *Inversion (conditional)*

Now translate the following inverted conditionals into English:

1 *Kommt er heute noch, dann können wir ihm die Nachricht mitteilen.*
2 *Fragt man Unternehmer nach wichtigen Vorteilen der EU, dann sprechen sie zuerst von dem gemeinsamen Binnenmarkt.*
3 *Gelingt es uns, ein europäisches Toleranzmodell zu entwickeln, so könnte das wohl der ganzen Welt zugute kommen.*
4 *Sollte sich die neue Datierung bestätigen, so würde diese Entdeckung von großer Bedeutung sein.*

## Sozio-politischer Bericht: Der kalte Krieg | Text B

## TASK 4 | *Translation*

This is an extract from an account of the Allied occupation of Germany after the Second World War and of the tensions between the Soviet Union and the western Allies which led to the first real trial of strength in the Cold War. Note that the present tense is used throughout and lends immediacy to the events described. Translate this text into English.

Tiefgreifende *Gegensätze* unter den ungleichen Partnern der siegreichen Anti-Hitler-Koalition *schüren* das gegenseitige Mißtrauen. Insbesondere das brutale *Vorgehen* Stalins in Osteuropa verschärft die Gegensätze zu den Westmächten. Churchill spricht vom „Eisernen Vorhang" mitten durch Europa. *Schon* im April 1946 zeigt die Sowjetunion durch die erzwungene Vereinigung von *KPD* und *SPD* zur „Sozialistischen Einheitspartei Deutschlands" (SED), wohin die Entwicklung in ihrer Besatzungszone gehen wird: zu einer *von Moskau gesteuerten* Einparteienherrschaft.

Im Juni 1948 steigen die Spannungen zwischen den Alliierten weiter. Stalin nimmt die Währungsreform in den drei Westzonen zum *Anlaß*, sich aus dem *Kontrollrat* und der *Alliierten Kommandantur* in Berlin zurückzuziehen. Die *Zufahrtswege* zu den Westsektoren Berlins *werden unterbrochen*, die Lieferung von Strom, Kohle und Lebensmitteln aus der Sowjetzone und dem Sowjetsektor Berlins wird gesperrt. Stalin will ganz Berlin seiner Besatzungszone einverleiben.

Der „Kalte Krieg" hat seinen ersten Höhepunkt erreicht. Die Westmächte antworten mit der „Luftbrücke". Nach *knapp* einem Jahr siegen der Durchhaltewillen der Berliner und die *Festigkeit* des Westens über die sowjetische Aggression: Im Mai 1949 endet die Blockade.

Berlin aber ist so zum Symbol für Freiheit und Selbstbehauptung gegen die kommunistische Diktatur geworden.

Die psychologischen Auswirkungen auf Deutsche und Westmächte sind folgenreich: Aus Feinden werden Verbündete – eine Konstellation, die in den kommenden vierzig Jahren entscheidend für das Schicksal Europas sein wird.

Schon vor der Blockade gehen die Siegermächte wirtschaftspolitisch auf Konfrontationskurs. Während die Sowjets in ihrer Zone durch forcierte Demontagen von Industrieanlagen die Krise noch verschärfen, *setzen* die Westmächte – allen voran die USA – *auf* Hilfe *zur Selbsthilfe*. Noch heute verbinden viele Deutsche mit den Begriffen *Marshallplan*hilfe (European Recovery Program) und CARE (Co-operative for American Remittances to Europe) dankbare Erinnerungen an Wiederaufbauhilfe und Lebensmittelpakete in der düstersten Phase der Nachkriegszeit.

Und was für die Wirtschaft gilt, gilt bald auch für die Politik: Über die örtlichen Selbstverwaltungen und die neu gebildeten Länder – *das Land* Preußen als Kern des alten Reiches wird im Februar 1947 vom Kontrollrat kurzerhand für aufgelöst *erklärt* – werden die Deutschen in der amerikanischen, britischen und französischen Zone allmählich *wieder an die westlichen Standards* von Demokratie und Selbstbestimmung herangeführt.

Aus *Deutschland. Von der Teilung zur Einheit*, S.11–14, Presse- und Informationsamt der Bundesregierung, 1996.

---

*Notes*

*Gegensätze, schüren, das Vorgehen*: see following vocabulary notes.

*schon (im)*: as early as.

*KPD = Kommunistische Partei Deutschlands.*

*SPD = Sozialdemokratische Partei Deutschlands.*

*von Moskau gesteuerten*: see grammar notes on the extended adjectival phrase.

*Anlaß*: see following vocabulary notes.

*der Kontrollrat = Control Council* (through which the four Allies – USA, Britain, France, Soviet Union – governed Germany after the Second World War).

*die Alliierte Kommandantur = the Allied Command.*

*Zufahrtswege*: see following vocabulary notes.

*werden unterbrochen*: werden + past participle = passive.

*knapp*: try: 'almost' or 'just under'.

*die Festigkeit*: literally steadfastness. Try a phrase beginning 'refusal to . . .'.

*setzen auf = lay emphasis on.*

*Hilfe zur Selbsthilfe = help becoming self-help.*

*der Marshallplan = the Marshall Plan* (US aid to promote post-war economic recovery).

*das Land*: see following vocabulary notes.

*erklärt*: which meaning of the verb is this?

*wieder an die westlichen Standards = towards the re-establishment of western standards.*

---

## Vocabulary notes: using a dictionary

A dictionary is an essential tool for translation. This should be of *at least* medium-size. A pocket dictionary is of use only to jog the memory of words *already known*. The hallmark of a good dictionary is that it either shows words in context, i.e. within a phrase or a sentence, or it gives a German synonym for each possible meaning. This enables the translator to examine the various nuances of meaning of the German word before selecting the apt English translation.

| TASK 5 | *Dictionary work* |
|---|---|

Listed below are some of the words in Text B. Look each one up in the dictionary and write down the possible meanings for each. Which one are you choosing for this particular translation and why? Compare notes with another student. Examples:

> **der Gegensatz** = contrast, opposite, conflict, difference, antithesis; im ~ zu = unlike, in contrast to; ¨e ausgleichen = to even out differences.

*Choose: differences.*

> **Anlaß** = (i) (Veranlassung) cause. Zum ~ von etw. werden = to bring sth. about, to trigger sth. off; es besteht kein ~ = there is no reason; bei jedem ~ = at every opportunity; jdm ~ geben, sich zu beschweren = to give sb. grounds for complaint; (ii) (Gelegenheit) occasion; aus diesem ~ = on this occasion.

*The phrase* zum Anlaß nehmen *is not actually mentioned. However, the phrase meaning to give somebody grounds for complaint is very close. The verb* nehmen *here implies that Stalin took this as a pretext for complaint. So a good solution could be: 'Stalin seizes on the currency reform in the three western zones as grounds for withdrawing from . . .'*

Now try the following.

> **schüren** (i) Feuer, Glut ~ = to rake, to poke; (ii) (fig.) = to stir up; Zorn, Eifersucht, Leidenschaft, Haß ~ = to fan the flames of.

*Which one will you choose for Text B?*

> **das Vorgehen** [n.b.: *You will probably need to look up the verb* vorgehen.]
> (i) to act, proceed; (ii) to go on, to happen; (iii) (Uhr) to be fast; (iv) to go forward; (v) to go first; (vi) to come first.

*You will need to choose a noun (in the plural) formed from one of these verbs. Which one?*

> **die Zufahrtswege** [n.b.: A compound noun. You may need to look up both words.]
>
> **die Zufahrt** (i) approach; (ii) entrance; (iii) access.
>
> **der Weg** (i) path; (ii) track; (iii) road; (iv) way; (v) distance; (vi) journey; (vii) course; (viii) method; (ix) channel; (x) means.

*You will need to choose a combination which makes sense in the context of Text B.*

> **das Land** (Gelände, Festland) = (i) land; (ii) ground; (ländliches Gebiet) = (iii) country; (iv) (Staat) = (iv) country; (v) land; (Bundes~) = (vi) Land, state.

*Which one fits?*

## Hörtexte

On occasion, you may be at a conference, in a lecture hall or listening to a conversation and may be asked to translate the spoken word for a colleague or employer. In this chapter, there are three audio-clips for practice in this. The best way to practise is to translate in short bursts directly from the cassette, as this mirrors most closely the real-life situation. However, in case you need to refer to them, the German transcripts are given at the end of the chapter.

## Kultureller Bericht: Die Gruppe 47 — Text C (Hörtext)

### TASK 6 — *Translation*

*This is an extract from a Deutsche Welle radio broadcast in the 'Prisma' series which reports on the contemporary (mainly twentieth century) cultural scene. (For more information on how to receive Deutsche Welle radio in the UK, see the appendix at the end of this book.) The extract was broadcast in 1997 on the fiftieth anniversary of the founding of Gruppe 47, a group of German writers committed to the re-assertion of human values after the defeat of the National Socialist Third Reich.*

*Listen to the audio-clip in short bursts, rewinding as necessary. Translate directly into English without writing down the German first. You may do this individually or in pairs, comparing notes as you go. Read the notes in the margin before you start.*

*Notes*

*Mit hehrem Anspruch* = with the highest (noblest) ideals.

*einmal angetreten:* try 'started out'.

*Hans Werner Richter:* the founder of the group.

*Der Ruf:* the title of the group's political journal.

*eine Zeitschrift herausbringen* = to publish a journal.

*Geister* = in this context: intellects, intellectuals.

*sollte:* look up the different meanings of 'sollen' before selecting the most apt translation.

*westlich* = orientated towards the West.

## Geschäftliches: Informationen über Kreditkarten

### TASK 7 | Translation

*The following information is intended for the customers of a credit card company. Translate freely into appropriate English.*

Das *Service*paket der BANCO-Karte
Ihre BANCO-Karte bietet Ihnen neben den Vorteilen des *bargeldlosen* Zahlens umfangreiche Serviceleistungen. Wir arbeiten täglich daran, unseren Service weiter zu verbessern, denn Ihre Zufriedenheit *liegt uns sehr am Herzen.*

Wahl der Rückzahlung
Mit Ihrer BANCO-Karte haben Sie jeden Monat die freie Wahl, in welcher Höhe Sie den Rechnungsbetrag zurückzahlen wollen. Alles auf einmal oder in kleinen Raten, wie es Ihnen am besten paßt. Auf diese Weise sind Sie finanziell immer flexibel und behalten die Kontrolle und den Überblick.

Tragen Sie ganz einfach auf dem beiliegenden Service-Formular ein, in welcher Höhe Sie die Rückzahlwahl in Anspruch nehmen möchten.

Paßwort-Sicherheit
Sie sind Inhaber eines der modernsten und wohl sichersten Zahlungsmittel. Auch bei jedem telefonischen Änderungswunsch oder einer *Kontostand*-Abfrage per Telefon steht die Sicherheit an erster Stelle. Dadurch ist die Identifikation am Telefon normalerweise zeitintensiv. Neu ist: Sie können sich ein Paßwort einrichten lassen (z.B. den Geburtsnamen Ihrer Mutter). Verwenden Sie auch dafür bitte das anliegende Service-Formular.

Notes
*Service: as with many other languages, commercial German has assimilated a large number of international terms. The gender of each term is usually determined by analogy with the German word nearest to it in meaning. Which gender is the term 'Service' and which is its German counterpart?*
*bargeldlos: literally = without cash. Look at the whole phrase 'das bargeldlose Zahlen' and decide what the English equivalent should be. You will probably not want to use the word 'cash' at all.*
*liegt uns sehr am Herzen: a literal translation would sound inappropriately sentimental in English. Try a phrase using 'our main concern'.*
*der Kontostand = state of an account, current balance.*

## Literarisches: Der Schimmelreiter

### TASK 8 | Translation

*As a complete contrast, the next text is an extract from the famous nineteenth century story* Der Schimmelreiter *(usually translated as* The White Horse Rider*) by Theodor Storm. It is set in Northern Frisia, a landscape of low-lying, windswept marshland protected from the invasive force of the sea only by man-made dykes. As a boy, the central character, Hauke Haien, is sent by his father to cart earth for the never-ending dyke maintenance. But he is fascinated by a book on geometry by the Greek mathematician Euclid and this gives him revolutionary ideas about the shape a dyke should be.*

## DIE ÜBERSETZUNG

*Divide into groups of 2–4. First, read through the text carefully. The notes refer to the words and phrases in italics. Next, each group should prepare a translation and then compare its version with those of the other groups. The seminar group as a whole should then put together the best elements of each group's version to produce a final, polished translation. For the first two paragraphs of the text, try to make your English as rhythmic and poetic as the German.*

Und der Junge karrte; aber den Euklid hatte er allzeit in der Tasche, und wenn die Arbeiter ihr Frühstück oder *Vesper* aßen, *saß* er auf seinem umgestülpten Schubkarren mit dem Buche in der Hand. Und wenn im Herbst *die Fluten* höher stiegen und manch ein Mal die Arbeit eingestellt werden mußte, dann *ging* er nicht mit den anderen nach Haus, sondern blieb, die Hände über die Knie gefaltet, an der *abfallenden Seeseite des Deiches* sitzen *und sah* stundenlang zu, wie die trüben Nordseewellen immer höher an die *Grasnarbe* des Deiches hinaufschlugen; *erst wenn* ihm die Füße überspült waren und der Schaum ihm ins Gesicht spritzte, rückte er ein paar Fuß höher und blieb dann wieder sitzen. Er hörte weder das Klatschen des Wassers noch das Geschrei der Möwen und Strandvögel, die um oder über ihm flogen und ihn fast mit ihren Flügeln streiften, mit den schwarzen Augen in die seinen blitzend; *er sah auch nicht*, wie vor ihm über *die weite, wilde Wasserwüste* sich die Nacht ausbreitete; was er allein hier sah, war der brandende Saum des Wassers, der, *als die Flut stand*, mit hartem Schlage immer wieder dieselbe Stelle traf und vor seinen Augen die Grasnarbe des steilen Deiches auswusch.

Nach langem Hinstarren nickte er wohl langsam mit dem Kopfe oder zeichnete, ohne aufzusehen, mit der Hand eine weiche Linie in die Luft, als ob er dem Deiche damit einen sanfteren Abfall geben wollte. *Wurde es* so dunkel, daß alle Erdendinge vor seinen Augen verschwanden und nur die Flut ihm in die Ohren donnerte, dann stand er auf und trabte halb durchnäßt nach Hause.

Als er so eines Abends zu seinem Vater in die Stube trat, der an seinen *Meßgeräten* putzte, fuhr dieser auf: „Was treibst du draußen? Du hättest ja versaufen können; die Wasser beißen heute in den Deich."
Hauke sah ihn trotzig an.
„Hörst du mich nicht? Ich sag, du hättest versaufen können."
„Ja", sagte Hauke; „ich bin doch nicht versoffen!"
„Nein", erwiderte nach einer Weile der Alte und sah ihm wie abwesend ins Gesicht, „diesmal noch nicht."
„Aber", sagte Hauke wieder, „unsere Deiche sind nichts wert!"
„*Was für was*, Junge?"
„Die Deiche, sag ich!"
„Was sind die Deiche?"
„Sie taugen nichts, Vater!" erwiderte Hauke.
Der Alte lachte ihm ins Gesicht. „Was denn, Junge? Du bist wohl *das Wunderkind aus Lübeck!*"

Aus *Der Schimmelreiter*, Theodor Storm

<u>Notes</u>
*Vesper* = short break (e.g. sandwich break).
*saß, ging usw.*: the Imperfect here indicates repetitive action. Try: 'he would sit, would not go' etc.
*die Fluten* = the waves.
*abfallende Seeseite des Deiches*: a literal translation would not work in English. Begin: 'on the side of the dyke sloping . . .'
*und sah*: this sentence would be too long in English. Start a new sentence here: 'He would watch . . .'
*die Grasnarbe* = outer turf.
*erst wenn* = not until.
*er sah auch nicht*: try 'neither did he see . . .'
*weite, wilde Wasserwüste*: try to keep the same alliteration (repetition of 'w') in English.
*als die Flut stand* = at high tide.
*wurde es*: a virtual inverted conditional (see grammar notes earlier). Try: 'when it became . . .'
*Meßgeräte* = surveying (literally: measuring) instruments.
*was für was?*: try: 'what was that?'
*das Wunderkind aus Lübeck*: a reference to Christian Heineken, an eighteenth century boy genius.

*You will have noticed that in order to produce an appropriate translation it is necessary to be aware of the **wider context** (background information) of the text. A literary text not only requires a different English **style** from, for example, a commercial text. It also frequently refers to a network of cultural allusions of its period with which the translator must also be familiar.*

## Alltagsdeutsch: Neue Partneruniversität für Bamberg

### Text F

| TASK 9 | *Translation* |
|--------|---------------|

*The following article was written for his home university newspaper by Oliver Mayer, a German student on a study exchange to Venezuela. Translate freely into English.*

Seit Januar steht die Otto-Friedrich Universität [Bamberg] mit der *Universidad de Zulia/Maracaibo* (Venezuela) in einem partnerschaftlichen Bündnis. Solch ein Zusammenschluß bringt für die betreffenden Studenten die Möglichkeit eines Auslandsstudiums mit sich.

*Maracaibo* ist mit 1,7 Millionen Einwohnern nach *Caracas* die zweitgrößte Stadt des Landes. Das Thermometer fällt in dieser Region selten unter 40 Grad Celsius. Die Stadt liegt an einem Binnensee, genannt „*Lago de Maracaibo*", der während der Kolonialzeit Seeräubern als sicherer Zufluchtsort Schutz gewährte. Heute ist Maracaibo die Metropole, in der *das Erdöl exportierende Venezuela* den Rohstoff raffiniert. In der Nähe des Zentrums hat die Universität auf einem mehrere Quadratkilometer umfassenden Campus, in dem zwischen den Gebäuden *bedingt durch* die großen Entfernungen ein eigenes Verkehrsnetz in Form von Buslinien besteht, ihren Sitz.

40.000 Studenten werden in den Bereichen Rechtswissenschaften, Medizin, Ingenieurswesen, Wirtschaftswissenschaften, Sozialwissenschaften, Veterinärmedizin, Literatur- und Sprachwissenschaften, Kommunikationswissenschaften, Agrarwissenschaften, Architektur und sämtlichen Naturwissenschaften unterrichtet. Die Universität ist in jeder Hinsicht gut ausgestattet. Es gibt sowohl ein eigenes Universitätsklinikum, als auch einen eigenen Fernsehsender und eine Radiostation. Außerdem hat jede Fakultät ihren mit Macintosh Hardware ausgestatteten Computerraum.

Venezuela *ist* für Europäer ein äußerst *kostengünstiges* Land. Als Student hat man im Monat Ausgaben von höchstens 500 DM. Untergebracht ist man bei einem längeren Aufenthalt entweder in von der Universität eigens eingerichteten Wohngebäuden oder man mietet sich für ungefähr 100 DM pro Monat eine möblierte Wohnung in der Stadt. Die Universität ist *staatlich*, verlangt ein Minimum an Studiengebühren und hat dabei einen besseren Ruf als sämtliche privaten Universitäten des Landes.

Aus *Dialog*, Universitätszeitung der Otto-Friedrich-Universität Bamberg, S.23, 11. Jahrgang, Ausgabe Juli/August 1996

*Notes*

*Universidad de Zulia/Maracaibo etc.:* keep the Venezuelan names.

*das Erdöl exportierende Venezuela:* the first of four extended adjectival phrases in this text. See following grammar notes.

*bedingt durch:* literally = conditioned by. Try: 'due to' or, more freely for this context: 'to overcome'. This very long German sentence could profitably be divided into two English sentences. You could start the second sentence: 'To overcome the large distances . . .'

*ist . . . kostengünstig:* literally = is favourable to costs. What do you think this means? Find an appropriate English phrase.

*staatlich:* the opposite of 'privat'.

## Grammar notes: extended adjectival phrases

An extended adjectival phrase, or extended attribute, is a descriptive phrase of two or more words normally inserted between the article (*der/ein*) and the noun. When translated into English, it should be placed after the noun, separated by a comma. Examples:

▷ Das **wie ein Schiff im Fluß ankernde** Alte Rathaus.
The old Town Hall, **anchored like a ship in the river.**

▷ Das **an seiner Neutralität festhaltende** Schweden.
Sweden, **holding fast to its neutrality.**

If the phrase is very long or complex, it may need to be turned in English into a relative (*who/which*) clause. For example:

▷ Die Universität hat auf einem **mehrere Quadratkilometer umfassenden** Campus ihren Sitz.
The university is sited on a campus **which extends over several square kilometres.**

One adjective may be retained in front of the noun. For example:

▷ Diese **taktische, als unsinnige Liberalität angreifbare** Politik ist nicht mehr zu rechtfertigen.
This **tactical** policy, **which can be attacked as being absurdly liberal,** can no longer be justified.

## TASK 10 | *Extended adjectival phrases*

Translate the following sentences, each containing an extended adjectival phrase, into English:

1 Dies ist ein **vom texanischen Milliardär John L. White finanziertes** Forschungsprojekt.
2 Die Anwendung einer **unter der Bezeichnung Thermolumineszenz-Datierung bekannten** Methode ist bahnbrechend.
3 Die **bisher existierenden internationalen** Organisationen spielen eine bedeutende Rolle.
4 Die **auf technischen Fortschritt versessenen** Franzosen haben die Gentechnik ganz früh entwickelt.
5 Vor dem Fall der Mauer gab es zwei **unabhängig voneinander bestehende** Ordnungen, Ost und West.
6 Zu diesen Ergebnissen kam eine **vom Bundesbildungsministerium in Auftrag gegebene** Studie.

7  Greenpeace behauptet, daß viele **von namhaften Herstellern produzierte** Pestizide das Grundwasser vergiften.

8  Wir müssen uns auf die **unabwendbar auf uns zukommenden** Millenniumsfeiern vorbereiten.

## Beamtendeutsch: Immatrikulationsvoraussetzungen   Text G

## TASK 11     *Translation*

*This is an extract from the regulations on the admission of students to universities and colleges in the federal state of Bavaria. Translate this text into English.*

Die Studienplätze ... werden in einem *landesweiten* Verteilungsverfahren vergeben. Dies bedeutet, daß alle Studienbewerber, soweit sie die Immatrikulationsvoraussetzungen erfüllen, einen Studienplatz erhalten (*sog.* Studienplatzgarantie). Allerdings ist nicht in jedem Fall gewährleistet, daß jeder Bewerber einen Studienplatz an der *von ihm gewünschten Hochschule* erhält. Die Vergabe der Studienplätze richtet sich insbesondere nach gesundheitlichen,  besonderen  *familiären*  oder wirtschaftlichen Gründen.

Unterwegs zur Universität

*Gaststudierende*
Gaststudierende (*Art. 58 Abs. 2 Satz 2 BayHSchG*) bedürfen grundsätzlich derselben Qualifikation wie die Studenten. Die Hochschulen können Ausnahmen von der obengenannten erforderlichen Qualifikation zulassen, wenn der Bewerber mindestens das *Abschlußzeugnis* einer *öffentlichen* oder staatlich anerkannten Realschule oder ein *vom Staatsministerium für Unterricht und Kultus* als gleichwertig anerkanntes Zeugnis besitzt oder ein besonderes Interesse *glaubhaft macht* und die Hochschule aufgrund der *Vorbildung*, der Berufserfahrung oder der sonstigen persönlichen Umstände des Bewerbers zu der Auffassung gelangt, daß dieser den einzelnen *Unterrichtsveranstaltungen*, für die er immatrikuliert werden *soll*, zu folgen vermag.

Aus *Vorlesungsverzeichnis der Universität Bamberg*

---

*Notes*
*landesweit = state-wide.*
*sog. = sogenannt.*
*von ihm gewünschten: an extended adjectival phrase.*
*die Hochschule: careful! This is not 'high school'.*
*familiär: careful! This is not 'familiar'.*
*Art. 58 = Artikel 58 = article 58.*
*Abs. 2 = Absatz 2 = paragraph 2.*
*Satz 2 = clause 2.*
*BayHSchG = Bayerisches Hochschulgesetz = Bavarian Higher Education Act.*

*das Abschlußzeugnis = school-leaving certificate.*
*öffentlich: in this context, this means 'state-owned'.*
*vom Staatsministerium: the beginning of another extended adjectival phrase.*
*das Staatsministerium für Unterricht und Kultus = Ministry for Education and the Arts.*
*glaubhaft macht: try 'can demonstrate'.*
*die Vorbildung = previous education.*
*die Unterrichtsveranstaltungen = lectures and classes.*
*soll: careful! Do not translate here as 'should'.*

## Vocabulary notes: false friends

It is worth keeping a record of any 'false friends' you come across. A 'false friend' is a word that has a look-alike counterpart in the other language, *but a different meaning*. For example:

▷  **familiär** = (pertaining to) family (*not* familiar)
    vertraut, bekannt = **familiar**.
▷  **wer** = who
    wo = **where**.

| TASK 12 | *False friends* |
|---------|-----------------|

Give the appropriate English/German translation for the following 'false friends'. Consult a dictionary as necessary.

| | | | | | |
|---|---|---|---|---|---|
| I a | fehlen | | 6 a | spenden | |
| b | | to fail | b | | to spend |
| 2 a | freilich | | 7 a | wirken | |
| b | | freely, free (vacant) | b | | to work |
| c | gratis | | 8 a | handeln | |
| 3 a | sie will | | b | | to handle |
| b | | she will | 9 a | eventuell | |
| 4 a | aktuell | | b | | eventually |
| b | | actually | 10 a | die Rente | |
| 5 a | die Branche | | b | | rent |
| b | | branch | c | | guest house |

## Alltagsdeutsch: Zu Gast in Österreich | Text H (Hörtext)

### TASK 13 | *Translation*

*This is from a* Radio Österreich International *broadcast about a holiday area in the S. Austrian state of Kärnten (Carinthia). First read the notes below. Then listen to the audio-clip in short bursts, rewinding as necessary. Translate directly into English.*

Notes

*das Naßfeld: this could be translated in this context as 'Wet Moor'. Normally, however, proper names are left in the original language unless they have a well-known equivalent in English (e.g. Köln = Cologne; Bayern = Bavaria).*

*Hermagor, Villach: towns in the federal state of Carinthia, S. Austria.*

*aus erster Hand = try here: 'known only at first hand'.*

*in den karnischen Alpen: 'karnisch' is a regional variant of 'kärntnisch' = Carinthian.*

*Wirtschaftsdenken: try here: 'down-to-earth attitude'.*

*Schneeloch: try 'haven of snow'.*

## Kulturpolitik: Kunst und Kultur vor und nach der Vereinigung | Text I

### TASK 14 | *Translation*

*This is an extract from a Ministry for Internal Affairs report and gives information on what happened to the arts in former East Germany, compared to the West, and what is intended for the re-united Germany. Translate the text into English.*

Kultur in der *DDR* und Kulturpolitik der *SED* waren nicht identisch. Kultur basiert auf in Jahrhunderten gewachsenen Traditionen, deren Einflüsse auch durch rigide Beschränkungen nicht beseitigt werden können. So hat der offizielle Versuch der *Abgrenzung* einer eigenständigen „sozialistischen Nationalkultur der DDR" zu keinem Zeitpunkt Aussicht auf Erfolg gehabt. Die große Mehrheit der Deutschen in der DDR einschließlich der Künstler *bezogen Anregung* und Orientierung aus der gemeinsamen deutschen und europäischen Kulturgeschichte, aus den (elektronischen) Westmedien und aus nach und nach verbesserten persönlichen *innerdeutschen* Kontakten.

In der DDR haben Phasen massiver Eingriffe der Politik in die Kulturlandschaft mit anderen Phasen relativer Zurückhaltung abgewechselt. Die SED als herrschende Partei hat aber immer versucht, *jede* kulturelle Aktivität politisch zu reglementieren.

Notes

*DDR = die Deutsche Demokratische Republik = German Democratic Republic (the official title of former East Germany).*

*SED = die Sozialistische Einheitspartei Deutschlands (the ruling party in the former communist German Democratic Republic).*

*die Abgrenzung: one of the family of words based on 'Grenze'. Consult the dictionary for the precise meaning.*

*bezogen Anregung: try: 'drew their inspiration'.*

*innerdeutsch = intra-German (i.e. between the two Germanies).*

Im Extremfall hat dies zu harten Konflikten geführt mit *Berufsverboten*, Ausreisen, Flucht *bzw.* Inhaftierung.

Zur Durchsetzung *ihrer kulturpolitischen Ziele* hat die DDR beachtliche öffentliche Finanzmittel zur Verfügung gestellt. Dies gilt selbst dann, wenn in Rechnung gestellt wird, daß die offiziellen Zahlen hier wie anderswo geschönt waren (z.B. Zahl der Theater- und Museumsbesucher) [. . .] *Die Bausubstanz* war häufig *verschlissen und zerstört*, die Ausstattung von Werkstätten, Studios, technischen Einrichtungen mit Instrumenten, Büchern usw. größtenteils veraltet. Es wurden wenige ausgesuchte Prestigeobjekte erneuert, z.B. im Bereich der Denkmalpflege. Daneben war ein großflächiger Verfall zu beklagen. Neubauten gab es so gut wie überhaupt nicht . . .

Kunst und Kultur wurden in der DDR zentral finanziert. In den letzten Jahren vor der Vereinigung standen jährlich etwa 2,5 bis 3 Mrd. *M/DDR* an öffentlichen Mitteln und zusätzlich 1 bis 1,2 Mrd. M/DDR an Zuschüssen von Betrieben, *Landwirtschaftlichen Produktionsgenossenschaften* und Gewerkschaften, insgesamt etwa 4 Mrd. M/DDR, für kulturelle Aufgaben zur Verfügung. Im Vergleich dazu waren es 1989 in den alten Ländern gut 10 Mrd. DM [. . .]

Der Bundeskanzler hat in seiner *Regierungserklärung* vom 4. Oktober 1990 ausgeführt, daß das kulturelle Erbe der alten traditionsreichen *Landschaften* – das zugleich ein europäisches Erbe ist – alle Deutschen gemeinsam *in die Pflicht nimmt*. Insbesondere müsse dafür gesorgt werden, daß die Kulturinstitutionen von europäischem Rang auf dem Gebiet *der neuen Bundesländer* ihre Bedeutung für Deutschland und Europa behielten.

Aus *5 Jahre Kulturförderung für die neuen Länder*, S.10–11, 22, Bundesministerium des Innern, 1996

*jede:* when the idea is negative, this is frequently translated as 'any' rather than 'every'.

*das Berufsverbot:* exclusion from a profession.

*bzw.:* abbreviation of 'beziehungsweise'. Can usually be translated as 'or'.

*ihre kulturpolitischen Ziele:* try dismantling the compound adjective and re-assembling in a different way, using the noun 'policy' (see grammar notes following this section).

*die Bausubstanz* = buildings and monuments.

*verschlissen und zerstört* = dilapidated or in ruins.

*M/DDR* = East German marks, the currency of the former East Germany.

*Landwirtschaftliche Produktionsgenossenschaften* = collective farms.

*Regierungserklärung* = inaugural speech.

*Landschaften:* try 'scene'.

*jdn. in die Pflicht nehmen* = to remind someone of their duty. Try: 'is the common duty of all Germans'.

*die neuen Bundesländer* = the new federal states (i.e. former East Germany).

## Grammar notes: compound adjectives, adverbs and nouns

There are many compounds in German. Frequently, they need to be dismantled into their component parts in order to achieve a fluent English translation. Compound **nouns** can be translated:

▷ into an English compound noun, e.g. *Zusammenarbeit* = co-operation.

▷ into two nouns, e.g. *Diskussionsgruppe* = discussion group.

▷ into adjective + noun, e.g. *Durchschnittsalter* = average age.

▷ into two nouns linked by a preposition, e.g. *Wertewandel* = change in values; *Rohstoffvorkommen* = deposits of raw materials.

Compound **adjectives** and **adverbs** need more skill to translate: Study **the whole phrase** (including noun or verb) before deciding how to dismantle the component parts and re-assemble them. So long as you render the **meaning** accurately, you are free to change adjectives into nouns and vice versa, adverbs into adjectives or nouns and so on. You may also introduce linking prepositions or relative (*which/who*) clauses. For example:

▷ *ihre kultur**politische** Ziele* = compound adjective + noun.
In order to render this into fluent English, you need to dismantle the compound adjective and convert one of them into a noun phrase. Try: the aims **of** its/their cultural **policy**.

▷ *gesamtstaatlich bedeutsame Kultureinrichtungen* = compound adverb + adjective + compound noun.
Here, it is a good idea to dismantle both the compound adverb and the compound noun, linking them with a preposition. Try: **cultural** institutions significant **for** the whole **country**.
This still sounds a little ponderous in English. It could be re-formulated even more fluently as: **cultural** institutions **of national importance**.
This solution has actually changed the original parts of speech (adjectives, adverbs etc.) quite substantially, but has retained the original meaning and translated it into clear and fluent English.

| TASK 15 | *Compound phrases* |
|---|---|

Now translate the following compound phrases into English. Some are quite straightforward; others are more challenging. Aim for clarity of meaning and fluency of style. Compare your answers with a partner.

1  *die Industriegesellschaften*
2  *der Arbeitsmarkt*
3  *die Staats- und Regierungschefs der EU-Länder*
4  *im weltpolitischen Bereich*
5  *internationale Handelsströme*
6  *erdumspannende finanzielle Netze*
7  *nach mehrheitlicher Expertenmeinung*
8  *Wie kann diese riesige Organisation arbeits- und entscheidungsfähig bleiben?*
9  *der zeitgenössische Erfahrungshorizont*

# DER SPIEGEL

## Zeitungsdeutsch: Der Sinn des Lebens? | Text J

## TASK 16 | *Translation*

*This is an extract from an article in* Der Spiegel *about the 'New Age' search for the meaning of life in spiritual cults, UFOs and magic. Translate the text into English.*

Bei Umfragen bekennen sich heute 50 Prozent der Deutschen dazu, sie glaubten an außerirdische Wesen. Jeder dritte glaubt an Ufos, jeder siebte an Magie und Hexerei, zwei Drittel fürchten den schädlichen Einfluß von Erdstrahlen auf den Schlaf. Rund 20 Prozent sind überzeugt, mit dem *Jenseits* lasse sich Kontakt aufnehmen, und etwa 35 Prozent halten die Zukunft für vorhersagbar.

In Deutschland sollen rund 50.000 Wahrsager und Hellseher ihre Dienste offerieren – so viele wie katholische und evangelische Geistliche zusammen. Aber weniger als drei Viertel der Westdeutschen und sogar nur ein knappes Drittel der Ostdeutschen erklären, sie glaubten an Gott . . .

Die alte Frage nach dem Sinn des Lebens beschäftigt die Menschen des postindustriellen Zeitalters so sehr wie kaum eine andere. Allein: Sie suchen neue Antworten. Diese Antworten sind beinahe so vielfältig wie die Charaktere der Fragenden: Gesucht wird Orientierung, Gemeinschaft, „mein Platz in der Natur", „mein wahres Ich", „meine *verschüttete* Seele" oder nur „*Teta*" („totale Entspannung, totale Aktion"). Die einen erhoffen sich mehr Körpergefühl oder Kreativität, andere „einen Weg" oder „die Weisheit", und für manche scheint die Suche selbst das Ziel zu sein.

An der Sinnfindung sind *längst nicht* nur akademische Kreise beteiligt. Das Spektrum umfaßt alle Schichten und Gruppierungen der Gesellschaft – Modeschöpfer und Managerinnen ebenso wie Buchhalter, Hausfrauen oder Handwerker; Sportler und Schauspielerinnen genauso wie den Bäcker von nebenan.

*Aus Soviel Psi war nie, Spiegel, 52/1994*

Notes
*das Jenseits* = literally the beyond = life after death.
*verschüttet* = submerged.
*Teta*: if you translate 'Entspannung' as 'easing-up', then you will be able to retain the German acronym.
*längst nicht* = bei weitem nicht.

## Fachdeutsch (Chemie): Verwendung von PCB — Text K

| TASK 17 | *Analysis of technical German* |
|---|---|

*In this chapter, we introduce you to one text of technical German (Fachdeutsch), in this case from the subject area of chemistry. Although it can look daunting at first, technical German does not differ **in the essentials** from other kinds of German.*

*Divide into groups of 2–4 and analyse the principal characteristics of the language in Text K, paying particular attention to vocabulary, sentence structure and style. Compare notes with the other groups.*

**Verwendung von polychlorierten Biphenylen**

Früher wurden *PCB* z.B. in *Farben* verwendet. Heute jedoch ist *der Zusatz* und die Herstellung in vielen Ländern verboten. In Deutschland beschränkt sich die Anwendung nur auf *geschlossene Systeme* wie *Hydrauliköle* im Bergbau, *Kondensatoren und Transformatoren*. Die Produktion von PCB wurde in Deutschland vom Hersteller freiwillig eingestellt.

Eine systematische Einordnung der Biphenyle wurde von *K. Ballschmiter* vorgenommen. Es existieren PCB von verschiedenen Herstellern. Sie unterscheiden sich im *Chlorgehalt*.

Problematisch wird die Verwendung von *mit PCB verunreinigtem Altöl* dann, wenn *eine thermische Aufarbeitung* vorgenommen wird, da es dann leicht zur Bildung von *PCDD und PCDF* kommen kann. Bekannt wurden diese *Verbindungen* durch das Unglück in *Seveso*.

PCB sind außerordentlich *beständig* und können seit einiger Zeit im menschlichen Nahrungskreis festgestellt werden. Bei verschiedenen Unfällen trugen Menschen schwere gesundheitliche Schäden davon. Daher wurde im Bundesgesundheitsamt in mehrjährigen Arbeiten eine Methode erarbeitet, um *über die Hochrechnung von* sechs Einzelkomponenten auf die tatsächliche PCB-Konzentration rückzuschließen. *Die Erfassung jedes einzelnen PCB* wäre, wenn nicht nahezu unmöglich, so doch sehr zeitaufwendig.

*Notes*

polychlorierte Biphenyle = polychlorinated
  biphenyls (PCB).
PCB = 'PCB's' where the meaning requires a
  plural in English.
Farben: not 'colours' in this context. Consult
  the dictionary for another possible
  meaning.
der Zusatz = literally addition. Try: 'their use'.
geschlossene Systeme = closed systems.
Hydrauliköle = hydraulic oils.
Kondensatoren und Transformatoren
  = condensers and transformers.
K. Ballschmiter: retain proper names.
Chlorgehalt = chlorine content.
mit PCB verunreinigtem: an extended
  adjectival phrase (see grammar notes).
Altöl = waste oil.
eine thermische Aufarbeitung = thermal
  reprocessing.
PCDD und PCDF: these are international
  terms.
Verbindungen = compounds.
Seveso: a town in Italy, scene of a chemical
  disaster.
beständig = stable.
über die Hochrechnung von: try 'by projecting
  the concentration of'.
die Erfassung jedes einzelnen PCB = the
  analysis of each individual PCB.

| TASK 18 | *Translation* |
|---|---|

*Attempt a translation of Text K on the applications of PCB. Read the notes
which give you all the necessary technical terms in English. Be prepared to alter
the sentence structure quite substantially where necessary to produce a fluent
translation.*

## Vocabulary notes: mis-translations

When you consult a dictionary, you must do so with care. Only a minority
of words have a one-to-one equivalence, i.e. have only one meaning in
German and only one in English. The majority have more than one possible meaning in one or both languages. For example:

▷ **auch** may be translated as **also**, **even** or **ever**.
▷ **even** may be translated as **auch**, **eben**, **sogar** or **selbst**.

The meaning you select will depend on the context of the word within the
original German or English sentence. Another common cause of mis-
translation is the assumption that the German word has the same meaning
as an English word of similar form (see vocabulary notes on 'false friends'
above).

| TASK 19 | *Mis-translations* |
|---|---|

Work with a partner on the following mis-translations. Identify the
German word or phrase which has been mis-translated. Then consult the
dictionary and replace the mis-translated word or phrase with the correct
one.

1   *Der Vertrag zwischen diesen beiden Staaten tritt nächsten Monat in Kraft.*
    The contract between these two states comes into force next month.
2   *Wir wollen heute ein aktuelles Thema besprechen.*
    Today, we want to discuss an actual theme.
3   *Wie kann Europa bei zunehmender Globalisierung wettbewerbsfähig
    bleiben?*
    How can Europe remain competitive by increasing globalization?
4   *Namhafte Hersteller von Pflanzenschutzmitteln haben Vorwürfe der
    Umweltorganisation Greenpeace zurückgewiesen.*
    Named pesticide manufacturers have rejected criticisms by the
    environmental organization Greenpeace.
5   *Hotel mit 40 Zimmern, komfortabel und modern eingerichtet.*
    Hotel with 40 rooms, with comfortable and modern furnishing.

6   *Das geschah auf einer Reise durch die USA, die ich kürzlich unternahm.*
    That happened on a journey which I took briefly through the USA.

7   *Wir wußten damals von den Zerstörungen im Osten, aber jetzt müssen wir
    damit fertig werden.*
    We knew at that time about the destruction in the East but now we
    have to be finished with it.

8   *Westeuropa muß einen kulturellen Austausch auch mit Angehörigen der
    islamischen Gesellschaften fördern.*
    Western Europe must also promote cultural exchange with relatives of
    Islamic societies.

## Konversation: Die Vereinigung Deutschlands und die Mauer im Kopf — Text L (Hörtext)

### TASK 20 — *Translation*

*You are travelling in Germany in a train with a journalist friend who is interested
in German attitudes towards the problems arising after German unification.
Your friend does not understand German very well, so you are called upon to in-
terpret. Listen to the whole discussion on unification, read the notes below and
then translate for your friend the last section beginning: Ich glaube, daß die
wirkliche Vereinigung . . . to the end.*

*Remember that it is the **meaning** that is all-important. In this case, the English
does not need to be polished, as the conversation between Susanne and Viola is
spontaneous and unscripted.*

Notes
*vonstatten gehen = stattfinden.*

*der wird . . . dauern:* in conversational
    German, 'der/die/das' is frequently used
    instead of 'er/sie/es'.

*Mensch!:* used colloquially (i.e. in
    conversation) as an exclamation. The
    English equivalent could be 'hey!', 'man!' or
    whatever is the slang current at the time.

*das können die doch:* again, use of 'die' for
    'sie'.

*Nur ist es 'was Unpopuläres = nur ist es
    etwas Unpopuläres.*

*das schweigt . . . darüber schweigt man sich
    lieber aus:* note that in authentic
    unscripted conversation, as here, there will
    sometimes be incomplete phrases. The
    speaker is thinking as she speaks. In this
    case, there is no need to translate the
    incomplete phrase as it does not add any-
    thing to the meaning.

*zahlen = bezahlen.*

## Answers to Task 1

| TITLE IN GERMAN | TITLE IN ENGLISH | AUTHOR/ACTOR/DIRECTOR |
|---|---|---|
| *Zeit der Unschuld* | The Age of Innocence | Martin Scorsese |
| *Die Katze auf dem heißen Blechdach* | Cat on a Hot Tin Roof | Tennessee Williams |
| *Das Imperium schlägt zurück* | The Empire Strikes Back | George Lucas |
| *Ein Fisch namens Wanda* | A Fish called Wanda | John Cleese |
| *Der Besuch der alten Dame* | The Visit | Friedrich Dürrenmatt |
| *Im Westen nichts Neues* | All Quiet on the Western Front | E.M. Remarque |
| *Romeo und Julia auf dem Dorfe* | A Village Romeo and Juliet | Gottfried Keller |
| *Die Dreigroschenoper* | The Threepenny Opera | Bertolt Brecht |
| *Der rosarote Panther* | The Pink Panther | Peter Sellers |
| *Viel Lärm um nichts* | Much Ado about Nothing | William Shakespeare |
| *Der Zauberlehrling (ein Gedicht)* | The Sorcerer's Apprentice | J.W. von Goethe |
| *Susi und Strolch* | The Lady and the Tramp | Walt Disney |

## Transcripts of audio-clips

# Text C: Die Gruppe 47

Mit hehrem Anspruch sind sie einmal angetreten: 1947, nach Kriegsende. Es waren deutsche Schriftsteller und Publizisten, die sich unter der Regie des Buchhändlers Hans Werner Richter zusammengefunden hatten. Zuvor hatten sie die politische Zeitschrift *Der Ruf* herausgebracht. Die Idee dazu war bereits in amerikanischer Kriegsgefangenschaft geboren worden. Richter gelang es also, die literarischen, sehr politisch denkenden Geister zusammenzubringen, in eben dieser Gruppe 47, anfangs eine lockere Gesprächsrunde, doch mit hehrem Anspruch: Literatur sollte aufklären. Literatur sollte dabei helfen, ein neues, ein besseres Deutschland aufzubauen, eine Gesellschaft, westlich und aufgeklärt. Im September 1947 konstituierte sich die Schriftstellergruppe; 1968 löste sie sich endgültig auf.

Aus *Deutsche Welle*, Prisma-Sendung, 11.3.97

# Text H: Zu Gast in Österreich

In unserer heutigen Sendung stellen wir Ihnen das Naßfeld in Kärnten vor, unweit der Bezirkshauptstadt Hermagor und auch von Villach gelegen.

In 1500 Meter Höhe direkt an der italienischen Grenze ist es eine Wintersportregion aus erster Hand. Denn erst in den sechziger Jahren begann man, diese Gegend dort oben in den karnischen Alpen für den Fremdenverkehr zu entdecken. Dabei ist das Wort *Naßfeld* keinesfalls wirklich zu verstehen. Es entspricht dem jahrhundertelangen bäuerlichen Wirtschaftsdenken, wonach ein Moor, wie wir es dort vorfinden, eben eine unwirtliche und daher wertlose Gegend ist.

Heute sieht man dieses Naturgeschenk anders. Moore, vor allem im Sommer mit einer unglaublichen Artenvielfalt an Pflanzen und Tieren ausgezeichnet, sind streng geschützte Naturdenkmäler und bereichern das Landschaftsbild, das das Jahr über allen Naturfreunden offensteht.

Im Winter wiederum darf das *Naßfeld* als wahres Schneeloch bis nach Ostern bezeichnet werden, das fast immer Sonnenschein besitzt, auch wenn es im Tal noch nebelig und verhangen ist. Aus diesem Grund nennt man diese Gegend jetzt auch offiziell *Sonnenalpe Naßfeld*.

Aus *Radio Österreich International*, 25.1.97

# Text L: Die Vereinigung Deutschlands und die Mauer im Kopf

*Susanne*: Gut, ich mein', die Mauer im Kopf, das muß man dann erstmal definieren, was man damit meint. Also, für mich bedeutet das . . . , daß sich die Leute selber einschränken, und . . . im Grunde genommen sind wir doch alle frei . . . Ich meine, [das steht] . . . die Freiheit ist ja schon im Grundgesetz garantiert, aber meiner Meinung nach schränken sich viele Leute selbst ein, ohne daß es überhaupt notwendig ist. Was weiß ich aus welchen Gründen, aus religiösen, aus sonstigen Gründen, ich weiß es nicht, und das findet man im Westen sowie . . . sowohl als auch im Osten: diese Mauer-im-Kopf-Geschichte. Aber die Frage ist: Hat sich denn überhaupt etwas geändert . . . für die Leute . . . im Osten — und im Westen?

*Viola*: Also, . . . ich weiß nicht. Ich kenne nicht so wahnsinnig viele Ostdeutsche . . . ich weiß nur, ich habe nach der Wende . . . fünf

Wochen in ... in Cottbus in Ostdeutschland gelebt, hab' dort englischen Unterricht gegeben und hab' also mit sehr vielen dort dann auch darüber gesprochen, hab' gesehen, welche Hoffnungen sie nun hatten ... auf ein neues Deutschland, und ... das war schon sehr interessant. Einerseits hatten ... hatten sie gedacht: OK, nun haben wir eben unsere Jobs nicht mehr, jetzt brauchen wir ... 'was Neues, jetzt müssen wir uns umstellen. Auf der anderen Seite haben sie wirklich gehofft, daß ... alles aufwärts geht jetzt und ... entsprechend, daß sie auch alle die Dinge bekommen können, die Westdeutsche früher hatten, ... die sie nur aus dem Fernsehen und dem ... dem Radio hörten oder von anderen hörten, und ... dann gab es allerdings das Problem, daß ... wirklich ... viele Fabriken [auf] ... aufgeben mußten, als sie nicht modernisiert werden konnten, und dadurch viel Arbeitslosigkeit war, und ... sie dann sehr enttäuscht waren von dem, was sie eigentlich sich alles erhofft haben und ... nun habe ich das Gefühl, daß sie mehr ... daran denken, ja, früher hatten sie wenigstens einen Job, sie hatten vielleicht wenig Geld, aber sie hatten wenigstens einen Job, und das ist etwas, was ich so sehe als Westdeutsche.

*Susanne*: Wenn man sich das unter dem wirtschaftlichen Gesichtspunkt anguckt, dann ist es ja so, daß die Treuhandgesellschaft mit der Aufgabe beauftragt war, ... die ... Überführung in den Kapitalismus der ostdeutschen Unternehmen durchzuführen. Und, wie wir alle wissen, denn das ist ein abgeschlossenes Thema, hat die Treuhand mit einem Verlust von vielen, vielen Milliarden abgeschlossen, und [ihr ist dann vorgeworfen worden, daß die ... ] ihr ist dann vorge-worfen worden, daß die zu viele Arbeitsplätze abgeschafft hat, daß sie zu viele Firmen geschlossen hat, es hätten noch ... Firmen weiter-erbestehen können, und das wäre noch rentabel gewesen usw. Und die Kritik ist halt, daß zu viele Arbeitslose dabei herausgekommen sind. Aber ...

*Viola*: Ja, und das ist doch gerade die große Enttäuschung im Moment. [Es sind] ... die Preise steigen, die Mieten steigen, aber man hat keinen Job. Oder wenn, dann, dann wird trotzdem noch weniger bezahlt ... im Osten als im Westen, also irgendwie ist die Gleichheit, die sich alle erhofft haben, doch noch nicht da.

*Susanne*: Und das ist ganz ... bildlich dargestellt worden ... am Grenzübergang, am ehemaligen Grenzübergang *Duderstadt*, wo Westbürger die Mauer wieder aufgerichtet haben, aber anders 'rum.

*Viola*: Ja?

*Susanne*: Ja!

*Viola*: Ja, find' ich. Das ist ja interessant. Aber das kann ich mir gut vorstellen, ich hab' das ... vielmals gesehen mit Westdeutschen ...

Ich komme aus Hamburg, und dort sind am Anfang sehr viele Ostdeutsche hingekommen, nach dem Mauerfall. Und früher war es so, [daß . . . ] daß, wenn Ostbürger aus . . . irgendwelchen Gründen, speziell Ältere, nach . . . Westdeutschland kamen, dann waren es meistens Rentner oder so, die haben ein Begrüßungsgeld bekommen. Und das war das Erste, was sie gemacht haben [. . . als] nach dem Mauerfall, daß sie nach Westdeutschland kamen, um dieses Begrüßungsgeld zu bekommen und dann einkaufen zu gehen. Und das ist etwas, das die Westdeutschen dann wiederum als falsch angesehen haben. Die haben an sich gedacht, ach, jetzt kommen sie hier 'rüber und jetzt wollen sie auch noch Geld und dann wollen sie alles andere von uns haben, und da war eine Barriere da, die bei den Westdeutschen war, die . . . die du nicht so leicht niederreißen konntest.

Susanne: Außerdem haben die Westdeutschen an der Sondersteuer, die wegen der Vereinigung erhoben wurde, auch schwer zu schlucken gehabt, und das . . . gefällt keinem, mehr Steuer zu bezahlen.

Viola: Natürlich nicht. Also, . . . Solidarität hin oder her, aber . . . wenn man permanent etwas selbst abgeben muß für etwas, wovon man noch nicht mal hundertprozentig überzeugt ist, dann ist das natürlich hart, und das . . . da schaukeln sich die Leute auch gegenseitig hoch. Sie reden immer wieder darüber und sagen sich . . . irgendwie seh' ich das nicht ein, und . . . ich denke, wenn du so willst, um auf die Mauer zurückzukommen, daß das irgendwie auch die Mauer in den Köpfen ist. Daß man irgendwie . . . nicht einfach sagen kann, OK, das Ganze ist jetzt geschehen, wir müssen damit leben, sondern daß man immer noch irgendwelche Vorurteile 'rausholt . . . irgendwie gefällt mir das nicht, und . . . und dann versucht man, das zu begründen . . . und daß dadurch eben diese Mauer einfach doch irgendwie bleibt.

Susanne: Ich glaube, daß die wirkliche Vereinigung erst in der nächsten Generation stattfinden wird. Das . . . ist ein Prozeß, der wirklich ganz langsam vonstatten geht, und der wird noch zwanzig Jahre dauern.

Viola: Ja, aber ich dachte, eigentlich hätte man das damals gewußt . . . haben sollen, also . . . von meinen Freunden haben alle gesagt: „Mensch! Das . . . das können die doch nicht machen, die können noch nicht in einem Jahr so eine Einheit schaffen mit . . . mit Währungsunion und so weiter . . . Das dauert zehn Jahre oder so." Aber warum haben die Politiker nicht daran gedacht?

Susanne: Die Frage war immer schon: „Wer soll das bezahlen? Wer hat soviel Geld?" Aber die Politiker haben es nicht öffentlich gesagt, ich meine, die Politiker wußten es natürlich, da gibt's doch gar keine

Frage. Nur ist es . . . 'was Unpopuläres, und 'was Unpopuläres, [das schweigt] . . . darüber schweigt man sich lieber aus. Und im Grunde genommen muß es ja der Bürger bezahlen, und nicht der Politiker selbst aus eigener Tasche . . . Ruhm und Ehre geht den Politikern zu, aber der kleine Mann auf der Straße muß es zahlen.

In den vorigen Kapiteln haben wir vereinzelte Artikel aus Presse und Rundfunk als Stoff zum Verständnis, zur Kurzfassung, zur Übersetzung oder zur Wiedergabe genommen.

In diesem Kapitel wollen wir nun verschiedene thematisch verbundene Artikel nicht nur individuell bearbeiten, sondern auch als Bestandteile eines Dossiers benutzen. Dieses Dossier sollte dann als Stoffquelle zum Aufbau eines sorgfältig ausgedachten thematischen Standpunkts dienen, der dann im Rahmen der Debatte oder des Aufsatzes ausgedrückt werden kann.

Natürlich läßt sich ein Dossier, das aus verschiedenen Dokumenten besteht, am besten stufenweise aufbauen. Um jedes Dokument in Betracht zu nehmen, werden Sie sämtliche, in den vorigen Kapiteln ausgeübte Sprachfähigkeiten auffrischen müssen, wie in den folgenden Beispielen veranschaulicht wird:

▷ **Die Presseanalyse und die Zusammenfassung**
Wenn Sie etwa in einem Zeitungsartikel wesentliche Beweise für Ihren Standpunkt finden, dann werden Sie eine Kurzfassung des Texts zur Hand haben wollen, die Sie dann im Gespräch mit Ihrem Partner zitieren können.

▷ **Die Übersetzung**
Vielleicht wollen Sie die Auswirkungen eines international anerkannten Problems in verschiedenen Ländern berücksichtigen und als Stoff zu Ihrem Thema anführen. Dazu gehört das Studium von Presseberichten auf internationaler Basis. Wichtige Beiträge aus der internationalen Presse sowie vom Internet werden Sie ins Deutsche übersetzen müssen.

▷ **Das Rollenspiel und das Interview**
Unter dem Schlagwort *Debatte* verstehen wir hier nicht nur die formelle parlamentarische oder akademische Debatte, sondern auch jegliche öffentliche Auseinandersetzung, worin Meinungsverschiedenheiten einander grundsätzlich gegenüberstehen. Der soziale Rahmen der Debatte könnte wohl ein Interview sein, in dem Sie etwa als Direktor einer Firma oder als Regierungssprecher der Öffentlichkeit eine Aussage über eine aktuelle Krise schuldig sind. Sie müssen bereit sein, kritische Fragen höflich aber sachbezogen zu beantworten.

**Wie macht man das? Wie kann man sich darauf vorbereiten? Was für sprachliche Übungen sind dazu geeignet?**

Verkünder des Wortes, Petersportal
Kölner Dom

## Die Debatte

# Thema zur Debatte: „Einen kranken Menschen darf man nicht bestrafen"

Gegenwärtig werden in allen Ländern Europas die Beziehungen zwischen Gesundheitsfürsorge, Renten, Sozialfürsorge, Steuerreform und Arbeitslage – also zwischen Sozialstaat und Konjunktur – heftig umstritten. Wie stehen Sie dazu?

### Tips für die Stellungnahme

Wenn Sie einem Politiker im Rahmen eines Rundfunkinterviews zuhören und seine Antworten auf peinliche Fragen anschließend im Tonband analysieren, wird Ihnen vielleicht auffallen, daß der Sprecher oder die Sprecherin sich in den entgegengesetzten Standpunkt des politischen Gegners einstudiert und Antworten auf jegliche vorhersehbare Kritik vorbereitet hat.

Vom akademischen Standpunkt kann diese Polemik etwas einseitig und sogar negativ vorkommen. In der Praxis müssen also die Gesprächspartner von vornherein annehmen, daß weder der eine noch der andere über eine Monpolbildung der Wahrheit verfügen kann. Darüber hinaus ist die Debatte für die Mitglieder einer Klasse natürlich auch eine Hörübung, die zu einem Überblick über das ganze Problem verhilft.

Das hier besprochene Thema handelt von der Politik der Krankenfürsorge, welche offenbar von zwei entgegengesetzten Standpunkten betrachtet werden kann.

### Tips für den sprachlichen Ausdruck

Um Ihnen dabei zu helfen, Ihren Sprachschatz zu erweitern und thematisch zu organisieren, finden Sie am Ende dieses Kapitels unter dem Titel *Useful expressions for debate and essay* eine Reihe von Ausdrücken, die besonders zur Diskussion geeignet sind, z.B. was ist wünschenswert/notwendig/unmöglich in der Krankenfürsorge?

Was die Entwicklung des Sprachstils betrifft, wollen wir den Ratschlag anbieten, daß Klarheit des Ausdrucks sowie eine konsequente Reihenfolge in Ihrer Beweisanführung von großer Bedeutung sind. Ihre Ideen sollten sich logisch aneinander ketten. Können Sie z.B. erklären, worauf die Finanzierung der Krankenfürsorge politisch basiert, oder in welcher Beziehung die Lohnzusatzkosten des Arbeitgebers zu seiner Konkurrenzfähigkeit stehen?

### Der bildliche Ausdruck

Niemand verlangt ein Meisterwerk der deutschen Prosa von dem ausländischen Studenten. Was aber die praktische Anwendung der Sprache im öffentlichen Leben betrifft, so muß man in Kauf nehmen, daß sowohl der Politiker als auch der Journalist über eine fertige Gewandtheit in den dichterischen *Redensarten* verfügt. Im Hörtext *Der Mensch im Netz* (Text D, Kapitel 8) haben Sie schon eine ganze Reihe von bildlichen Ausdrücken gehört, die auf dem Gleichnis des *Netzes* basieren. Diese Ausdrücke sind offenbar Metapher, die von dem buchstäblichen Gebrauch der Sprache zu unterscheiden sind. (*Ein kurzer Überblick über den Gebrauch von dichterischen Redensarten – auch in Presse und Rundfunk – erfolgt im Lehrerbuch.*)

## Tips für die Zuhörer

Der soziale Rahmen unserer Debatte ist ein Hörfunkinterview.

Die zuhörenden Mitglieder der Arbeitsgruppe dürfen natürlich nicht einfach passiv zuhören und sich dann verabschieden! Ein praktisches Medium für die öffentliche Teilnahme an einer solchen Debatte wäre ein Phone-in nach Abschluß des Interviews.

## Dossier

In Presse und Rundfunk erscheinen zahlreiche Texte, welche die entgegengesetzten Gesichtspunkte der verschiedenen Interessengruppen deutlich darstellen. Die folgenden Texte sind dazu geeignet, zum Aufbau Ihres Dossiers beizutragen.

## Jetzt kneift es überall — Text A

### von Wolfgang Hoffmann

Wäre die Lage der Krankenhäuser so, wie sie in einschlägigen Medizin-Gazetten beschrieben wird, stünde die stationäre Krankenversorgung Deutschlands unmittelbar vor dem Kollaps.

Jörg Robbers, Hauptgeschäftsführer der Deutschen Krankenhausgesellschaft, hat auch keinen Zweifel, daß man davon nicht mehr weit entfernt ist. Robbers hat den drohenden Verfall vieler Kliniken vor Augen: „Bröckelnde Fassaden und undichte Dächer sind keine Horrorvision, sondern reale Gefahr." Schon bald müßten die ersten Krankenhäuser schließen – aus Sicherheitsgründen. Daß die eine oder andere Klinik über kurz oder lang dichtmachen muß, ist so unwahrscheinlich nicht: denn ihnen fehlt nicht nur das Geld für Reparaturen, sondern auch das Geld für den täglichen Betrieb.

Zwar vermeldete Gesundheitsminister Horst Seehofer noch vor einigen Wochen hoch erfreut, daß die Krankenhäuser im ersten Halbjahr 1996 unter ihrem Ausgabenlimit geblieben sind, somit mehr als alle anderen Partner des Gesundheitssystems zur erwünschten Beitragsstabilität beigetragen haben. Dieser Erfolg kann jedoch nicht darüber hinwegtäuschen, daß es den Kliniken finanziell ausgesprochen schlecht geht. Vereinzelt ist es bereits zu Engpässen bei der Versorgung gekommen.

Deutschlands Krankenhäuser sind im internationalen Vergleich besser als ihr Ruf und weniger kostenintensiv, als gemeinhin dargestellt wird. Zwar machten die Ausgaben für den stationären Sektor 37 Prozent der bundesdeutschen Gesundheitskosten aus. Doch in den meisten OECD-Ländern liegen sie mit deutlich über vierzig Prozent noch höher. Nur in Belgien, Portugal, Österreich, Luxemburg und Japan ist ihr Anteil niedriger. Seit Inkrafttreten des Gesundheitsstrukturgesetzes (GSG 92) müssen die Krankenhäuser mit festen Budgets auskommen.

Aus *Die Zeit*, 8.11.96 (abgekürzt)

*Vokabelnhilfe*
kneifen = to pinch.
einschlägig = relevant.
die stationäre Krankenversorgung = in-patient care (in hospitals).
dichtmachen = to close down.
die Beitragsstabilität = keeping (health insurance) contributions stable.
der Engpaß = bottle-neck, shortage.

## Schleichender Wandel – Ende des Wohlfahrtsstaats?

### Text B (Hörtext)

*Deutsche Welle  6.1.97*

*Vokabelnhilfe*
*der Wirtschaftsstandort Deutschland = the economic position of Germany.*
*die Abgaben = contributions (e.g. social security).*
*reichlich zugestanden = granted generously.*
*im gewohnten Umfang = on the usual scale.*
*das Gütezeichen = hallmark.*
*das Grundgesetz = Basic Law (which safeguards the basic rights of the German citizen).*
*die Sozialabgaben = social security contributions.*
*die Lohnzusatzkosten = supplementary wage costs.*
*die Anlagenbauer = industrial building contractors.*
*die Absperrvorrichtungen = (in this context) plumbing equipment.*
*die Sozialleistung = expenditure on the social services.*
*der Gesetzgeber = the legislator, those who make the laws.*
*die Lohnkürzung = cut in wages.*

Tips für die Bearbeitung von Text B sind auf der nächsten Seite gegeben.

## Bericht über die wirtschaftliche Struktur des Wohlfahrtsstaats

### Text C (Hörtext)

*Deutsche Welle*, Oktober 1994

Text C ist ein Auszug aus einem Bericht in einer Nachrichtensendung der Deutschen Welle. In dem Bericht werden wesentliche Änderungen in der wirtschaftlichen Struktur des Wohlfahrtsstaats gefordert. Eigentlich wurde dieser Bericht mehr als zwei Jahre vor der späteren Diskussion gesendet, und zwar direkt nach den Bundestagswahlen im Oktober 1994. Um die Jahrtausendwende ist dieses Thema aber immer noch aktuell. Eine vergleichende Analyse der beiden Hörtexte B und C wird Ihnen dazu verhelfen, die administrative Durchführung der politischen Vorschläge auszuwerten, die in Text C aufgezählt werden.

<u>Vokabelnhilfe</u>
*engmaschig* = close-meshed.
*erhebliche Einschnitte* = substantial cuts.
*der Umbau* = re-structuring.
*der Abbau* = reduction, dismantling.
*die Soziallast* = burden of welfare expenditure.
*das Bruttosozialprodukt* = GNP, gross national product.
*die ambulante Behandlung* = out-patient treatment.
*die Belastungsobergrenzen* = upper limits on contributions.
*der Abschlag* = deduction.
*die Beitragssätze* = rates of contribution.
*die Anregung* = idea, suggestion.
*das Anliegen* = matter of concern.
*der Anreiz* = incentive.
*das Kurzarbeitergeld* = short-time allowance

Tips für die Bearbeitung von Texten B und C

◊ **Wird nun das Rad der Geschichte zurückgedreht? Wieso wird diese Frage gestellt?**

◊ **Was fordern die Arbeitnehmer? Was fordern die Arbeitgeber?**

◊ **Einen kranken Menschen darf man nicht bestrafen. Diese Parole dient nun als Kernpunkt der Debatte. Aber ist das Wort *bestrafen* buchstäblich oder bildlich auszudeuten?**

## Angehörige dürfen über Organspende entscheiden

**Text D**

Mit Zweidrittelmehrheit hat der Bundestag die Organtransplantation auf eine rechtliche Basis gestellt. 449 Abgeordnete stimmten gestern ohne Fraktionszwang für ein Gesetz, das den Tod durch unwiderrufliches Kreislauf-, Herz- oder Hirnversagen zur Voraussetzung für die Organentnahme macht. Hat der Betroffene sich nicht gegen eine Entnahme ausgesprochen, können Angehörige darüber entscheiden. Organhandel wird mit bis zu drei Jahren Freiheitsstrafe geahndet.

Nach fünfstündiger Diskussion über den Zeitpunkt des Todes eines Menschen stimmten die meisten Abgeordneten dafür, diese Entscheidung den Ärzten zu überlassen. Praktisch bedeutet dies derzeit allerdings den Zeitpunkt des Hirntods. Gesundheitsminister Seehofer (CSU), der zusammen mit den Parlamentariern aus Union, FDP und SPD diesen Entwurf in den Bundestag eingebracht hatte, erklärte, viele Menschen hätten Angst, daß bei der Todesfeststellung Fehler gemacht würden. Deshalb müsse die Feststellung von zwei qualifizierten Ärzten getroffen werden, die den Verstorbenen unabhängig voneinander untersucht hätten. Seehofer betonte, vor der Organentnahme werde eine dreistufige Willenserklärung geschaltet.

An erster Stelle werde die schriftliche Einwilligung oder der schriftliche Widerspruch des Betroffenen berücksichtigt. Liege dies nicht vor, würden die Angehörigen nach seinem Willen befragt. Erst wenn der Wille des Toten unbekannt sei, könnten die Angehörigen selbst über die Organspende entscheiden, müßten aber den mutmaßlichen Willen des Betroffenen berücksichtigen. Bei Uneinigkeit gebe es keine Organentnahme.

Aus *Leipziger Volkszeitung*, 26.6.97

*Vokabelnhilfe*
*die Spende = donation.*
*ohne Fraktionszwang = on a free vote*
*(i.e. without a party whip).*
*der Kreislauf = blood circulation.*
*ahnden = to punish.*
*schalten = (in this context) to bring into*
*operation.*
*mutmaßlich = presumed.*

Tips für die Bearbeitung des Textes:

◊ **Welche Rolle kann die Organspende bei der Trauer der Familienangehörigen spielen?**

◊ **Die Entscheidung über den Zeitpunkt des Todes wird den Ärzten überlassen sein. Wie kann man im Rahmen des Privatsektors die Unabhängigkeit dieser Entscheidung garantieren?**

## Das Ende der genetischen Lotterie   Text E

### von Prof. Dr Klaus Haefner

Sogar in der wichtigsten Domäne menschlicher Existenz, nämlich im Denken und Handeln, delegiert Homo sapiens zunehmend die Masse der kognitiven Routinen und mehr und mehr auch kognitive Innovationen an die Informationstechnik. Dies gilt nicht nur für Produktion und Dienstleistung, sondern zunehmend auch z.B für das medizinische System, welches weitgehend durchcomputerisiert ist – von der automatischen Blutanalyse über den Computertomographen bis zur automatischen Kostenabrechnung, die den „gläsernen Patienten", aber auch den „gläsernen Arzt" Wirklichkeit werden läßt. Daß die Geburtenkontrolle heute pharmazeutisch-technisch gesteuert und pränatale Diagnostik des Embryos durchgeführt wird, Abtreibungen – mit einigen formalen Einschränkungen – „normal" sind und Unfruchtbarkeit durch extrakorporale Fertilisation technisch kompensiert wird, ergibt sich in dieser technisch bestimmten Welt fast schon wie von selbst.

In diese – demokratisch gewollte – Technifizierung unserer gesamten Umwelt platzt jetzt die Nachricht, daß es in den nächsten Jahren mit hoher Wahrscheinlichkeit möglich sein wird, auf die genetische Lotterie, also auf das Mischen von mütterlichem und väterlichem Erbgut, in Zukunft zu verzichten und Menschen als Klone, d.h. als weitgehend identische Kopien existierender Individuen, zu erzeugen! Die Menschheit kann sich also morgen oder übermorgen mit einem relativ einfachen Verfahren befreien von all den Ungewissheiten, die in der genetischen Lotterie für die Eltern bestehen: Gesundes oder krankes Kind? Schwacher oder starker Junge? Hübsches oder häßliches Mädchen? Hohe

Lebenserwartung oder frühe Erbkrankheit? Intelligenz und Leistungs-fähigkeit oder Lerngestörtheit, Fähigkeit oder Unfähigkeit, sich einen angemessenen Platz in der Gesellschaft zu erkämpfen?

Aus *Frankfurter Rundschau*, 3.4.97

Tips für die Bearbeitung des Textes:

◊ **Was verstehen Sie unter dem Begriff „der gläserne Arzt"?**
◊ **Welche Vorteile könnten sowohl für Organbedürftige als auch für un-fruchtbare Ehepaare aus einer Liberalisierung des Klonens entstehen?**
◊ **Wie wird der Staat den politischen Mißbrauch des Klonens kontrol-lieren können, wenn diese eine Angelegenheit des privaten Sektors ist?**

## Rollenspiel

Nachdem Sie Texte A bis E bearbeitet haben, sollen Sie mit einem Gesprächspartner bzw. einer Gesprächspartnerin ein Rollenspiel durch-führen, und zwar im Rahmen einer simulierten Auseinandersetzung im öffentlichen Leben.

# Person A

Sie sind Mr/Ms Jackson, Kassenwart der *Republikanisch-Demokratischen Selbsthilfepartei*, einer neuen politischen Partei in Großbritannien. Diese neue Partei steht für die vollkommene Privatisierung der Kranken-versorgung.

Sie sind gegenwärtig zu Besuch in Deutschland und ersuchen die finanzielle Unterstützung deutscher Unternehmer für den Aufbau der neuen Partei. Als Gegenleistung versprechen Sie den erfahrenen Sachverstand unabhängiger Auftragnehmer in Großbritannien, die ein vollkommen ausgearbeitetes Aktionsprogramm für die Reform der Krankenversorgung in Deutschland anbieten können.

# Person B

Sie sind der Discjockey und Moderator der Sendung in der Reihe *Politik und Zeitgeschehen* bei dem Niedermendiger Rundfunk in der Eifel. Früher arbeiteten Sie beim Reinigungspersonal eines Krankenhauses in Gelsenkirchen, haben aber Ihre Stelle verloren, als das Krankenhaus schließen mußte. Heute haben Sie zu Gast im Studio Herrn/Frau Jackson, Kassenwart einer neuen britischen politischen Partei.

Herr/Frau Jackson sucht finanzielle Unterstützung bei deutschen

Unternehmern und hat zugleich ein angeblich praktisches System für die Privatisierung der deutschen Krankenversorgung anzubieten. Hat die Sache einen Haken? Um die Wissensbegierde Ihrer Hörer und Hörerinnen zu stillen, müssen Sie höflich aber gründlich das Vorhaben Ihres Gastes unter die Lupe nehmen.

## Der Aufsatz

Debatte und Aufsatz gehören beide zum sprachlichen Versuch, ein gewisses Problem stufenweise zu lösen. Bei der Debatte sollen die Zuhörer zu einem Ausgleich der entgegengesetzten Standpunkte eben durch die öffentliche Anführung der Argumente gelangen. In dem Aufsatz dagegen versucht vielmehr das Individuum, sich über ein Problem persönlich klarzuwerden.

Im Aufsatz gehört zur Behandlung eines umstrittenen Themas nicht nur die oben geschilderte Vorbereitungstechnik der Debatte, sondern auch eine gewisse Objektivität, welche beide Standpunkte möglichst fair in Betracht zieht. Üblicherweise versucht der Autor des Aufsatzes, sich doch am Ende der Analyse für den einen oder den anderen Standpunkt eines umstrittenen Themas zu entscheiden.

Das hat logische Folgen für die schriftliche Form des Aufsatzes. Der individuelle Schriftsteller spielt die Rollen von beiden Gesprächspartnern in der Debatte. Die Argumente pro und contra müssen der Reihe nach möglichst fair und konsequent dargestellt werden, damit man am Ende eine Schlußfolgerung ziehen kann.

## Aufsatzthema: „Steht der Begriff des Nationalstaats unter Denkmalschutz?"

Unser Foto zeigt „ein Bild von Erz und Stein" am Deutschen Eck in Koblenz. Das Denkmal von Kaiser Wilhelm I, König von Preußen und „Vollender des Reiches", wurde ursprünglich zur Zeit seines Enkels, Wilhelm II, errichtet und am 31.8.1897 eingeweiht. Laut einer Broschüre von *Koblenz Touristik* galt die damalige Stimmung unter dem Volk als eine „von Reichsromantik und Mythenbildung umwobene kultische Überhöhung". Das Reiterstandbild wurde 1945 in den letzten Tagen des zweiten Weltkrieges niedergerissen, dann später 1993 unter den Vorbedingungen des Denkmalschutzes wieder errichtet.

Die Reichsromantik ist offenbar vorbei: sogar ihr hinterlassenes Symbol steht jetzt als Kunstwerk unter Denkmalschutz. Wie ist aber die Frage des Nationalstaates an sich – im Zeitalter der Globalisierung der internationalen Kommunikation – zu verstehen?

> **Thema:**
> ◊ **Glauben Sie persönlich an den Nationalstaat, oder halten Sie ihn für überholt?**

Kaiser Wilhelm Denkmal in Koblenz.
Ist der Glaube an den Nationalstaat
überholt?

In den folgenden Texten finden Sie eine Reihe von Tatsachen und
Meinungsausdrücken, die Ihnen hoffentlich dazu verhelfen werden, einen
informierten Standpunkt zu bearbeiten.

## Der Mensch im Netz · Text F (Hörtext)

*Hören Sie diesem Text (Text D aus Kapitel 8) wieder zu.*

**Thema:**
◊ **Wie wird man künftig im Rahmen der international vernetzten Gesellschaft die Grenzen eines Nationalstaats definieren können?**

## Wann dürfen Soldaten töten? · Text G

### von Hans Arnold

Seit es die deutsche Einheit gibt, wird die Bundeswehr darauf vorbereitet, sich an militärischen Interventionen außerhalb des Nato-Gebietes zu beteiligen. Zugleich soll das Ansehen der Bundeswehr durch einen gesetzlichen Ehrenschutz gefestigt werden. Zwischen beiden Entwicklungen besteht ein Zusammenhang. Es ist älter als die derzeitige Lage.

Kurt Tucholsky hatte 1931 einen Kommentar für die *Weltbühne* auf den Satz zugespitzt: „Soldaten sind Mörder." Das brachte 1932 den Herausgeber der *Weltbühne*, Carl von Ossietsky, auf Betreiben der Reichswehrführung vor Gericht. Von Ossietsky wurde freigesprochen.

In einer Fernsehdiskussion sagte ein Arzt 1989 zu einem Bundeswehroffizier, alle Soldaten seien „potentielle Mörder". Er löste damit einen heftigen Streit aus. All denjenigen, die einen besonderen Rechtsschutz gegen die Meinungsäußerung für geboten halten, geht es zunächst, wie der Reichswehrführung 1932, darum, die Ehre des deutschen Soldaten zu schützen. Die persönliche Ehre wird als ein einheitliches, gewissermaßen kollektives Rechtsgut verstanden.

Insbesondere wird deutlich, daß bei der Debatte um einen Ehrenschutz für die Bundeswehr die entscheidenden Fragen ausgeklammert werden: Auf welche Weise kommt das Privileg des Soldaten, Menschen notfalls töten zu dürfen, zustande? Wie ist es ethisch legitimiert? Wie sind die ethischen Grenzen gezogen, und wie sind sie gesichert?

Von Hermann bis zum Beginn der pazifistischen Bewegung im 19. Jahrhundert wurden Kriege von der Mehrheit der Menschen immer als mehr oder weniger schicksalhaft verstanden. Erst nach dem zweiten Weltkrieg verpflichteten sich die Staaten in der Charta der Vereinten Nationen verbindlich zu einem Verzicht auf Gewaltanwendung – außer zur Selbstverteidigung. Doch der Kampfeinsatz von Streitkräften und damit der Auftrag an den Soldaten, zu töten, bleibt das Ereignis politischer Entscheidungen staatlicher Obrigkeiten. Und je mehr sich diese Kampfeinsätze von der eindeutigen und unmittelbaren Landesverteidigung entfernen, um so eher können ethische Grauzonen entstehen.

Deutlich zeigt sich dies etwa bei staatlich angeordneten „Vergeltungsaktionen", wie in den vergangenen Jahren bei der Bombardierung von Zivilbevölkerungen durch amerikanische Luftstreitkräfte in Tripolis (wegen eines Attentats auf US-Soldaten in einer Berliner Bar).

Aus *Die Zeit*, 8.11.96 (abgekürzt)

*Vokabelnhilfe*
*die Bundeswehr = the German Army (post unification).*
*das Ansehen = reputation.*
*die Weltbühne: a left-wing political journal of the Weimar Republic period.*
*die Reichswehr = the German army (up to end of the Second World War).*
*für geboten halten = to consider necessary.*
*das Rechtsgut = legally protected right.*
*ausklammern = to ignore, leave aside.*
*Hermann: legendary resistance leader of Germanic tribes against the invading Romans.*
*der Einsatz von Streitkräften = deployment of troops.*
*die Obrigkeiten = authorities.*
*die Kampfeinsätze = combat missions.*
*die Vergeltung = reprisal.*

**Themen:**
◊ **Was heißt Selbstverteidigung von seiten des Nationalstaates im Rahmen der international vernetzten Gesellschaft?**
◊ **Sind Terroristen Soldaten? Ist der Terrorismus als Krieg oder als Verbrechen auszudeuten?**

## Die langjährige Konkurrenz zwischen Deutschland, England und Frankreich

### von Paul Rohrbach

Für das Urteil über die nun einsetzende politische Entwicklung müssen wir ausgehen von unseren Verhältnissen zu England. Das populäre Verständnis sieht hier alles unter dem Gesichtspunkt der englischen Handelseifersucht. Es ist richtig, daß England von altersher seine Politik und seine Kriege gemäß seinen Handelsinteressen geführt hat. Schon im 17. Jahrhundert schrieb König Karl II von England an Ludwig XIV, als es sich um die Frage eines Bündnisses zur Niederwerfung Hollands handelte, es ständen einem aufrichtigen Abschluß gewisse Hindernisse entgegen, und von diesen sei das erste „die große Mühe, die sich Frankreich gegenwärtig gibt, um einen Handel zu schaffen und eine achtunggebietende Seemacht zu werden. Das ist für uns, die wir nur durch den Handel und unsere Kriegsmarine Bedeutung haben können, ein solcher Grund zum Argwohn, daß jeder Schritt, den Frankreich in dieser Richtung tun wird, die Eifersucht zwischen beiden Völkern von neuem aufstacheln muß."

Ein Jahrhundert später, beim Abschluß des Friedens, der den siebenjährigen Seekrieg zwischen England und Frankreich gleichzeitig mit dem Hubertusburger Frieden beendigte, sagte der englische Minister Pitt: „Frankreich ist uns hauptsächlich als See- und Handelsmacht gefährlich. Was wir in dieser Hinsicht gewinnen, ist uns hauptsächlich wertvoll durch den Schaden, den Frankreich dadurch erleidet" – und im Zusammenhange hiermit gab Pitt seinem Bedauern Ausdruck, daß man Frankreich die Möglichkeit gewährt habe, seine Flotte wieder aufzubauen.

Nichts anderes lesen wir in jenem berühmten Artikel der *Saturday Review* von September 1897, der ganz unumwunden den Gedanken vertrat: Englands Gedeihen könnte nur gesichert werden, wenn Deutschland vernichtet würde. „England", so heißt es dort, „mit seiner langen Geschichte erfolgreicher Angriffe, mit seiner wunderbaren Überzeugung, daß es zugleich mit seiner Fürsorge für sich selbst Licht unter die im Dunkeln lebenden Völker verbreitet, und Deutschland, demselben Fleisch und Blut entsprossen, mit geringerer Willensstärke, aber mit vielleicht noch kühnerem Geiste, wetteifern miteinander in jedem Winkel des Erdballes. In Transvaal, am Kap, in Mittelafrika, in Indien und Ostasien, auf den Inseln der Südsee und im fernen Nordwesten, überall, wo die Flagge der Bibel und der Handel der Flagge gefolgt ist – und wo ist das nicht gewesen? –, da hat der deutsche Handlungsreisende mit dem englischen Hausierer gestritten. Wo es gilt, ein Bergwerk auszubeuten oder eine Eisenbahn zu bauen, wo Eingeborene von der Brotfrucht zur Büchsenfleischnahrung, von der Enthaltsamkeit zum Handelsschnaps übergeleitet werden sollen, da suchen Deutsche und Engländer einander vorzukommen. Eine Million kleine Nörgeleien schaffen den größten Kriegsfall, den die Welt je gesehen hat. Wenn Deutschland morgen aus der Welt vertilgt würde, so gäbe es übermorgen keinen Engländer auf der Welt, der nicht um so reicher sein würde. Völker haben jahrelang um eine Stadt oder um ein Erbfolgerecht gekämpft. Müssen sie nicht um einen jährlichen Handel von 250 Millionen Pfund Sterling (gleich 5 Milliarden Mark) Krieg führen?"

Aus *Der deutsche Gedanke in der Welt* (ca. 1912, Neubearbeitung 1940)

**Themen:**

◊ **In welcher Hinsicht macht dieser Artikel einen Schritt in der Richtung der Globalisierung des Handels?**

◊ **Ist die hier geschilderte Auffassung des Nationalstaats völlig veraltet?**

## Rede am Schweizer Nationaltag
### Text I (Hörtext)

*Auszug aus der Rede Arnold Kollers an seine Mitbürger am
Schweizer Nationaltag, 1.8.1997*

**Themen:**
- Was verstehen Sie unter *Solidarität*? Ist der Begriff hier nur als
  Schadenbegrenzung auszudeuten?
- Was für Gedankenassoziationen werden hier hervorgerufen in bezug
  auf die Gewerkschaften?
- Was wissen Sie über die humanitäre Rolle der Schweiz? (z.B.
  Heimatland des Roten Kreuzes und der Genfer Konvention).

## Interview mit Klaus Armingeon
### Text J (Hörtext)

**Themen:**
- Wie werden in diesem Interview alltägliche Parolen über den Begriff
  der nationalen Identität behandelt?
- Halten Sie die Schweiz für einen Sonderfall oder nicht?

*Hören Sie die beiden Texte I und J nochmals durch.*

**Thema:**
- Stellen Sie sich vor, Sie sind Auslandsschweizer bzw. Auslands-
  schweizerin und wollen an dem Entwurf der neuen schweizerischen
  Verfassung teilnehmen. Was für einen Brief würden Sie an den
  Bundespräsidenten schreiben?

## Interview mit Yehudi Menuhin an seinem 80. Geburtstag
### Text K (Hörtext)

**Themen:**
- In seinem ausgedehnten Nachdenken über die ihm gestellten Fragen
  scheint der nun alternde Musiker manchmal den Leitfaden zu verlieren. Mitten in seiner ersten Antwort aber bekommen wir eine
  Einsicht in seine Suche nach den Ursachen der menschlichen Fehler
  und Laster: „Es ist einfach ein Wahnsinn. Wir können wahnsinnig
  sein." In welcher Beziehung stehen die verschiedenen Beispiele der
  Unmenschlichkeit, die er anführt, zu dieser Erklärung?

◊ **Lord Menuhin wurde als amerikanischer Staatsbürger geboren und ist jetzt Mitglied des Oberhauses im britischen Parlament. Was für einen Eindruck bekommen Sie von der Bedeutung für diesen anerkannten Weltbürger des Begriffs _Nationalität?_**

## Vocabulary notes: useful expressions for debate and essay

_In discursive prose, both spoken and written, experience shows that the drift of the argument constantly needs certain linguistic pivots on which it can turn from one stage to the next. These pivotal notions express such ideas as cause and effect, necessity, purposive planning, ways and means, origin, necessity, comparison etc. In many ways the drift of an argument could be compared to a computer program, in which a sequence of procedures contains slots for the input of new data, which carries the program a stage further._

_A short list of such expressions is given below. It is very much a skeleton, and should form the basis of your own collection, to be gathered from wide reading in German. If some of the expressions are difficult, it would be better to translate them than leave them half understood. Time should be set aside now and then for task-specific dictionary study. In the early stages, a good bilingual dictionary will be found to contain detailed notes at the beginning and end, in which a mine of hints, tips and valuable phrases can be found. But it is important to progress as soon as possible to a monolingual dictionary. Monolingual reference works such as a comprehensive dictionary of style are indispensable for essay-writing._

_Each heading in the list below opens with a familiar and easy conversational phrase. The linguistic function of the phrase is then developed and diversified in order to widen the repertoire of choice of expression. The student who takes the trouble to learn from memory both the phrases offered below, and those which he or she collects from wide reading, will find that the small investment in time will save endless effort in groping for words in both spoken debate and essay-writing. Since many of the items below are stock phrases in the repertoire of journalism, they will also speed up both listening and reading comprehension. In the long term they will help you to develop towards a personal, individual style which is nevertheless authentic._

# 1 Cause, origin, foundation

## Basic expression

▷ Das geschieht, weil . . .

## Development

(a) *zurückführen*
>    ▷ A ist auf B zurückzuführen.
>    ▷ Die Überschwemmungen sind nicht auf die Instandhaltung von den Deichen zurückzuführen.

(b) *Anlaß, veranlassen*
>    ▷ B war der Anlaß für A.
>    ▷ B hat A veranlaßt.

(c) *Ursprung*
>    ▷ Der Ursprung von A liegt in B.
>    ▷ B hat in A seinen Ursprung.

>    ▷ Die Sache verdankt ihren Ursprung einem einmaligen Ereignis.
>    ▷ Wir wollen das Problem vom Ursprung her betrachten.

(d) *entstehen, Entstehung*
>    ▷ Über die Verluste in diesem Jahr entstand ein Streit in der letzten Sitzung des Vorstands.
>    ▷ Die Entstehung von der Gentechnologie kann man folgendermaßen beschreiben:

(e) *Ursache, verursachen*
>    ▷ A bildet die Ursache für B.
>    ▷ Die Ursache des Schadens haben wir noch nicht festgestellt.
>    ▷ Es wird vermutet, daß ein Kurzschluß in der elektrischen Anlage den Brand verursacht haben könnte.

(f) *Grundlage, grundlegend*
>    ▷ Die Grundlagen für B sind in A zu finden.
>    ▷ Die Grundlagen dieser Theorie liegen in erster Stelle an . . .
>    ▷ Die Grundlagen für die Ausbreitung der Seuche sind darin zu finden, daß immer noch kein sauberes Trinkwasser vorhanden ist.
>    ▷ Karen hat eine grundlegende Arbeit über die Vernetzung von Austauschstudenten geschrieben.

# 2 Necessity, requirement, demand

## Basic expression
▷ Man muß, man sollte.

## Development
(a) *notwendig*
▷ Eine Änderung in den Details hat sich als notwendig erwiesen.
▷ Eine bestimmte Unternehmung für notwendig halten.
▷ Alles Notwendige veranlassen, um eine solche Katastrophe zu verhindern.
▷ Es besteht nicht die geringste Notwendigkeit, solche Maßnahmen zu ergreifen.

(b) *fordern, Forderung*
▷ Sie fordert, daß jedes Mitglied des Ausschusses das Protokoll schon zwei Tage vor der Sitzung erhalten sollte.
▷ Eine Forderung erheben/erfüllen/geltend machen.
▷ Um die Zusendung der Güter zu ermöglichen, ist Ihre Unterschrift bitte erforderlich.

(c) *verlangen*
▷ Es verlangt Geduld, eine Sprache zu beherrschen.
▷ Wie können wir ein solches Verlangen befriedigen?

(d) *Anspruch*
▷ Dieser Dozent stellt hohe Ansprüche an seine Studenten.
▷ Man kann nicht mehr von vorne herein annehmen, daß man als künftiger Rentner überhaupt eine Rente bekommen wird.
▷ Das vorgeschlagene Unternehmen wird viel zu viel Zeit in Anspruch nehmen.

# 3 Desirability, hope, purpose

## Basic expression
▷ Man will / man hofft, daß . . .

## Development
(a) *Wunsch, wünschen, wünschenswert*
▷ Einen Wunsch hegen / äußern / zu erkennen geben.
▷ Der Komponist wünscht, daß wir hier auf das Tempo genau achtgeben sollten.

(b) *Hoffnung*
▷ Unsere Hoffnung gründet sich auf eine Verbesserung der Wirtschaftslage.

▷ Voriges Jahr aber gab es keine Hoffnung auf diese Verbesserung.

▷ Der Finanzminister gibt sich nicht der Hoffnung hin, daß die Probleme der Steuerreform in kurzer Zeit zu überwinden sind.

*(c) Ziel*

▷ Ans Ziel kommen/gelangen.

▷ Sich ein Ziel setzen.

▷ Dieser Vorschlag könnte dem Ziel wohl dienen.

▷ Wir wollen dem Ziel ohne Unterlaß zustreben.

▷ Sie nähert sich ihrem Ziel.

▷ Der Wirtschaftsminister erzielt in diesem Jahr eine wesentlich erhöhte Milchleistung.

# 4 Possibility, opportunity

## Basic expression

▷ Man kann . . .

## Development

*(a) Möglichkeit*

▷ Es besteht die Möglichkeit, den Plan jetzt durchzuführen.

▷ Aus dieser Lage ergeben sich jetzt folgende Möglichkeiten . . .

▷ Es bietet sich die Möglichkeit, den Nachrichten mit Hilfe einer Soundkarte im Internet zuzuhören.

▷ Wir müssen jetzt alle Möglichkeiten erwägen, bevor wir zum Abstimmen übergehen.

▷ Wenn man die Kosten für Versicherung in Betracht nimmt, muß man mit der Möglichkeit eines Unglücks rechnen.

*(b) Gelegenheit*

▷ Den Kosmonauten bietet sich jetzt die Gelegenheit, die Raumstation zu reparieren.

▷ Diese Gelegenheit habe ich lange abgewartet. Es hätte keinen Sinn, sie jetzt ungenutzt verstreichen zu lassen.

# 5 Relation and comparison

## Basic expression

▷ Das ist dasselbe wie . . ./anders als . . .

## Development

*(a) Ähnlichkeit*

▷ Wir haben eine gewisse Ähnlichkeit zwischen den beiden Ereignissen/Fällen festgestellt.

(b) *unterscheiden*
- ▷ Die Textverarbeitung unterscheidet sich vom Maschinenschreiben durch die Möglichkeit der Korrektur vor dem Abdruck.

(c) *betreffen*
- ▷ Was den Umweltschutz betrifft, kann man kaum auf eine Verbesserung der Lage hindeuten.

(d) *beziehen, Beziehung, Bezug*
- ▷ Diese Frage bezieht sich auf die Entscheidung des Ausschusses vom 1. Februar.
- ▷ Bei Kafka stehen Zufall und Verdammnis in einer engen Beziehung zueinander.
- ▷ In bezug auf die von Ihnen erörterten Probleme möchte ich folgende Beiträge zu einer möglichen Lösung skizzieren:

(e) *angesichts, hinsichtlich*
- ▷ Angesichts des Scheiterns der Steuerreform hätte eine Wiederaufnahme der Verhandlungen in der nächsten Zeit keinen Sinn.
- ▷ Hinsichtlich einer möglichen Wiederaufnahme dieser Verhandlungen haben wir folgendes vorzuschlagen:

# 6 Ways and means

## Basic expression
- ▷ mit/durch

## Development
(a) *anwenden, Anwendung*
- ▷ Die Polizei muß alle Mittel und Wege anwenden, eine Beruhigung der Lage zu erzielen/vollbringen.

(b) *durch, dadurch*
- ▷ Durch die Anwendung von einer Langdrahtantenne ist es möglich, den Empfang von Kurzwellensendungen wesentlich zu verbessern.
- ▷ Es besteht die Möglichkeit, die Hälfte der Kosten dadurch zu sparen, daß man rechtzeitig . . .

(c) *Mittel, mittels*
- ▷ Die Bundespräsidentin hat die richtigen Mittel getroffen, diesen öffentlichen Streit zu schlichten.
- ▷ Mittels eines Glasfasernnetzes an Stelle des öffentlichen Fernsprechernetzes werden die Leistungsmöglichkeiten des Internets im nächsten Jahrhundert alle Erwartungen übertreffen.

# 7 Achievement

## Basic expression
▷   machen

## Development
▷   Etwas zustande bringen.
▷   Etwas veranlassen/verwirklichen.
▷   Etwas vollbringen/vollenden/erledigen/leisten.

# 8 Result and consequence

## Basic expression
▷   und dann . . .

## Development
(a) *Resultat*
    ▷   Die Verhandlungen bleiben immer noch ohne Resultat.
    ▷   Das Resultat einer solchen Unternehmung wäre folgendes:

(b) *sich ergeben, Ergebnis*
    ▷   Es hat sich inzwischen ergeben, daß der Verhaft der vermutlichen Attentäter den Friedensprozeß wieder in Gang bringen könnte.
    ▷   Aus unseren Untersuchungen ergibt sich, daß man die bisherige Theorie jetzt in Frage stellen muß.
    ▷   Der Regierungsausschuß verlangt handgreifliche Ergebnisse.

(c) *Folge*
    ▷   Der Parteisprecher behauptete, daß eine Erhöhung der Lohnsteuer einen immer steigenden Verlust an Arbeitsplätzen zur Folge haben würde.
    ▷   Die Folgen des Scheiterns dieser Verhandlungen sind nicht abzusehen.

(d) *auswirken, Wirkung*
    ▷   Die Ausbreitung des Internets im industriellen und gesellschaftlichen Leben hat eine erhebliche Wirkung auf die Post ausgeübt.
    ▷   Ein so schlechtes Mittel könnte nie zur Wirkung kommen.
    ▷   Eine sachbezogene Analyse der entsprechenden Dokumente wird sich auf die verhoffte Lösung des Problems erfolgreich auswirken.

# Appendix: Listening to spoken German: radio reception

In designing this coursebook, the authors have proceeded from the assumption that **fluency in listening and speaking skills** is now commonly taken for granted as an indispensable aim of language learning. Milestones on the road to fluency will have been passed in school courses, and the target at this level is to achieve a standard of comprehension and production in the spoken word which is as close as possible to that of the native speaker.

Like any other performance objective, the target we have set here requires **constant practice**. To help you gain a clear, all-round impression of the type of listening skills which are targeted, the book is accompanied by a **cassette pack**. The bulk of the recordings were taken **off-air from German, Austrian and Swiss radio stations**. From the point of view of practice in the respective skills, they can be taken as specimens of **spoken text** for detailed study, repetition, and even occasional by-heart learning of selected passages. (*This may seem old-fashioned from the point of view of authenticity, but a study of live radio interviews with public figures often indicates that a range of potential questions has been foreseen, and a repertoire of responses learnt from memory.*)

Since daily practice in listening skills should be a matter of routine for the language student, you need an **ample supply of listening sources**. Every good university library will have recordings in stock – but it stands to reason that material for the study of current affairs can only come from constantly updated foreign-language sources. Satellite television and radio are popular and successful teaching media – but the individual student needs an **economical source of listening material** for private study. The medium we have chosen and used in practice for this course is **short wave radio.**

Headquarters of *Deutsche Welle Radio* in Cologne

## Radio reception

**An ordinary radio cassette recorder** can receive German-speaking radio stations satisfactorily if it is correctly used. The key point about good reception is **the position of the set**. Short wave signals are easily obstructed by the fabric of a building. Metallic materials in particular (such as water pipes, electric cables and steel fabric in concrete) form what is known as the *Faraday net*, which screens out short wave reception. The way to avoid the net is to place the set **on a window-sill**, facing the transmitter, preferably upstairs. Then follow the instructions below:

1   **Select RADIO MODE, and within radio mode select AM if there is an AM/FM switch.** It may be useful at this point to explain what the initials AM and FM mean. A graph of radio waves has peaks and

troughs. AM means *amplitude modulation*, in other words the control of the signal by the amplitude or size of the peaks and troughs – the swings to negative or positive – away from zero. FM means *frequency modulation*, or the control of the signal by the frequency of the swings between negative and positive. AM short wave signals can follow the curvature of the earth on a world-wide basis, and AM is therefore the first selection to be made.

2 **Next, select the SHORT WAVE BAND.** Within the short wave band, broadcasting stations are clustered around favourite wavelengths, each cluster also being known as a wave band. The best wave band for the beginner to select is either the 49m band or the 31m band.

3 **Your set will either have *analogue* tuning (consisting of a tuning knob which moves a pointer along a scale) or *digital* tuning (consisting of buttons which produce an on-screen display like a calculator).** Within the selected waveband, the tuning knob has to be moved very slowly with the fingertip, whilst the digital tuner has buttons to press, labelled *up* and *down*.

4 **What we are trying to locate is the *frequency* of the station,** which could be compared to the number of a house, whilst the waveband is like the street. The frequency is measured in kilohertz (kHz) or megahertz (MHz) depending on the policy decision of the manufacturer. There is no confusion here: the terms stand in the same relationship to each other as millimetres to centimetres: 100 kHz = 1 MHz.

5 **The best initial frequency for the beginner** to select is 6075 kHz (6.075 MHz) in the 49 metre band. This is *Deutsche Welle*, the German equivalent of BBC World Service. News bulletins are broadcast on the hour in world time (UTC or Universal Time Co-ordinated), which is the same as GMT (Greenwich Mean Time).

6 **If reception is poor,** try the 31 metre band, selecting 9545 kHz (9.545 MHz) as the frequency.

7 **If an intelligible signal is obtained with some fading,** you can increase the power of your telescopic antenna. Measure the rectangle inside the window frame, and obtain an equivalent length of bell wire, together with a crocodile clip. The best plan is to go to a small electrical dealer and ask the proprietor to fix the crocodile clip to one end of the lead – or ask a fellow-student who is reading electrical engineering! Position the lead temporarily into the corners of the window frame (with e.g. Blutak), then clip the crocodile clip on to the telescopic antenna. If the room has two windows facing the transmitter, try leading the extension wire out of one window and in through the other.

It is important not to be discouraged by lack of hi-fi quality. Perfect reception can be obtained via satellite if you are able to afford it. There will be times when you only receive a few good broadcasts per week with an inexpensive domestic receiver, but if they are recorded and studied carefully with a dictionary, they will lay an excellent foundation for your long-term ambition of native-speaker fluency.

Note: Further details on radio reception of German-speaking programmes are given in the Teacher's Book.

# Index: grammar and vocabulary notes